齋藤孝先生が選ぶ

高校生からの 読書大全

齋藤孝
SAITO TAKASHI

東京堂出版

はじめに

毎春、大学に新入生を迎えると、私は決まって彼らにこんなふうに問いかけます。
「君たちはいま、人生の岐路に立っています。道は二つ。一つは読書をする人生、もう一つは読書をしない人生です。さて、どちらの人生を選びますか？」
その真意は、「たくさん本を読むことが、より豊かで充実した人生への扉を開く」と意識して欲しいことにあります。
こういう言葉を投げなければ、読書をする・しないが今後の人生を大きく左右するとは、誰も想像しないと思うからです。
同じことを高校生にも、社会人にも、シニアの方々にも言いたい。本を読むのに、早すぎることも、遅すぎることもありません。いまから本を読むことで、各人各様、人生にすばらしい実りがもたらされます。

私自身は物心のついたころから大量の本を読んできました。60の坂を越えたいまなお、変わらず読み続けています。その経験から実感しているのです、本という栄養が脳あるいは心に〝精神の森〟を造成しながら、自分の血となり肉となって自己が形成されてきたことを。
逆に言えば、読書好きの私としては想像しにくいことですが、もし私が本を読まない人生を歩んでいたら、精神的にずっと貧しい人生になっていたのではないかと思います。

本と精神の豊かさの間にどんな関係があるのか、不思議に思うかもしれませんね。説明しましょう。

そもそも本というのは、優れた先人たちが言葉により思考し、形成した精神の世界を、言葉により描出した世界です。私たち読者は、その本を読むことによって、先人たちの思考を自分の血肉としていくのです。

つまり私たちは、本を介して先人たちの築いた文化遺産を分かち合う。一方で、彼らの考え方を踏まえて思考する。読書とはそういうものです。だからさまざまなジャンルの本を読み、読書体験を積み重ねていけばいくほど、〝精神の森〟が豊かに広がっていくのです。

私は小学生のころから、「本には人格がある」と思っていました。「10冊読めば10人、100冊読めば100人、1000冊読めば1000人の〝人格者〟が自分を応援してくれる」、そんなふうに感じてもいました。

実際、本を読むと、著者の人格が自分に乗り移るような感覚に陥りました。と同時に、人生の味方が増えていく感じがしました。これほど心強いことはありません。

自分ひとりの思考など、たかが知れています。本を読んで、まだ知的体験の乏しい自身の〝痩せた土地〟を耕し、肥沃な土壌に変えていく。それができてこそ、おもしろい発想が生まれ、クリエイティブなことを考えたり、言ったり、行動したりすることができるのです。その意味で「読書あっての思考力」というふうに、私は考えます。

では「読書をする人生」に進むとして、どんな本を読めばいいのか。それは大きな問題です。

同じ読書をするのなら、これまでの人生では知りえなかったこと、経験しえなかったこと……言い換えれば「自分にとって未知の世界」に、あるいは「自分が認知しているよりもずっと広くて深い世界」に目が開かれる、そんな衝撃的な出会いをしたいですよね？

そう思うから私は、「本というのは出会い方が大事である」と考えています。

本書ではその観点から、みなさんに「出会って欲しい本」を15ジャンル・180冊紹介しています。見開きで1冊と短いものですが、一読して「1冊読んだ気になれる」ところがミソ。「マルクスの『自省録』だけどね、いやカールじゃなくてマルクス・アウレーリウスのほう。哲人皇帝と呼ばれる彼がね、『肉体より魂が先にへこたれちゃうのは恥ずかしい』って言ってるんだよ。至言だね」などと、知性がポロリとこぼれる会話に活用することも可能です。「読んだ気になる」ことは大切なのです。

また紹介文はそれぞれ、「お見合い写真」のようなもの。著者や内容などのプロフィールはもとより、その本のキモとなる文章や名言の類(たぐい)を引用しつつ「こういう視点で読むと、こんな学びや発見、感動があるよ」という解説をしています。たとえば哲学や経済、科学などの難解な本は、わからなさを含めて楽しむ読み方を指南しました。また歴史や宗教、文化・芸術の本は、より深い世界を探索するための知的刺激を、文学は物語の裏側にある人間の多様な価値観を知るおもしろさを感じていただけるよう工夫しました。そうした情報・提案をフックとして〝出会いたい本〟を見つけていただければと思います。

本書でチョイスした180冊の〝お見合い相手〟は、いずれ劣らぬ魅力的な面々ばかり。「会いたい!」という衝動のままに、片っ端から会ってみてください。そうして人生の良きパートナーをたくさん得られますことを、心より願っています。

本で心の森をつくろう!

2022年11月

齋藤　孝

Contents

Chapter 4 自伝

Chapter 5 宗教

Chapter 6 人生論

Chapter 7 思想・哲学

Chapter 8 科学・心理

Chapter 9 日本文化・日本人論

Chapter 10 文化・芸術・芸能

Chapter 11 ノンフィクション

Chapter 12 世界の古典文学

Chapter 13 世界の近現代文学

Chapter 14 日本の古典文学

Chapter 15 日本の近現代文学

凡　例

引用は、巻末の文献一覧を主な底本とした。一部読みやすく、表記を改めたものもある。

漢字の振り仮名は、読みやすさを考慮し現代仮名遣いに改めたり、底本に入っていなくても新たに振り仮名を付したりしたものもある。

現代の観点からは差別的と思われる表現が使われている場合もあるが、底本の独自性・文化性を踏まえ、そのまま収録した。

本書中の図版の出典は巻末にまとめて掲載した。

Chapter 1

世界史

1 ナポレオン言行録(げんこうろく)

オクターヴ・オブリ編

私は常に仕事をし、よくよく瞑想(めいそう)する。

リーダーは「熟慮断行」あるのみ

この本はビジネス書として読むのがいい。ナポレオンは幾多の戦争を戦った指揮官のイメージが強く、意外に思うかもしれませんが、実は大変優れたビジネス・リーダーなのです。上に続くくだりに、

私がいつもすべてのことに応え、
すべてのことに立ち向かおうと
待ち構えているように見えるのは、
何かを企てる前に、永いあいだ瞑想し、
起こるかも知れないことを予見しているからだ。

とあるように、事に当たる前には熟考に熟考を重ねる。そうして沈思熟考して近未来を予見することこそが、リーダーの最も重視するべき仕事なのです。また、

私はできることと、できないことを知っている。

ナポレオンの肖像（1802年頃）

という言葉はズバリ、リーダーに求められる資質そのもの。ナポレオンはひらめき型の天才ではなく、常に状況を分析し、冷静に先行きを予見して行動した。その繰り返しにより経験値を上げ、勝負カンのようなものを磨いたのでしょう。輝かしい戦績を残したのもその予見力あればこそです。

『ベルナール峠からアルプスを越えるボナパルト』（1801年）

戦闘は数学的思考によるべきものと考え、戦力の効率的な集中を重んじました。

明日のビジネス・リーダーを目指すみなさんは、この本から「熟慮断行」の大切さを学び、予見力を磨く〝思考のワザ〟を身につけましょう。考えに考え抜いて、最後に「こうだ」と決めたら、果断に行動する、それが仕事の達人というものです。

DATA

作品―ナポレオンが約50年の生涯に書いたおびただしい量の手紙や布告、戦報、あるいは口授した言葉などからチョイスした文章を年代順に配列。波乱に富んだ人生が、彼の筆と言葉によって生々しく記録されている。

著者―ナポレオン・ボナパルトは1769年、フランス・コルシカ島生まれ。砲兵将校から1799年のクーデターで執政、1804年に皇帝となる。革命後のフランス国内の混乱に乗じて干渉を図る欧州諸国と戦い、一時は欧州大陸の大半を勢力下に。しかし対英大陸封鎖やロシア遠征に失敗。その後、一時的復権を果たすも、最後は英領セントヘレナ島に流刑された。

＼プラスα／

白馬にまたがるナポレオンを描いた肖像画「ベルナール峠からアルプスを越えるボナパルト」はあまりにも有名。ただし現実を写したものではなく、画家ジャック＝ルイ・ダヴィッドによる想像の産物だとか。ナポレオン自身、「肖像画は本人に似ている必要はない。そこからその人物の天才性がにじみ出ていたらいいのだ」と言っている。

2

インディアスの破壊についての簡潔な報告

ラス・カサス（1484～1566年）

スペイン人たちは、創造主によって
前述の諸性質を授けられた
これらの従順な羊の群に出会うとすぐ、
まるで何日もつづいた飢えのために
猛り狂った狼や虎や獅子のように
その中へ突き進んで行った。

世界史の悲惨な真実を直視する

本書はスペイン人による中南米・南米地域の征服活動の即時中止を訴えた宣教師ラス・カサスが、インディオの置かれている状況を書簡にして、皇太子フェリペ（後のフェリペ２世）に渡した報告書です。

非常に短いけれど、これほど衝撃的な本は類を見ません。ここに引用するのも憚られる、目を覆うばかりの残虐行為がリアルに報告されているのです。上の引用で「前述の諸性質」とあるのは、インディオたちの愛すべき人間性について触れた以下のくだりを指します。

神はその一帯に住む無数の人びとをことごとく素朴で、
悪意のない、また、陰ひなたのない人間として創られた。（中略）
彼らは世界でもっとも謙虚で辛抱強く、
また、温厚で口数の少ない人たちで、
諍(いさか)いや騒動を起こすこともなく、喧嘩(けんか)や争いもしない。
それればかりか、彼らは怨みや憎しみや復讐心(ふくしゅうしん)すら抱かない。

言うまでもなく、インディオたちは先住民です。純粋無垢(むく)で素朴で、心やさしい彼らを、後からやって来た侵略者たちがここまで踏みつけにして許されるわけはありません。

時代が下がって幕末期、日本は西洋の文明をすばらしいと思い、明治維新を成し遂げました。しかしその西洋文明には、「暴力的な侵略行為を地球レベルで押し進めた」という側面があるのです。

もちろん日本だって、そんなことは百も承知。欧米に侵略され、植民地化されそうな危機を感じたからこそ、近代化に舵(かじ)を切ったのですから。それなのに維新後、富国強兵政策の下、強くなりすぎて、アジアの近隣国を支配する側に回ってしまった。返す返すも残念です。

昨今のロシアのウクライナ侵攻を見ると、「またか」と愕然(がくぜん)とします。侵略の歴史を繰り返さないためにも、世界中の人々が本書から世界史の悲惨な真実に目を開くことを強く望みます。

DATA

作品— キリスト教化と文明化を旗印に、新世界へ乗り込んだスペイン人征服者たち。植民地では彼らが公然とインディオを搾取し、殺戮(さつりく)が日常化している現実があった。そんな植民地の実態を暴露し、告発したのが本書。

著者— スペイン人聖職者、歴史家。1502年カリブ海のエスパニョーラ島へ渡り、インディオのキリスト教化を図ると同時に、従軍司祭として征服に参加。後にキューバ島へ移る。インディオに加えられている不正に気づき、彼らの自由と生存権を守るために精力的に活動した。

＼プラスα／

この報告は1552年の刊行直後から19世紀末まで、スペインに敵対する諸外国に「反スペイン」を謳(うた)う格好の道具として使われ続けた。

史記（しき）

司馬遷（しばせん）（紀元前145年頃～前86年頃）

地を択（えら）びて之（これ）を踏み、
時ありて然（しか）る後（のち）に言（い）を出だし、
行（ゆ）くに徑（こみち）に由（よ）らず、
公正に非（あら）ずんば憤りを発せず、
而（しか）も禍災（かさい）に遇（あ）う者、
勝（あ）げて数うべからざるなり。
余（よ）甚（はなは）だ惑う。儻（ある）いは所謂（いわゆる）天道是（ぜ）か非（ひ）か。

中国古代史に輝くオールスター人物伝

私が『史記』に出会ったのは、高校の漢文の授業でした。文庫本を手に入れてページを繰るや、時間も忘れて読み耽（ふけ）ったことを覚えています。なかでも興奮を覚えたのが「列伝（れつでん）」。中国史に輝くオールスター人物伝です。それも人物を語るうえで象徴的なエピソードを軸に、作者・司馬遷自身の視点で描かれており、非常におもしろい読み物になっています。音読すると、高揚感が止まらないくらいです。

上の文章はその列伝の冒頭、「伯夷（はくい）列伝」の最後のほうに出てきます。あらすじを紹介すると――

主人公は小国の君主の子、伯夷と叔斉(しゅくせい)。二人は亡き父の後継となることを固辞し、周(しゅう)に向かいます。途中、周の武王に遭遇(そうぐう)。父を亡くしたばかりだというのに、殷(いん)の暴君・紂(ちゅう)王を討つべく出陣した武王を、二人は諫(いさ)めます。「父君の葬儀も出さずに戦いに出るのは孝ではない。殷の臣下でありながら主君を殺すのは仁ではない」と。危うく殺されるところを、軍師の太公望(たいこうぼう)が「これ義人なり」と間に入り、兄弟を解放します。しかし周が殷を滅ぼしてのち義のない国の穀物は食べないと、餓死します。

このエピソードについて司馬遷は、「近世に至っても、罪を犯し、非道なふるまいをするような者が裕福に一生を暮らしている一方で、正しい道を踏み、正しいことを発言し、裏道を行かずに、公正に生きているのに災厄に見舞われるものが数限りなくいる。天道は正しいのか、正しくないのか、私は大いに困惑している」と述べています。

おそらく司馬遷は伯夷・叔斉兄弟に自らの人生を重ね合わせたのでしょう。自身も漢の武王の怒りを買って、宮刑(きゅうけい)（男子の生殖器を取る刑罰）に処されるという理不尽を味わいましたからね。

紙幅の事情で１篇の紹介に留めますが、『史記』には孔子(こうし)、孟子(もうし)、老子(ろうし)、孫子(そんし)ら有名すぎる思想家や、項羽(こうう)と劉邦(りゅうほう)の戦いに代表される〝名勝負〟など、とにかくおもしろい歴史物語がてんこ盛り。必読です。

DATA

作品— 紀元前90年代、漢の最盛期に編纂(へんさん)された歴史書。対象とする時代は、伝説時代・五帝の黄帝から前漢の武帝まで。本紀（帝王の記録）12篇、表（皇帝たちの事跡をまとめた年表）10篇、書（政治・経済の制度史）８篇、世家（諸侯の記録）30篇、列伝（さまざまな分野で活躍した人物の行いを記したもの・司馬遷自身の自伝を含む）70篇、計130篇から成る。もともとの書名は『太史公書』という。

著者— 歴史や天文を司る一族に生まれ、太史令という役職につき、暦の制定や歴史書の作成に従事した。『史記』は父の構想を受け継ぎ完成させたもの。

＼プラスα／

多くの歴史小説で知られる司馬遼太郎(しばりょうたろう)さんは、「司馬遷に遼(はる)か及ばず」という意味でペンネームをつけた。『史記』の愛読者だったことは間違いない。

4 司馬遷（しばせん） 史記の世界（しきのせかい）

武田泰淳（たけだたいじゅん）（1912〜76年）

司馬遷は生き恥（はじ）さらした男である。（中略）
腐刑（ふけい）と言い宮刑（きゅうけい）と言う、
耳にするだにけがらわしい、
性格まで変るとされた刑罰を受けた後、
日中夜中身にしみるやるせなさを、
嚙（か）みしめるようにして、生き続けたのである。
そして執念深く「史記」を書いていた。

恥辱を生きるエネルギーに転換する

前項の『史記』で少し触れたように、司馬遷は宮刑に処されました。その司馬遷を武田泰淳（たいじゅん）は本書の冒頭で、「生き恥をさらした男」と表現しています。実にインパクトのある書き出しです。

けれども恥辱にまみれても自害せず、生き続けた司馬遷を非難しているわけではありません。死ぬよりも辛い思いに耐え、それを生きるエネルギーに転換し、ひたすら『史記』を書き続けた。その執念に感服しているのです。

武田はまた「任安（じんあん）に報（ほう）ずるの書」という司馬遷の手紙を紹介していま

す。これは、死刑を宣告されて獄中にあった任安という人に宛てたもの。その中にこんな文章があります。

隠忍(いんにん)して活(い)きながらえ、糞土(ふんど)の中に幽(ゆう)せられて、
あえて辞(じ)せぬ所以(ゆえん)は、自己のねがいを果さぬのを恨(うら)み、
このままうずもれて、文章が後世に表われぬのを、
鄙(はず)るからであります。

司馬遷にとって生き続けることは、自害して果てるより辛かったかもしれません。それでも生きたのは、『史記』を完成させて、後世の人々に伝えたい一念だったのです。武田はそんな司馬遷の気持ちを、

「史記」を書くのは恥ずかしさを消すためではあるが、
書くにつれかえって恥ずかしさは増していたと思われる。

と推量しています。本書を『史記』とセットで読むと、古代に生きた人間の一人ひとりが中国を動かしてきた、そのドラマの数々をより深く、身近に感じることができます。

DATA

作品― 1943年刊行。「司馬遷伝」「『史記』の世界構想」の２篇から成る。史記的世界観を通して、歴史は人格もさまざまな一人ひとりの人間が生きた人生の集積であることがよくわかる。

著者― 東京・本郷の浄土宗の寺に生まれる。東京帝国大学文学部支那文学科に入学したが、１年のときに左翼活動で逮捕され、後に中退。1937年に華中戦線に送られ、除隊後に評伝『司馬遷』を刊行。小説家に転じ、54年に『ひかりごけ』を発表。『森と湖のまつり』『貴族の階段』など、多数の著作がある。

＼プラスα／

司馬遷は匈奴(きょうど)の捕虜になった李陵(りりょう)という将軍をかばって、宮刑に処された。中島敦の名作『李陵』には、その経緯と司馬遷の心情が描かれている。

5

ホモ・デウス
テクノロジーとサピエンスの未来

ユヴァル・ノア・ハラリ（1976年～）

人間は至福（しふく）と不死（ふし）を追い求めることで、じつは自らを神にアップグレードしようとしている。

人間は神になることを目指す!?

私たち現生人類は「ホモ・サピエンス」と呼ばれます。では本書のタイトルにある「ホモ・デウス」とは何を意味するのでしょうか？

ズバリ、デウス――いわば神に進化した人間のこと。ハラリは「人間は神を目指し、神になりつつある存在だ」と言うのです。理由は、すでに人類は、人類を存亡の危機に陥れる三つの災厄、つまり飢饉（きが）・疫病（えきびょう）・戦争を克服しつつあるから。上の引用は、これら大敵を克服した後に人類は何を目指すのかを示した言葉です。

んー、納得いきませんよね？　飢饉も戦争もなくなりそうもないし、疫病に至ってはつい最近も新型コロナウィルスによるパンデミックが起こったばかり。いかに遺伝子工学や再生医療、ナノテクノロジーといった分野が猛烈な速さで発展しているとはいえ、人類が「2200年までに死に打ち勝つ」ことは本当に可能なのでしょうか。

『主の復活』14世紀頃のフレスコ画。「ホモ・デウス」は神に進化した人間のこと。

それはさておき、ハラリはまた「ホモ・デウスを目指していた人類が最後にどんでん返しに見舞われる恐れがある」としています。どうやらハラリが本書を書いた目的は、そのどんでん返しをさまざまな角度から説き明かすことにあるようです。

注目すべきは、ハラリの持つ二つの知の座標軸。一つは「過去を知ることで、未来を予測するという**歴史的な座標軸**」で、もう一つは「生物学、医学、経済学、心理学、AIなど、あらゆる分野の『知』を横断して思考する**空間的座標軸**」です。この二つを駆使して展開するハラリの文明評論は、SF小説を読むようなおもしろさがあります。

最も興味深い新興宗教はデータ至上主義で、この宗教は神も人間も崇(あが)めることはなく、データを崇拝する。

果たして人類は、人間の意識を再現するAIとデータに制圧されてしまうのでしょうか。ハラリとともに未来社会を考えてみましょう。

DATA

作品— 人工知能や遺伝子工学のような最新テクノロジーと人類の能力が合体したとき、世界はどうなるのか、人類はどこへ向かうのかを問う。

著者— イスラエル生まれの歴史学者。オックスフォード大学で中世史、軍事史を専攻して博士号を取得。現在、エルサレムのヘブライ大学で歴史学を教える。著書『サピエンス全史』は世界的なベストセラーとなった。

＼プラスα／

刊行は2015年（日本語版は2018年）。その後のパンデミックについてハラリは、NHK「ETV特集」のインタビューで「事態は深刻だが、人類は必ず克服する。恐れるべきは、緊急事態のなかで政府の権限の拡大と民主主義の危機が訪れることだ」と語っている（2020年4月）。

銃・病原菌・鉄

ジャレド・ダイアモンド（1937年〜）

**歴史は、異なる人びとによって
異なる経路をたどったが、それは、
人びとのおかれた環境の差異によるものであって、
人びとの生物学的な差異によるものではない。**

人類史最大の謎を著者とともに解き明かす

この本は読みやすいけれども、内容が学術的であるうえに、分量がかなりのもの。頭から読んでいくと、挫折するかもしれません。だいたいの骨子を理解し、興味のある章から読んでいくといいでしょう。

上の引用は、著者自身がプロローグで「分厚い著書をたったの一文で要約した」という文章です。従来、「世界の歴史は、知恵や体力に勝るヨーロッパ人が、他地域より有利な立場に立って発展させてきた」と考えるのが一般でしたが、「地理的偶然と生態的偶然のたまものにすぎない」と明言しているのです。どういうことでしょうか。

まずユーラシア大陸にはもともと食料になる植物や、家畜に適した動物が多かったことがあげられます。よって農耕と畜産が発達し、食料の供給が安定したことで、人口が増え、技術が発達しました。加えて東西に広がるユーラシア大陸は気候帯が同質。移動や交易に有利なため、農耕や技術

ヒツジは、ウシ、ウマ、ヤギ、ブタと共に最も有用な家畜で、ユーラシア固有種の子孫であるとダイアモンドは言う

がますます発達します。

実は農耕が発達したのは、メソポタミアや中米、南米アンデス地方のほうが早かったのです。それなのにヨーロッパ人が他大陸を支配できたのは、いわゆる**「プリエンティブ・ドメスティケーション」**のおかげ。**農耕にせよ畜産にせよ、後発であったおかげで、一から始める手間が省けた**わけです。ここが決定的な分かれ道。ヨーロッパ人は鉄や銃などの攻撃力の獲得に集中して取り組める余力が持てたのです。

もう一つ大きいのは、ヨーロッパは人口密度が高いために伝染病に悩まされましたが、その分、免疫力も高くなりました。大航海時代以降、中南米はヨーロッパ人の持ち込んだ銃と病原菌により滅ぼされたと言っても過言ではありません。

本書ではさまざまな視点から、冒頭の言葉に集約される論理が展開していきます。謎解きのようなおもしろさが味わえますよ。

ちなみに日本について触れたくだりもあります。「日本人はなぜ銃火器を捨てたか」――答えは読んでのお楽しみ！

DATA

作品― 著者がニューギニア人ヤリとの対話のなかで「ヨーロッパ人はなぜアフリカや中南米など他大陸を支配できたのか」という疑問を持ったことがきっかけで書かれた本。「勝者と敗者をめぐる謎」「食料生産にまつわる謎」「銃・病原菌・鉄の謎」「世界に横たわる謎」の4部・19章構成。

著者― アメリカ・ボストン生まれの生理学者、進化生物学者、生物地理学者。ハーバード大学、ケンブリッジ大学で博士号を取得。著書に『人間はどこまでチンパンジーか』『セックスはなぜ楽しいか』『文明崩壊』などがある。

＼プラスα／

本書は全世界で話題を呼び、学術的な本としては異例とも言える100万部を超えるベストセラーとなった。

7

戦争論

カール・フォン・クラウゼヴィッツ

（1780～1831年）

**戦争とは、敵をしてわれらの意志に
屈服せしめるための暴力行為のことである。**

戦争を自分の問題として捉える

日本人は1945年に敗戦を経験して以降、「戦争をする」という想定のないままに戦後史を歩んできました。「平和ボケ」と言われるように、戦争を自分と関係のある問題と考えずに過ごしてきた感すらあります。

ところが2022年、ロシアによるウクライナ侵攻を目の当たりにして、改めて「ああ、人間って、戦争をやめないんだなあ」と感じた人も少なくないのではないかと思います。「ウクライナ問題は決して対岸の火事ではない」と認識を新たにする必要に迫られているのが、現実です。

だからこそ、この機に「戦争とは何か」を考える意味があります。本書はそのテキストになるでしょう。上の引用は、戦争を定義した文章です。この前段でクラウゼヴィッツは、戦争を**「拡大された決闘」**とし、

**いかなる格闘者も相手に物理的暴力をふるって完全に自分の
意志を押しつけようとする。その当面の目的は、敵を屈服させ、
以後に起されるかもしれぬ抵抗を不可能ならしめることである。**

と述べています。

「殴(なぐ)りたくて殴る」「殺したくて殺す」暴行や殺人と違って、戦争では暴力行為はあくまでも手段。目的は「相手を屈服させて、ムリヤリ言うことを聞かせる」ことなのです。大きく言えば「政治の一部」ですね。

また「敵を征服する」ことに触れたくだりは、興味深いところ。

**敵の征服とは何か。それは敵の戦闘力を壊滅(かいめつ)することである。
それが殺傷によるのか他の方法によるのか、
また敵の全滅なのか闘争継続を不可能ならしめる程度の破壊なのかは問うところではない。それゆえ、戦闘の特殊な目的の一切を
捨象すれば、われわれは敵の全面的あるいは部分的壊滅を
全戦闘の唯一の目的となすことができよう。**

敵を全面的もしくは部分的に壊滅することが目的だというのです。いかにして戦力を削り取るか、戦略的に考えることが大事だとしています。

さまざまな戦略・戦術が書かれていますが、大事なのは、本書が近代以降の数々の戦争で非常に重用されてきた、という歴史的役割を知ること。戦争から目を背けられない今、その価値は生きています。

DATA

作品―「戦争は政治の手段にほかならない」という観点から、近代戦を精密に分析した書。戦争の定義から始まり、「戦争の性質」「戦争の理論」「戦略編」「戦闘」「戦闘力」「防御」「攻撃」「作戦計画」の8篇で構成。「リーダーシップのバイブル」としても、ビジネスパーソンに読み継がれている。

著者―プロイセン王国（現ドイツ）生まれの軍人、軍制改革者、軍事理論家。少年兵としてフランス革命への干渉戦に参加した後、ベルリンの士官学校に進む。ここで校長であったシャルンホルストの影響を受ける。1812年、プロイセンのナポレオンとの軍事同盟締結に反対してロシアへ脱出。ロシア軍人として解放戦争を戦った。帰国後、士官学校長などを経てポーランド反乱監視軍の参謀長となる。

＼プラスα／

本書は著者の死後、出版された。

真の独立への道

ガーンディー（1869〜1948年）

私たち自身が隷属から解放されれば、
インドは隷属から解放されると
思わなければならない、
と理解できるでしょう。このことで、
あなたはいま自治の定義を見つけるでしょう。
私たちが私たち自身を
治めることこそが自治ですし、
その自治は私たちの手中にあるのです。

近代文明の行き着く先を考える

弁護士にして社会活動家であるガーンディーの名は、世界的に知られています。武力に訴えず、精神の力だけで祖国インドを独立に導いた英雄として。上の引用で彼は、「インドがイギリスから解放されるには、自分たち一人ひとりが自分自身を治めるんだという強い思いを持つことが必要だ」と説いています。少し後でこうも言っています。

「イギリス人がもしインド人となって住むのなら、私たちは取り込むことができます。もしイギリス人が自分の文明と共に住みたいとした

ら、インドに場所はありません」と。イギリス人を否定しているのではなく、イギリス人が持ち込む近代文明に抵抗している。つまりインドの伝統的文明を守ることが第一義だったということがわかりますよね。

ガーンディーはその意志を国旗に示しました。イギリス支配に対する抵抗運動が盛んだったその時期、中央に糸車を描いたのです（現在は法輪）。そうして「機械で安価に大量に生産されるイギリス製綿製品を買わずに、自分たちの手で糸車から糸を紡ごう」という意志を表明したわけです。近代文明を批判するこの精神は、いまのSDGsにもつながるように思います。もう一つ、興味深いのが以下のくだり。

英語教育を受け入れて、私たちは国民を奴隷にしたのです。（中略）
自分の国で公正、正義を獲得するために
英語を使わなければならないとは、暴政ではないでしょうか！

言語を支配下に置く、というのは現在も侵略の常套手段です。たとえばロシアが侵略したウクライナの一部の学校では、授業がロシア語に切り替えられました。中国のウイグル自治区では子どもたちに中国語教育が行われています。そういったことが現実に起こっているのです。ガーンディーの戦いはいまも続いていると再認識させられます。

DATA

作品― 非暴力・不服従主義を提唱し「マハートマー（偉大な魂）」と称されるインド独立の父ガーンディーが、自らの思想と運動の基本理念について述べたもの。対話形式で書かれ、インドのあるべき独立について語る。

著者― インド生まれ。ヒンドゥー教ジャイナ派の教育を受け、イギリスで修学。弁護士資格を得る。1年間南アフリカに勤務。その間、現地のインド人労働者の受けていた差別虐待に抗議し平等権獲得闘争を指導。非暴力闘争の端緒を開く。帰国後は労働運動、民族解放独立運動の指導を行う。

＼プラスα／

インドの国旗、一番上のサフラン色はヒンドゥー教、下の緑はイスラム教、真ん中の白は2宗教の和解の精神と、それ以外の宗教、つまり平和を表す。

Chapter 2

日本史

9

世に棲む日日

司馬遼太郎（1923～96年）

松蔭はうろうろ歩いている。
二十歳の九州旅行いらい、
まるで歩くことが商売のようだ。
歩くがために脱藩という大罪をおかし、
召し放ちになってもこのように性懲りもなく
大和路を歩いている。
それが、松蔭にとって大学であった。

学問の力が明日の日本をつくる

幕末から明治維新へ。吉田松陰は日本の近代を切り拓いた重要人物の一人です。この物語の前半は、彼を軸に展開します。

松陰は松下村塾という私塾で、『孟子』をはじめとする中国の古典をひもときつつ、それをどう時代に生かすかを教え、塾生たちと活発な議論を交わしました。教え子は高杉晋作、久坂玄瑞、伊藤博文、山県有朋など、歴史に名だたる者ばかり。**松陰の育てた志士たちが、日本を維新へと導いた**と言っても過言ではありません。

ちょっと驚かされるのが、司馬遼太郎の描く松陰の幼少時代。玉木文之進という叔父に鍛えられるのですが、そのスパルタぶりがすごい。読書中に頬を掻いただけで、「それでも侍の子か」と声をあげ、何度も殴り倒したというのですから、いまなら「虐待」と告発されかねません。しかし「侍の心を教え込む」という信念あればこそ。それは、

玉木文之進によれば、侍の定義は公のためにつくすものであるという以外にない、ということが持説であり、極端に私情を排した。学問を学ぶことは公のためにつくす自分をつくるためであり、そのため読書中に頬のかゆさを掻くということすら私情である、というのである。

とあることからもわかります。だからこそ松陰は命がけで学問に取り組み、冒頭の引用にあるように、脱藩までして諸国を歩き、人に会い、見聞を広げていったのです。歩くことが松陰にとっての大学だったとは、おもしろい表現。頭でっかちではダメだ、というふうにも読めます。

また後半は、主人公の高杉晋作の大胆さが見もの。奇兵隊を組織したり、都々逸に興じたり、将軍の行列に公然とヤジを飛ばしたり。改革へのエネルギーがあふれ返っている様子が描かれています。

「公のためにつくす」エネルギーが少々薄れつつある現代、若き志士たちの心意気に触れるのも刺激的かと思います。

DATA

作品— 開国か攘夷か。勤王か倒幕か。日本を二分する政治闘争が吹き荒れた幕末、長州藩では吉田松陰の薫陶を受けた多くの門下生が立ち上がった。前半は松陰、後半は高杉晋作を主人公に物語が展開する。

著者— 大阪市生まれ。大阪外国語学校蒙古語学科卒業。『梟の城』で直木賞受賞。『竜馬がゆく』『坂の上の雲』など多くの作品を通して描く歴史観は「司馬史観」とも称されるほど。日本人の歴史観に与えた影響は大きい。

\プラスα/

東大阪市に「司馬遼太郎記念館」がある。3層吹き抜けの大書架に、約6万冊の蔵書のうち約2万冊が展示されている。司馬遼太郎の精神を感じる空間だ。

10

氷川清話

勝海舟（1823〜99年）

さて、いよいよ談判になると、西郷は、
おれのいうことを一々信用してくれ、
その間一点の疑念もはさまなかった。
「いろいろむつかしい議論もありましょうが、
私が一身にかけてお引き受けします」
西郷のこの一言で、江戸百万の生霊〔人間〕も、
その生命と財産とを保つことができ、
また徳川氏もその滅亡を免れたのだ。

読むほどに「胆力」が上がる

私は中学生のときにこの本にはまりました。いっときは肌身離さず持ち歩き、人物を評する勝海舟の秀徹した眼力や、一国を動かすほどの大事に当たって駆使した豪快な交渉手腕に触れて、感心しきり。読めば読むほど、勝が剣道と禅を通して養った「胆力」が自分自身に乗り移るようでした。と同時に、「肚の太い人間」になるためにはどういう心構えを持つべきかを、大いに学びました。

上の引用は、1868年に勝が西郷隆盛との話し合いにより、江戸城無血

開城を決めたときのことを回想したくだりです。
続く文章では、もし交渉相手が西郷でなかったらあれこれ難癖をつけ、談判はたちまち破裂しただろう、とまで言い、西郷の度量の大きさをこう評しています。

勝海舟

「大局を達観して、しかも果断に富んでいたには、おれも感心した」

目の前のことにとらわれず、周囲の思惑に振り回されず、大局を見て思い切って決断・行動する西郷は、まさに理想のリーダーと言えます。

勝はまた、随所で「根気の強さ」について述べています。たとえば、

昔の人は根気が強くて確かであった。（中略）
その根気の強いことといったら、
日蓮（にちれん）や頼朝（よりとも）や秀吉（ひでよし）を見てもわかる。
彼らはどうしても弱らない。
どんな難局をでも切り抜ける。

そんな昔の人に比べていまの人は、根気が弱く、魂がすわらない。天下国家を語るが「あれはただ口先ばかりだ」とぼやいています。少々、耳が痛い!?

DATA

作品― 勝海舟が晩年、赤坂氷川の自邸で語った時局批判や人物評などを集めたもの。〝幕末事件簿〞的な話を通して、歴史の裏側が透けて見えるよう。全篇、江戸弁の威勢のいいしゃべり言葉が生きていて読みやすい。

著者― 幕末・明治期の政治家。海舟は号。日本の近代海軍を創設。1860年には咸臨丸（かんりんまる）艦長として太平洋を横断した。戊辰（ぼしん）戦争のときは旧幕府側を代表し、新政府側の西郷隆盛と交渉。江戸城を無血開城に導いた。

＼プラスα／

勝の父・小吉（こきち）による『夢酔独言（むすいどくげん）』は一読の価値あり。生来奔放な小吉が子孫に「将来自分のようになるな」と伝えるために書いた、とも言われる。

11

望郷と海

石原吉郎（1915〜77年）

私は告発しない。
ただ自分の〈位置〉に立つ。

希望を捨てたペシミスト

「シベリア抑留」とはどんなものだったのか。言葉は聞いたことがあっても、その実態を知る人は少ないでしょう。私自身、本書を読むまでは、表層的な理解しかありませんでした。1960年生まれの私にとっては決して遠い過去の話ではないのにもかかわらず。

本書は、著者がハルビンでソ連軍の捕虜となった1945年から８年間、シベリア各地の強制収容所を転々としたときの自らの体験を克明に記したものです。その生活の様子は、想像を絶する過酷さ。たとえば食事は二人でひと皿をつつき合います。量が少ないだけでもつらいのに、二人で分け合うとなると、別の問題が出てきます。相手が自分より多く食べるのではないかと、互いに監視し合うようになるのです。できるだけ公平に分けるために、スプーンでひとさじずつ交互に食べるとか、飯盒の真ん中に仕切りを立てるなど、工夫はしたけれどうまくいかなかったようです。また作業現場への行き帰り、一歩でも隊列の外に出ると射殺されるため、捕虜たちは皆、弱い者を外に押し出し、自分は列の真ん中に並ぼうとしたそうです。

誰もが必死になって自分の身の安全を守ろうとしているなかで、人間らしさを失わなかった鹿野武一は、必ず自らすすんで隊列の外側の列に並びました。石原吉郎は彼を「明確なペシミスト」と表現しています。前途に希望を持たず、生きたいと願う本能的な考えからも自分を切り離し、**「明確なペシミストとして行動することで精神的自立を獲得していた」**と評しています。そんな鹿野が絶食を始め、収容所側にレジスタンスと見なされて尋問を受けたとき、こう答えます。

舞鶴港に帰還した抑留兵(1946年)

もしあなたが人間であるなら、私は人間ではない。
もし私が人間であるなら、あなたは人間ではない。

この言葉には冒頭で紹介した、石原自身が本書を書く際に貫いた「誰も告発しない。ただ捕虜として見たまま、感じたままを書く」という冷徹な立場と通じ合うものがあります。

シベリア抑留という史実を伝えるこの本は、これからも読み継がれていかなければならない1冊だと思います。

DATA

作品― 極寒の地での強制労働、栄養失調、捕虜同士の密告……収容所での悲惨な暮らしを記録した作品。著者は「告発せず」の姿勢を貫きつつ、自己の精神と魂のありようを見つめ続ける。

著者― 静岡県生まれ。東京外国語学校卒業。1939年に応召、45～53年シベリアに抑留される。帰還後、詩作を始める。『石原吉郎全集』全3巻がある。

＼プラスα／

「現代詩手帖」に初めて詩作「夜の招待」を投稿。選者の谷川俊太郎らに「投稿詩のレベルを超えている」と評価され、特選作品に選ばれた。

12 高橋是清伝（たかはしこれきよでん）

高橋是清（たかはしこれきよ）（1854～1936年）

実業界に転じるに当たっては、丁稚小僧（でっちこぞう）から叩（たた）き上げねばならないと考えております。

楽天的な自己肯定力を持つ

高橋是清の人生はダイナミックにして波乱万丈。ただただ圧倒されるばかりですが、ふつうなら再起不能なまでに打ちのめされそうな出来事をも天性の明るさで乗り越えていくさまは、小気味よくもあります。

是清の「生来の楽天家」たる資質は、５歳にしてその萌芽（ほうが）を見せます。御三家の一つが上洛するのを家族で見物に行ったとき、道に飛び出した是清は馬に踏まれたのですが、幸いケガはありませんでした。それで「この子は運がいい子だ、幸福な子だ」と評判になり、彼自身も、

「どんな失敗をしても、窮地（きゅうち）に陥っても、自分にはいつか強い運が向いてくるものだと気楽に構え、前向きに努力した」

と言います。こういう楽天的な自己肯定感を持つことは、力強く人生を生きていくうえでとても重要なこと。それを是清が証明しています。

高橋是清

たとえば寺の小姓だった彼は、14歳の頃に渡米するも、手違いで奴隷として売られてしまいました。よくぞ脱出できたものですが、帰国後は英語教師を経て官僚の世界へ。農商務省の官吏となって特許局の初代局長にまで昇進しました。ところが突如、職を辞して南米に渡り、ペルーで銀山開発に取り組みます。これが大失敗。無一文になってしまいます。

やがて救いの神が現れます。それが、当時日本銀行総裁を務めていた川田小一郎。「鉄道をやれないか」との要請があり、冒頭の言葉をもって受け入れたのです。結局、鉄道ではなく、建築中の日本銀行本館の建築事務主任として採用されましたが、まさに「丁稚奉公から」の心意気でその仕事に取り組んだのです。

その後、日銀副総裁時代には日露戦争の戦費調達のためにロンドンに行き、外債募集を成功させるという快挙を成し遂げます。そして1911年、第７代日銀総裁に就任しました。しかし**「地位にしがみつかない」**是清は、１年８ヵ月で退任して、政界に身を投じます。そして総理大臣を１回、大蔵大臣を７回（うち１回は総理大臣との兼任）務めるなど、八面六臂の活躍をしたのでした。

自伝に描かれた是清の高潔な生き方や、人間関係・信頼関係の築き方、ブレない判断力などから学ぶところは大。どういう心構えで仕事をするべきかがよくわかります。

高橋是清の肖像画が使われた50（五拾）円紙幣

DATA

著者―江戸（現東京）生まれ。少年期より海外流浪の末帰国。官僚を経て政治家となり、第20代内閣総理大臣に就任。日銀総裁や大蔵大臣などを務め、財務手腕を発揮した。二・二六事件にて青年将校の凶弾に倒れた。

＼プラスα／

1951（昭和26）年に発行された50円札に、メガネをかけた高橋是清の肖像が使われた。50円玉ができたのはその４年後のこと。

13 ある明治人の記録 会津人柴五郎の遺書

石光真人 編著

**いくたびか筆とれども、
胸塞がり涙さきだちて綴るにたえず、
むなしく年を過して
齢すでに八十路を越えたり。**

逆境を支える力――「精神」を身に刻む

上の引用は「血涙の辞」と題した、柴五郎の遺書の冒頭です。事情がわからなくとも、柴の痛切な思いが読む者の胸に迫ってきますよね。

柴をここまで苦しめたのは、会津藩が薩摩・長州を中心とする政府軍に制圧された戊辰戦争で、祖母、母、姉妹のすべてが自害したことです。柴自身はまだ10歳。女性たちの自害の覚悟を知らず、五郎少年は、自宅を出てしまいました。それが最後の別れになるとは……。

**わずか七歳の幼き妹まで懐剣を持ちて自害の時を待ちおりしとは、
いかに余が幼かりしとはいえ不敏にして知らず。
まことに慚愧にたえず、想いおこして苦しきことかぎりなし。**

柴五郎

柴は遺書のなかで、こう述懐しています。一族の女性は「城に立て籠もっても戦力にならず、食糧を減らすだけ。敵に攻め込まれれば辱めを受けるかもしれない」と全員が自害。男子の柴は「家を相続し、会津藩の汚名を天下に注ぐべし」という使命を託されたのです。

会津藩は決して「逆賊」などではありませんでした。天皇を奉じる薩長を敵に回すつもりはなかったのに、むりやり朝敵にされたのです。柴もこう言っています。**「後世、史家のうちには、会津藩を封建制護持の元兇のごとく伝え、薩長のみを救世の軍と讃え、会津戦争においては、会津の百姓、町民は薩長軍を歓迎、これに協力せりと説くものあれども、史実を誤ること甚だしきものというべし。百姓、町民に加えたる暴虐の挙、全東北に及びたること多くの記録あれど故意に抹殺されたるは不満に堪えざることなり」**と。

戦いに敗れた会津藩の人々は、領地を召し上げられ、下北半島の荒れ地に移されました。柴はやがて家を出て、流浪の生活を経て陸軍幼年学校に入学。軍人として成功し、1900年の北清事変（日本を含む列強が中国に軍隊を送り込み、排外運動を鎮圧。義和団事件ともいう）では、冷静沈着な判断をし、世界から賞賛されました。

私は浪人時代に、柴の格調高い名文を音読して精神を鍛えました。自らの逆境を支えた柴の「精神」を音読で体に刻んでください。

DATA

作品—「柴五郎の遺書」と、本書を編集した石光真人の筆による「柴五郎翁とその時代」の２部構成。歴史に埋もれた明治維新の裏面史でもある。

編者—1904年、東京生まれ。早稲田大学文学部卒業。東京日日新聞（毎日新聞）編集局勤務。編著書に『城下の人』などがある。

＼プラスα／

柴は1945年12月、日本がアメリカに占領されていくさまを見ながら亡くなった。第二次世界大戦中、「この戦は残念ながら負けです」と語ったという。戦争の行く末をしっかり認識していたのである。

14

留魂録(りゅうこんろく)

吉田松陰(よしだしょういん)（1830～59年）

吾(わ)れ行年(こうねん)三十、一事成ることなくして死して
禾稼(かか)の未だ秀でず実らざるに似たれば
惜しむべきに似たり。
然(しか)れども義卿(ぎけい)の身を以(もっ)て云(い)へば、
是(こ)れ亦(また)秀実(しゅうじつ)の時なり、何ぞ必ずしも哀しまん。

死して後も魂は受け継がれる

吉田松陰

獄中にあった吉田松陰が、門下生全員に宛てたこの決別の言葉を書き上げたのは、処刑前日の夕方のこと。上の引用では、死を前にしても心安らかにいられる理由を語っています。

ざっと訳すと、「自分は30で生を終わろうとしている。未だ成し遂げたことは何もない。このまま死ぬのは、育ててきた穀物が花を咲かさず、実をつけなかったようで、惜しむべきかもしれない。それでも私自身について考えれば、やはり花咲き実を結んだのだ」ということです。

松陰がそう言う理由は、**「何歳で死のうとも、人間には四季がある」**と考えるからです。そしてこの章の最後に、こう書いています。

若し同志の士其の微衷を憐み継紹の人あらば、
乃ち後来の種子未だ絶えず、自ら禾稼の有年に恥ざるなり。
同志其れ是れを考思せよ。

吉田松陰誕生之地（山口県萩市）

「もし同志のなかに自分を憐れみ、真心を受け継いでやろうという人がいたら、それはまかれた種が絶えずに、穀物が年々実るのと同じこと。同志諸君、このことをよく考えて欲しい」――命が枯れても志という種は受け継がれる、ということです。

最後に、本書の冒頭にある和歌を紹介しておきましょう。時代を大きく動かそうとした松陰の「熱い魂」に触れ、「いつ死んでも悔いはない」と思える人生を生きる気持ちが鼓舞されると思います。

身はたとひ武蔵の野辺に朽ぬとも
留置まし大和魂

DATA

作品―1859年、江戸小伝馬上町の牢内で書き上げた遺書。文章に乱れはなく、冷静に門下生に思いのたけを伝えている。

著者―長門国（現山口県）生まれ。5歳のとき、代々山鹿流兵学の師範を務める吉田家の養子に入り、6歳で家督を継ぐ。11歳で藩主・毛利敬親に『武教全書』の講義をするほどの俊才ぶりを発揮した。松下村塾で講義を始めたのは1856年。諸国遊学を経て下田で密航に失敗し、野山獄に入れられた後のことだ。獄中にあっても囚人相手に『孟子』の講義をするなど、松陰がいるところにはどこでも〝学ぶ集団〟が形成された。

＼プラスα／

松陰は『留魂録』のほかに、肉親に宛てた遺書を書いている。

15

きけ わだつみのこえ

日本戦没学生の手記

日本戦没学生記念会 編

大きな、眼には見えぬあらしがかける。かける。
わけのわからないものが
渦巻のごとく身をとりまく。
それが私を未知の世界にふき上げる。
何ていう時だ。
人間とは、歴史とは、世界とは、一体何なのだ。

学徒兵の死に恥じない生き方をしているか

明日戦死するという状況で、人間は何を思うのか。戦争で亡くなった学徒兵たちの手記をまとめた本書を読むと、彼らの死に、彼らが自らに問うた言葉の数々に畏敬の念を禁じ得ません。また深く思考する知性の働きには、瞠目するばかりです。

上の引用は京都帝国大学に学んだ柳田陽一の手記。詩のように流れる言葉に、入営前の揺れる心を感じます。「生きようとも死のうとも思わない」彼は、人間・歴史・世界の本質を静かに見つめていたのです。

また本書冒頭、沖縄嘉手納沖で戦死した上原良治の手記は、特攻隊に選ばれたことを「身の光栄」としながらも、こう綴（つづ）っています。

自由の勝利は明白な事だと思います。
人間の本性たる自由を滅す事は絶対に出来なく、
例えそれが抑えられているごとく見えても、
底においては常に闘いつつ最後には必ず勝つ。

「ファシズムのイタリアやナチズムのドイツと同様、権力主義国家は滅びる」とする彼は、日本の敗北を明白なことと記しているのです。

あと一つ、東京美術学校に学び、沖縄宮古島で戦病死した関口清の手記を紹介します。彼はやせこけていく自分の姿を絵に描いています。

俺は苦しければ苦しいほど生きたいのだ。俺の運命の逆境が
大きければ大きいほど俺が生に対する執着も大となるのだ。（中略）
俺はこの戦争のそして、人類のいや総（すべ）ての結末がみたい。
生きねばならぬ。貴重な宝を後世に残すべく、病魔と衰弱と、
うえと、酷暑と戦わねばならぬのだ。幸いに俺は若いし
根底にねばりを持ち、生命は、重きをになう
ほこりに満ちているのだ。

学徒兵たちは、哲学書を読み、文学に親しみ、人生について深く考えました。みなさんも折に触れて自らに問いかけてください。「自分は学徒兵たちの死に対して、恥ずかしくない生き方をしているだろうか」と。

DATA

作品— 1949年刊行。戦後平和運動の精神的源泉となった。戦後50年を機に、新しい世代に読み継がれていく決定版として「新版」が刊行された。

＼プラスα／

本書とセットで『わがいのち月明（げつめい）に燃ゆ』（林尹夫（ただお））を読まれたし。私は、徴兵されてなお勉強を続けた林の生き方に大きな刺激を受けた。

16 古事記（こじき）

「このわが身の成り余っているところを、
お前の成り合わないところに刺しふさいで、
国土（くにつち）を生み成そうと思う。生むこと、いかに」（中略）
「われとお前と、この天（あめ）の御柱（みはしら）を行きめぐり、
逢（あ）ったところで、ミトノマグハヒをなそうぞ」

神話の織りなす空間に遊ぶ

日本はどのようにしてつくられたのか。この難題を解くカギの一つが、日本最古の歴史書『古事記』です。「ただの神話でしょ」と思うかもしれませんが、事実か虚構かはどうでもよい。日本人の魂の故郷のようなものとして、神話の織りなす空間に遊ぶことをおすすめしたいのです。**日本人として身につけておきたい教養**でもありますからね。

上の引用は天からオノゴロ島に降りた兄妹、イザナキとイザナミによる国土創生の物語の一節。この二人がまぐわってはコロコロと島を生み、日本の国土が形成された、ということです。何ともおおらかな物語。「ミトノマグハヒ」は性交を意味する

『古事記』ゆかりの地、奈良県桜井市の三輪山

最も美しい日本語だそうです。

『古事記』にはほかに、イザナキノミコトが亡き妻に会いたくて黄泉（よみ）の国に行く話とか、出雲（いずも）系の神オオクニヌシノミコトが天孫（てんそん）系の神に「国譲（くにゆず）り」をさせられる話、天（あめ）の岩屋戸（いわやど）にこもったアマテラスオオミカミに出てきてもらうためにアメノウズメノミコトが裸踊りをしておびきだす話など、有名な話もいっぱい。**妙に"人間くさい"神さまたちのふるまいに驚かされたり、笑ったりで、楽しく読み進められます**。

神が降り立つ神聖な浜として知られる、島根県出雲市の稲佐の浜

また『古事記』には、権力闘争の視点で見るおもしろさがあります。大和朝廷が誕生するプロセスでは、さまざまな権力闘争があったとされています。それが出雲の神々と伊勢神宮に祀（まつ）られている神々との戦いという形式で語られているのです。いずれにせよ目的は、**天皇家による支配の正当性**を示すこと。『日本書紀』と同じです。

なお「人代篇」には、ヤマトタケルの話や仁徳（にんとく）天皇、雄略（ゆうりゃく）天皇など、歴史に名を残した人物たちがたくさん出てきます。こちらは神話とはまた違ったおもしろさがあるので、ぜひ併せて読んでくださいね。

DATA

作品―『古事記』は8世紀初め、稗田阿礼（ひえだのあれ）が誦習（しょうしゅう）した『帝紀』『旧辞』を太安万侶（おおのやすまろ）が筆録し、3巻に編纂された。原文はすべて漢文で、実に難解。本居宣長（もとおりのりなが）が漢字をどう読むかを探求し、『古事記伝』を著した。今日『古事記』が読めるのは、この書物のおかげである。

＼プラスα／

一時期、「太安万侶、虚構の人物説」もあったが、1979年に奈良市の茶畑で墓が発見された。出土した「太安万侶墓誌」は重要文化財に指定された。

17

龍馬の手紙

宮地佐一郎

**龍馬二三家の大名とやくそくをかたくし、
同志をつのり、
朝廷より先ヅ神州をたもつの大本をたて、
それより江戸の同志はたもと大名其余段々と心を合セ、
右申所の姦吏を一事に軍いたし打殺、
日本を今一度せんたくいたし申候事ニ(略)**

大事を前に肩の力を抜く

歴史上の人物のなかでも、坂本龍馬ほど愛される〝人気者〟はいないでしょう。土佐藩の下級武士の家に生まれた龍馬は、姉の乙女のすすめで剣術を始めるや、才能を発揮。18歳で剣術の勉強のため、江戸に留学しました。折しもペリーが来航。剣術では外国と戦えないと思い、西洋式の砲術を習い始めたといいます。やがて思いは世界へと広がり、27歳で脱藩した後、勝海舟に弟子入りして海軍創設に奔走したり、薩長同盟に動いたり、日本初の会社・亀山社中をつくって武器の取引をしたり。残念ながら志半ばで暗殺されましたが、**世界を相手**

坂本龍馬

に仕事をしたいと構想した龍馬の志の高さ、スケールの大きさは後世の人々の心を惹（ひ）きつけてやみません。

冒頭の引用は、土佐の乙女姉さんに宛てた、1863（文久３）年６月29日付の手紙からの抜粋です。とりわけ「日本を今一度……」のフレーズは有名。「革命」を「洗濯」にたとえるあたり、言葉のセンスがいいなぁと感心します。手紙にはそんな龍馬特有のユーモラスな表現が満載。言葉の端々から龍馬の肉声が伝わってくるようです。

龍馬の人物を語るとき、さまざまな形容詞が浮かびます。熱い・自由闊達（かったつ）な・飄々（ひょうひょう）とした・豪胆な・冷静な・謙虚な・繊細な・ユーモラスな・温かい……対立するあらゆる要素がいい具合に溶け合っているのです。常に「肩の力の抜けている」感じは見習いたいですね。**適度に肩の力を抜いて、リキみを取る**。それが大事を前にした心構えの一つだと、龍馬の手紙が教えてくれます。写真でも肩の力が抜けています。

それともう一つ、龍馬の作と伝えられる和歌を紹介しましょう。

丸くとも一かどあれや人心　あまりまろきはころびやすきぞ

（温厚な人柄のなかにも尖（とが）っているところがないといけないよ。
あんまり丸いと転がって、自分の行く道が見えなくなるよ）

DATA

作品―動乱の幕末を志高く駆け抜けた坂本龍馬が、土佐の乙女姉さんや姪などに宛てた私信を含む計139通の手紙を収録。日々の奔放な活動や壮大な国家構想などが熱く語られているが、随所に茶目っ気のあるフレーズがちりばめられ、複雑に揺れる心情がポロリ。龍馬の青春の軌跡が鮮やかに浮かび上がる。

著者―宮地佐一郎は高知県生まれ。先祖は龍馬の父祖と関係のある宮地家出身。法政大学国文学科卒業。『闘鶏絵図』『宮地家三代日記』『菊酒』の３作品が直木賞候補となった。その後、龍馬や中岡慎太郎の研究に没頭した。

＼プラスα／

手紙の末尾によく「ほかの人に見せてもいい」とか「決して見せるな」といった追伸が付されている。クスリと笑える読後感がいい。

Chapter 3

経済・社会

18

ドラッカー わが軌跡（きせき）

ピーター・ドラッカー（1909〜2005年）

私は、私の心を打った人たちを登場させた。それぞれが、それぞれの話をもつ人たちであって、しかも、観察と解釈の価値のある人たちだった。そして何よりも、社会とは、多様な個と、彼らの物語からなるものであることを教えてくれる人たちだった。

「時代の傍観者」になる

上の引用通り本書においてドラッカーは、自分が出会い、心を動かされた人たち、しかも時代を体現している点において観察・解釈する価値のある人たちとの関わりを通して、自分の生きた軌跡を書いています。自伝としてはちょっと風変わりですよね。自伝というのはふつう、主人公である自分が経験したことを時系列に沿って書いていくものですから。

でも傍観者に徹することで、自伝にありがちな〝自慢話のオンパレード〟にならず、評伝に近い客観性があり、時代に向けるドラッカーの批判的視線も感じられ、こういう自伝もいいものだと思えます。

また「時代や歴史を映し出す登場人物」といっても、有名人ばかりではありません。たとえばおばあちゃん。ナチスに説教するエピソードは傑作です。1930年代、彼女は襟（えり）に鉤（かぎ）十字を付けていた若者に、**「あなたの政治的な考えに文句はないのよ。（中略）でも、これ〔鉤十字〕が嫌いな人もいるっていうことも知らなくちゃだめよ」**と言い、若者は鉤十字を外して、ポケットにしまったそうです。当時はもうナチスに対してもの言える時代ではなかったのに、おばあちゃんは「人がいやがることはしない」という、人間関係における不文律をきっちり伝えたのです。ドラッカーは含蓄（がんちく）のある言葉を寄せています。

役人は、一人ひとりの国民の役に立とうとしないかぎり、
公僕（こうぼく）ではなく支配者になる。
もちろん鉄砲を持つべきでないのは、
それが人に怪我（けが）をさせるからだった。

もちろん有名人も登場します。その一人はアメリカの大企業ゼネラル・モーターズのアルフレッド・スローンです。ドラッカーは彼を観察することによって、マネジメントの理論を構築していきました。スローンとのエピソードは生き生きとしていておもしろく、マネジメント学が誕生する物語としても楽しめます。

みなさんも本書をテキストに、出会う人たちを「時代の証言者」ととらえ、自伝を記してみるのもおもしろいかと思います。

DATA

著者—オーストリア生まれのユダヤ系オーストリア人経営学者。1937年、英国紙の在米特派員、英金融機関の在米投資顧問として米国に渡った。その後、ゼネラル・モーターズ（GM）のマネジメントと組織について調査し、『企業とは何か』を刊行。マネジメント論の先駆けとなった。

＼プラスα／

2006年に刊行された本書の原題は『Adventures of A Bystander』。「Bystander」とはまさに「傍観者」を意味する。

日本永代蔵

井原西鶴（1642～93年）

一生一大事、身を過るの業、
士農工商の外、出家・神職にかぎらず、
始末大明神の御託宣にまかせ、
金銀を溜べし。
是、二親の外に命の親なり。

金を溜めるも、儲けるも、才覚しだい

さすが金持ちの西鶴さん、のっけからズバリ、核心をついてきます。

「どんな仕事についている人も、倹約の神様のお告げに従って、金銀を溜めなさい。お金こそは命を育んでくれる、もう一人の親だよ」

と、お金は大切だと言い切っています。

日本では昔からお金の話をするのははしたないこととされていたので、なかなか勇気のある発言です。なにしろ西鶴に言わせれば、**「金銀で解決できないのは、生老病死苦の5つだけ」**。だいたいのことはお金があれば何とかなるのだから、家業に励んで大いに儲け、健康を気づかうことが

井原西鶴像（大阪府・生國魂神社）

肝心だ、としています。

また40歳になろうかという男が、裕福な人に「どうすれば金を稼ぎ、財を成せるか」と相談する話が出てきます。処方された妙薬が、

「早起き、家業に励むこと、夜なべ、倹約、健康」

の五つ。早起きして夜遅くまで家業に励み、倹約し、健康であれば、財を成せるのも道理です。加えて服薬の妨げとなる毒を断つよう勧めています。

「美食と淫乱（いんらん）、高級な絹物を普段着とすること」「夜ほっつき歩くこと、博打（ばくち）・囲碁・双六（すごろく）」「食事のときの飲酒・煙草好き・予定のない京行き」等々。なるほど、「贅沢（ぜいたく）は敵だ」ということですね。

さらに金を溜めるもう一つの方法として、商売をあげています。たとえば越後屋三井九郎右衛門が当時当たり前だったツケを排し、「現金掛値なし」の商法を導入して成功したなど、商売の話がたくさん出てきます。「これぞ才覚！」と膝を打ちたくなるアイデアばかりで、意外といまの仕事にも生かすことができそうです。

最後に一つ、西鶴先生の大事なアドバイスを紹介しておきましょう。

世の中に借銀（かりぎん）の利息程（りそくほど）おそろしき物はなし。

借金は怖い。いまの社会には西鶴の時代以上に、消費者金融とかリボ払いとか、借金苦に陥るワナはいっぱい。気をつけましょう。

DATA

作品— 人生の紆余曲折（うよきょくせつ）を描きながら、お金とどう向き合うべきか、どうすれば商売がうまくいき金儲けができるかなどを、実例をあげて教えてくれる。

著者— 大坂の裕福な町人の家に生まれる。俳人、浮世草子作者として活躍。41歳のときに刊行した小説『好色一代男』が大ヒット。

＼プラスα／

没後、弟子たちが遺稿を整理編集し、『西鶴織留（おりどめ）』『西鶴置土産』などが刊行された。明治以降の作家にも大きな影響をおよぼす。

20 孫子（そんし）

孫武（そんぶ）（生没年不詳）

彼（か）れを知りて己（おの）れを知れば、
百戦して殆（あや）うからず。

競争社会を生き抜く極意を学ぶ

人生も仕事も「戦い」抜きには語れません。人生に降りかかるさまざまな困難に打ち勝つことも「戦い」なら、仕事で成果をあげることも「戦い」。私たちはみんな、人生・仕事のあらゆる場面で自分の思い通りに事を運べるよう、ベストな戦略を立てて行動することが求められています。その際にヒントを与えてくれるのが、『孫子の兵法』です。孫武の展開する「戦争に勝つための方法」が、そのままいまを生きる私たちの戦略書になりうるのです。実際、『孫子』は世界のビジネスエリートをはじめとする多くの人たちに読み継がれています。

なかでも「戦いのキモ」になるのが上の言葉。「相手の力量や置かれている状況などの情報を収集・分析するだけでは足りない。それ以上に自分のこともわかっていることが重要だ。相手と自分が見えていて初めて、精度の高い戦略の下で勝つ見通しが立つ」としています。

『孫子の兵法書』

ほかに、

「兵は拙速なるを聞くも、未だ巧久なるを睹ざるなり」（作戦上、多少まずいと思うことがあっても、とりあえず攻めなさい。戦いはさっさと切り上げるのがよい）

「小敵の堅は大敵の擒なり」（力もない小部隊なのにムリして戦ったところで、大部隊に呑み込まれるだけ。やめておきなさい）

「必ず人に取りて敵の情を知る者なり」（情報は必ず人から取りなさい。信頼する人物からもたらされる生の情報にこそ価値がある）

孫武の像（鳥取県湯梨浜町の燕趙園）

など、実戦的な知恵が満載です。極めつけはこれ。

百戦百勝は善の善なる者に非ざるなり。
戦わずして人の兵を屈するは善の善なる者なり。

戦う前に相手が降参してしまうのが最善の勝ち方。「百戦百勝、負け知らず」なんてのは、誇るに足りず、ということですね。
「戦って勝つことが強さの証ではないんだよ」という孫子の声が聞こえてきそうです。

DATA

作品— 中国・春秋時代（紀元前770年～前403年）の孫武による世界最古の兵法書。作戦の立て方や攻守の態勢、主導権を取る方法、地形に応じた戦い方などを細かく論じた13篇から成る。

著者— 兵家の代表的人物。呉の闔閭（在位、紀元前515～前496年）に仕えた。呉王が諸侯の覇となりえたのも孫武の力が大きいとされる。

プラスα

「孫武は実在の人物か」「孫子13篇の著者は孫武一人ではないかもしれない」など、謎が多い。

21 プロテスタンティズムの倫理と資本主義の精神

マックス・ヴェーバー（1864〜1920年）

近代資本主義の精神の、いやそれのみでなく、近代文化の本質的構成要素の一つというべき、天職理念を土台とした合理的生活態度は（中略）キリスト教的禁欲の精神から生まれ出たのだった。

「天職意識」を持つ

私が大学１年生のとき、本書は「必読の古典」とされていました。ノートに要約をまとめ、友人と語り合いながら読破したとき、「ああ、大学生らしい読書をしたなあ」と感じ入ったことを覚えています。

ヴェーバーが本書を書いたきっかけは、「資本主義が発展した国々は多くが、プロテスタンティズムの浸透している国だ」と気づいたことです。贅沢を排して質素に暮らすことをモットーとするプロテスタンティズムの社会が、いわゆる「金儲け」を重視する資本主義の発展に大きく関わっていたとは……その矛盾を解明しようと考えたわけ

マックス・ヴェーバー（1894年）

です。

キーワードは二つ。一つは**「世俗内禁欲」**。禁欲的な生活とは、言い換えればお金をあまり使わない生活ですから、当然、貯蓄が増えていきます。プロテスタントとして生きることが、資本の蓄積につながるわけです。

もう一つのキーワードは**「天職」**。プロテスタントは労働を「ベルーフ(Beruf＝天職)」、天から与えられたミッションだと考えます。それは「自分が救われるかどうかは神によって決められている」という、カルヴァン主義の「予定説」によるもの。噛(か)み砕くと「天のミッションを果たすべく真面目に働いて、お金を稼げば稼ぐほど、神による救済に近づく」ということになります。自然、労働意欲が高まりますよね。「天職意識」を持つということは、仕事に全力で取り組むモチベーションになりうるのです。

なお終盤では、今日、資本主義は「禁欲の精神」を必要としておらず、

禁欲をはからずも後継した啓蒙主義の薔薇(ばら)色の雰囲気でさえ、
今日ではまったく失せ果てたらしく、
「天職義務」の思想はかつての宗教的信仰の亡霊として、
われわれの生活の中を徘徊(はいかい)している。

というふうに述べています。資本主義はあるいは現代最強の宗教になったのでしょうか。著者とともに考えてみるとよいかと思います。

DATA

作品― 営利の追求を敵視するプロテスタンティズムが、資本主義を発展させたという、歴史の逆説を究明した本。マックス・ヴェーバーが生涯を懸けて取り組んだ比較宗教社会学的研究の出発点を画す。

著者― ドイツ・エアフルト生まれ。社会学者・経済学者。ハイデルベルク、ベルリン、ゲッチンゲンの各大学に学ぶ。フライブルク大学、ハイデルベルク大学で教授を務めたが、神経症で辞職してのちは在野で活動した。

\プラスα/

『職業としての政治』『職業としての学問』を併せて読みたい。

22

論語と算盤

渋沢栄一（1840〜1931年）

**利を図るということと、仁義道徳たる所の
道理を重んずるという事は、
並び立って相異ならん程度において
始めて国家は健全に発達し、
個人はおのおのそのよろしきを得て
富んで行くというものになるのである。**

ビジネスと精神のバランスを整える

「日本の資本主義の父」とも称される渋沢栄一は、2021年にNHK大河ドラマ「青天を衝け」の主人公、さらに24年に1万円札の肖像に〝抜擢〟され、知名度がぐんと上がった感があります。「なぜ、いま、渋沢栄一？」かと言うと、行きすぎた資本主義と、それにともなう格差社会の広がり、競争社会のひずみなどが社会問題化している、という現実があるからでしょう。とりわけ「公」より「私」の利益を優先する政財界の〝仁義なき戦い〟には目を覆うばかり。渋沢が本書の冒頭で、

「富を成す根源は何かといえば、仁義道徳、

渋沢栄一

正しい道理の富でなければ、その富は完全に永続することができぬ、ここにおいて論語と算盤という懸け離れたものを一致せしめる事が、今日の緊要の務と自分は考えているのである」

と述べているように、同じ富を成すにしても「自分さえ儲かればいい」的な気持ちではダメ。「正しい道理」を踏むことが肝要なのです。

あと三つほど、〝心の薬〟になるいい言葉を引用しておきます。

自然的の逆境に処するに当っては、まず天命に安んじ、
おもむろに来るべき運命を待ちつつ撓まず屈せず勉強するがよい。

●

下腹部に力を籠める習慣を生ずれば、心寛く体胖かなる
人となりて、沈着の風を生じ、勇気ある人となるのである。

●

道理に伴って事をなす者は必ず栄え、道理に悖って事を計る者は
必ず亡ぶる事と想う、一時の成敗は長い人生、
価値の多い生涯に於ける泡沫のごときものである。

DATA

作品—渋沢栄一が生涯を通じて貫いた経営哲学の根本を記した本。「利潤と道徳を調和させる」道を示した。資本主義の本質を見抜き、経営、労働、人材育成の核心をつく経営哲学は未来を生きる知恵に満ちている。

著者—武蔵国の岡部藩血洗島村（現埼玉県深谷市血洗島）生まれ。実家は豪農。20歳前後で江戸に出て、尊王倒幕、攘夷鎖港を論じるが、一転、一橋慶喜に仕えた。慶喜の実弟に随行し、パリ万博を見学したほか、ヨーロッパ諸国の実情を見聞する機会に恵まれる。帰国後、大蔵省の一員として新しい国づくりに参加するも、33歳のときに一民間経済人として活動することを決意。第一国立銀行の創設を皮切りに、現在の王子製紙や東京海上保険、東京電力、ＪＲ、サッポロビール、日本郵船など、500以上の会社をつくった。

＼プラスα／

埼玉県深谷市の記念館では、渋沢栄一アンドロイドによる講義が見学できる。

23

道徳感情論

アダム・スミス（1723～90年）

他人が我々を自然に眺める
ときの視線に従って、
自分自身を眺めなければならない。（中略）
人間は誰しも自分自身がすべてであるが、
他の人々にとっては、自分はそのもっとも
ささいな一部でしかない。

「フェアプレイ」の基準を自分のなかに持つ

アダム・スミスと言えば、著書『国富論』のなかで提唱した、**「神の見えざる手」**という言葉で有名です。

これは、市場経済においては、人々の欲望に対して商品の値段が安すぎると足りなくなるし、高すぎると売れ残るのは必定。物の値段というのは、人が介入するまでもなく、最適値に落ち着く。そうやって社会全体に安定した経済状態がもたらされることを意味します。

とはいえスミスは、「だから何でも市場任せにすればよい」と主張しているわけではありませ

アダム・スミス

ん。「人が自らを律し、公正に市場経済を営んだ場合に、自動調整が働く」としています。

スミスはもともと倫理学の研究者で、『国富論』より17年早く刊行された本書でも、人間の感情に注目しています。人間同士が関わることによって、感情はどのように変化するのか。また自分を優先的に考える利己的な個人感情は、社会とどのようにして平和的に共存するのかを追求しています。上記の引用でも、「自分の行動が他者の目にはどう映るかを考えて、行動しなければならない」と言っています。

というのもスミスは、**一人ひとりが「自分がされていやなことを、人にしてはならない」という共感感覚を持つことで、社会の秩序は保たれている**と考えているからです。それを「フェアプレイ」と表現し、「フェアプレイの精神を持たぬ者は、社会に参加する意味がなく、権利もない、人はそのフェアプレイの基準を自分のなかに持たなければならない。その基準に従って、自分自身を律する市民が社会を形成することで市場経済は回っていく」と主張しています。

アダム・スミスの墓（イギリス・エジンバラ）

周囲の目にフェアではないと映ることを人に対して行わない、自分が人にされたくないことはやらない――『道徳感情論』は人として正しいことをやりなさい、と説いているのです。

DATA

作品― 調和のとれた社会の根幹に、個人の自己愛、自己利益の追求に加えて、「共感」を据えた。徳のある社会を実現するための、不朽の社会論。

著者― イギリス・スコットランド生まれ。資本主義が確立しつつあった時代のイギリスで、「お金の存在意義」を考察した。「経済学の父」と呼ばれる。

\プラスα/

あの有名な『国富論』は『道徳感情論』の副産物とも言われる。

24

ファスト&スロー

あなたの意思(いし)はどのように決(き)まるか？

◇◇◇◇◇◇◇◇◇◇◇◇◇◇◇◇◇◇◇◇◇◇◇◇◇◇

ダニエル・カーネマン（1934年～）

直感的思考と熟慮熟考の特徴を、
あなたの中にいる二人の人物の
特徴や傾向のように扱うつもりだ。

2種類の思考パターンをわきまえる

上の引用は、本書が「人間は誰しも脳に二つの思考モードを備えている」ことをベースにしていると示しているところです。

一つが「システム１」、瞬時に自動的に判断する直感的思考、もう一つが「システム２」、意識的に時間をかけて判断する熟慮熟考思考です。

たとえばいまにも怒鳴りだしそうな、険しい表情をした人を見たら、私たちは考えるまでもなく、一目で「あ、怒っている」とわかります。これが「システム１」です。

一方、「17×24」という数式の答えを求めるようなとき、私たちはまず「あ、かけ算だな」と認識し、計算方法を思い出して暗算または筆算で計算します。このように「困難な知的活動に、しかるべき注意を割り当てる」思考の手続きを要するのが「システム２」です。

私たちは何かを判断するとき、システム１か２、どちらかの思考を用い

ているのですが、使い分けが意外と難しい。カーネマンは、

「システム1はだまされやすく、信じたがるバイアスを備えている。疑ってかかり、信じないと判断するのはシステム2の仕事だが、しかしシステム2はときに忙しく、だいたいは怠けている」

と言っています。ひとことで言うと、「人間は早合点しやすい」ということです。本書ではさまざまな命題を例に、「直感的に正しいと判断したことが、よくよく考えると違っている」ケースがいかに多いかを実証しています。例題にクイズのように答えてみると、自分の思考パターンのクセのようなものに気づくことができるでしょう。

大事なのは**「目の前の課題を、まずシステム1の速い直感的思考で受け止めて、必要に応じてシステム2のゆっくり熟慮熟考を行い、合理的に正しい判断をしていく」**よう意識することです。

また「人の心理がどういうときにどう動いて、どんな行動をとるか」ということについてもわかりやすく書かれています。ビジネスや人間関係に応用するヒントになります。

DATA

作品― 人間の意識、無意識が物事をどう判断し、行動しているか、そのプロセスを解明。即断の危うさに気づき、正しく合理的に判断するためのノウハウが学べる。ビジネスにスピードが求められる時代だからこそ読んでおきたい。

著者― イスラエル生まれのフランス育ち。認知心理学者。プリンストン大学名誉教授。専門は意思決定論および行動経済学。2002年、ノーベル経済学賞受賞。不確実な状況下における意思決定モデルである「プロスペクト理論」を経済学に統合した功績による。行動経済学の創始者とされる。

＼プラスα／

カーネマンは本書により、「人間は合理的に行動する」ことを前提としていた伝統的経済学に強烈な疑問符を突きつけた。

25 共産党宣言（きょうさんとうせんげん）

カール・マルクス（1818〜83年）
フリードリヒ・エンゲルス（1820〜95年）

**今日まであらゆる社会の歴史は、
階級闘争の歴史である。**

労働者は単なる機械の付属物か

　書名から「共産党に興味はないな」と思い込む人は多いと思いますが、会社勤めにせよ、自営業、フリーランスにせよ、仕事をしている人なら全員、読む意味があります。というのも本書は、政治のイデオロギーを超えて、労働者の価値を再認識させてくれるものだからです。

　第一章「ブルジョアとプロレタリア」の冒頭にある上の文章は、たしかにその通り。たとえば中世ヨーロッパでは、フランス革命をはじめとする市民革命が勃発。絶対的な権力を持ち、富をほしいままにした王侯貴族ら特権階級に対して、市民たちが平等を求めて立ち上がりました。

Manifest
der
Kommunistischen Partei.
Veröffentlicht im Februar 1848.
London.

1848年2月ロンドンで出版された『共産党宣言』の表紙

　そうして平等を勝ち取ったにもかかわらず、その後、ブルジョアジー（資本家階級）とプロレタリアート（労働者階級）という階級闘争が生じました。土地や工場などの生産手段を持つ資本家たちが、持たない労働者を低賃金で過剰に働かせ、二つの階級の間に貧富の差を生み出したのです。それを是正せねばと、マルクス、エンゲルスらは「生産手段は個人ではなく、国などの公的な機関にするべきだ」と主張しました。

「プロレタリアの労働は、機械装置の拡張や分業によって、あらゆる独立的性格を、したがってまた、労働者にとってあらゆる魅力を失った。労働者は機械の単なる付属物となり、こういう付属物として、ただもっとも単純な、もっとも単調な、もっともたやすく習得できるこつを要求されるだけである」

「それでいいのか、労働者たち」ということです。この共産党宣言は世界に影響をおよぼし、そのおかげもあって日本でも労働三権（団結権・団体交渉権・団体行動権）が憲法で認められているし、労働基準法、男女雇用機会均等法など、法の整備が進んだ部分もあります。

ただ階級闘争は、いまなおなくなったわけではありません。むしろマルクスらの時代よりも「富の一極集中」は進んでいるくらいです。そういった現状を考えると、本書を締めくくる最後の言葉に触発されます。

万国のプロレタリア団結せよ！

DATA

作品— 1848年、ヨーロッパのプロレタリア運動の高まりに呼応して書かれた。共産主義の力が世界史を変えるという宣言でもある。

著者— マルクスはドイツ生まれ。資本主義社会と労働者の仕組みを分析・解明した。また革命思想として科学的社会主義（マルクス主義）を打ち立てたほか、資本主義社会の研究は『資本論』という大著に結実させた。その理論に依拠する経済学大系は「マルクス経済学」と呼ばれる。そのマルクスとともに労働運動・革命運動・共産主義運動を指導・発展させたのがエンゲルスだ。

＼プラスα／

ロシアではマルクスの考え方を取り入れたレーニンが、「プロレタリア独裁」を掲げて、1917年にロシア革命に成功。ソビエト連邦を創設した。

26 資本論（しほんろん）

カール・マルクス（1818～83年）／エンゲルス編

**労働力の価値は、
すべての他の商品の価値に等しく、
この特殊なる商品の生産、
したがってまた再生産に必要な
労働時間によって規定される。**

まずは「搾取（さくしゅ）」の構造を理解する

19世紀の名著にして超大作である本書が、21世紀のいま、大変な脚光を浴びています。なぜでしょう？

それは本書が、資本主義の行きすぎにより社会がどうなっていくかを、構造的に分析、予知しているからです。なにしろ現代は、貧富の格差たるや、「世界の大金持ちトップ20くらいの人が、所得の低い38億人の総資産と同額の資産を有している」と言われるほど。そこから生じる貧困問題に加えて、気候変動や環境の問題など、資本主義という経済システムはさまざまな社会課題をもたらしています。だから人々は、抜本的な改革を考えるためのヒントを、マルクスの思想に求め始め

カール・マルクス（1875年）

たわけです。

まず認識しておきたいのは、私たちがいかに「商品」というものに翻弄されているかということでしょう。

> **資本主義的生産様式の支配的である社会の富は、**
> **「巨大なる商品集積」として現われ、**
> **個々の商品はこの富の成素形態として現われる。**

とあるように、資本主義社会にさまざまな現象をもたらす根本原因は、私たちが生産し、消費する富が、商品という形態をとっていることにある、としています。また「商品」を買うには「貨幣」が必要だから、人々は「貨幣」を求めて必死に働きます。でもそれとは裏腹に、貧困、失業、借金などの脅威にさらされ続けることにもなります。その一方で、ごく一部の人が富を貯めこんでいきます。

さらにマルクスは、**「余剰価値」**という概念を打ち出しています。資本家が労働力の価値に対して支払った価値（人件費）以上に、労働者によって生産された価値を意味します。この「余剰価値」が増えていくと、資本家たちはもっと多くを求めて労働者を長時間働かせることが常態化してしまいます。過労死に追いやるまでにならないとも限らないのです。これが、資本家による労働者の搾取の構造です。このあたりを理解することから、読み進めるのがベストだと思います。

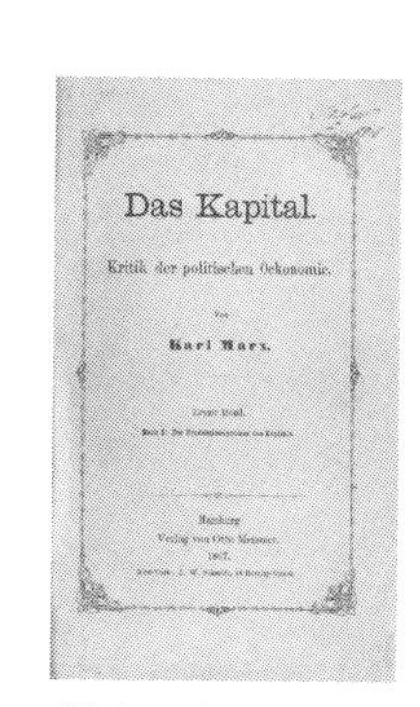

『資本論』初版（1867年）

DATA

作品ー マルクスが自ら生涯の事業と呼んだ不朽の名作。近代資本主義社会の構造や経済的運動法則を徹底的に究明した。

著者ー 本書作品25『共産党宣言』（67頁）参照。

＼プラスα／

1867年に刊行された第1部は、マルクス自身が書いたものだが、続く第2部、第3部はマルクスの死後、遺稿をもとに編集・刊行された。

27

21世紀の資本

トマ・ピケティ（1971年～）

〔格差拡大への〕正しい解決策は
資本に対する年次累進税だ。これにより、
果てしない不平等スパイラルを避けつつ、
一次蓄積の新しい機会を作る競争と
インセンティブは保持される。（中略）
むずかしいのはこの解決策、
つまり累進資本税が、高度な国際協力と
地域的な政治統合を必要とすることだ。

「格差社会」を理解する

本書は見るからに難しそうですが、読んでみると意外とわかりやすいものです。現代が抱える「格差」問題をより深く理解するためにも、先入観を捨てて、挑んで欲しいところです。冒頭で、「富の分配は、今日最も広く議論されて意見の分かれる問題のひとつだ。でもそれが長期にわたり、どう推移してきたかについて、本当にわかっているのは何だろう？」とテーマを明確にしています。

続けて、19世紀にマルクスは格差社会を予言し、20世紀にサイモン・

クズネッツが資本主義の発展も後期段階になると階級間格差が縮まるとしたけれど、本当はどうなのか。またそういった知識から、今世紀についてのどんな教訓が引き出せるのか、といった問題に答えようとしたのが本書である、と述べています。

また最大のポイントとしているのが「r>g」という不等式です。「r」は財産から得られる利益率、「g」は働いて得られる利益の増加率。「r>g」ということはつまり、労働よりも財産から得られる富のほうが大きいということです。資産家はより裕福になり、財産を持たない人は懸命に働いても追いつけないんですね。

しかしこの問題は、論理的には修正可能である、というのがピケティの考え。冒頭の文章でその解決策を示しています。ひとことで言えば、「資本の大きさに応じて、累進的に課税を行っていく方式」。金持ちからたくさん税金を取り、格差の是正につなげる、というわけです。

ただしピケティは、「この方式を機能させるには、高度な国際協力が必要だ」と言います。なぜなら富裕層のなかには「タックス・ヘイブン」と呼ばれる、課税が免除または著しく軽減されている国や地域に会社をつくったり、財産を隠したりする人が少なくないからです。国際的な巨大企業もしかり。租税を回避するための行為が問題になっています。

本書を読むと、21世紀の社会が抱える格差問題を深く理解できます。

DATA

作品— 格差の是正をテーマに、資本主義を構造的・歴史的に分析。「資本主義がこのまま暴走すると、民主主義が危うくなる」と警告を発する。3世紀にわたって20ヵ国以上から収集したデータをもとに解決策を導いている。

著者— フランス生まれ。18歳でパリの名門・国立高等師範学校に進学。富の再分配に関する研究に取り組み22歳で博士号取得。米マサチューセッツ工科大学、フランス国立科学センターを経て2000年、社会科学高等研究員の研究代表者に就任。パリ経済学校の創設に関わり、教授を務める。

\プラスα/

2013年に刊行。世界的ベストセラーになった。

28 コトラーのマーケティング・コンセプト

フィリップ・コトラー（1931年〜）

**マーケティングとは、充足されていない
ニーズや欲求を突きとめ、
その重要性と潜在的な収益性を明確化・評価し、
組織が最も貢献できる
標的市場を選択したうえで、
当該市場に最適な製品、
サービス、プログラムを決定し、
組織の全成員に顧客志向、顧客奉仕の姿勢を
求めるビジネス上の機能である。**

悩んだら「基本」に立ち返る

上の引用は、「近代マーケティングの父」とも称されるコトラーが、「マーケティングとは何か」を定義した文章です。

マーケティングというのは市場動向を読み違えたり、奇をてらうことばかりを考えたり、自分の勝手な思い込みで先走ったりなど、迷走しがちな

一面があります。なぜそうなるかと言うと、「時代のニーズや消費者心理などを読む」という基本を忘れてしまうからです。

本書はことマーケティングに関して、迷ったり、悩んだりしたときに、基本に立ち返って軌道修正を促してくれる1冊。コトラーがマーケティングで重要だと考える80のコンセプトを選び、その解説をしています。しかも一つひとつのコンセプトが、1～3ページでさらりとまとめられているので、〝辞書的〟にも使えます。たとえば、

市場シェアは過去に関する指標であり、
顧客満足は将来に関する指標だ。

●

優秀なリーダーは、長々と数字を分析したりはしない。
現場に赴き、社員と直接顔を合わせる。

●

変化に直面してとりうる最善の防御策は、
変化を糧にするような組織をつくることである。

など、本質をズバリ突いている言葉ばかり。常に手に取れる位置に置いておくことをおすすめします。

DATA

作品― マーケティングで重要な80のコンセプトを、わかりやすく、おもしろく解説。「新鮮で刺激的な考え方や見方を、いつでも検索や拾い読みができ、わかりやすいかたちでまとめたい」とは著者の弁。

著者― アメリカ生まれ。シカゴ大学の経済学部を卒業し、マサチューセッツ工科大学（MIT）で経済学博士号を取得。現在、ノースウェスタン大学大学院（ケロッグスクール）教授。『マーケティング・マネジメント』など、著書多数。

＼プラスα／

日本文化への造詣が深く、根付（ねつけ）や刀の鍔（つば）などを収集しているとか。

働き方

稲盛和夫（1932〜2022年）

「楽観的に構想し、悲観的に計画し、楽観的に実行する」——これが新しいテーマに挑戦していく最良の方法だと、私は考えています。

ビジネスは「上機嫌」に取り組むべし

稲盛和夫は複数の企業を成功に導いた傑物。若手経営者の育成に熱心に取り組んでこられました。上の引用は「上機嫌を技化する教え」です。

まず**「楽観的に構想する」**。これは発想の自由度を広げるためのポイントでしょう。構想段階で悲観的になると、できない理由ばかり数え上げることになり、前に進めません。

次の**「悲観的に計画する」**は、楽観的だと失敗する危険が高くなるからです。最悪のケースを想定し、あらかじめ対策を立てておけば、何か問題が起きたときに柔軟に対応できますよね。

最後の**「楽観的に実行する」**は、いざ実行というときに腰が退けていては、うまくいくこともうまくいかなくなるからでしょう。

京都大学稲森財団記念館(京都市左京区)

つまり新しい考えを生み出すときは「楽しく」をモットーとし、計画の段階では慎重に。そしてやると決めたら、ひたすら明るく取り組む。これを法則とすると、常にビジネスを「上機嫌」で進めることができるではありませんか。いろんな場面で応用したいですね。

また稲盛は、「創意工夫を凝らして働く」ことの大切さを強調しています。以下に二つの言葉を紹介しておきましょう。

「たかが掃除」などと言って、創意工夫を怠り、
漫然とただ続けているような人は、
なんの進歩も発展もなく、一年後も相変わらず
同じような毎日をだらだらと続けているに違いありません。

●

毎日毎日、少しでも「創造的な仕事をする」ことを
心がけていく。たとえ、その一日の進歩はわずかでも、
十年もたてば、とてつもない大きな変化が生じるのです。

DATA

作品―「なぜ働くのか」「いかに働くのか」を見失っている現代人は少なくない。本書は、そんな混迷の時代に労働の根本を見据え、「労働が人生にもたらす、素晴らしい可能性」を問いかける。

著者―鹿児島県生まれ。鹿児島県立大学工学部を卒業。1959年4月、京都セラミック（現京セラ）を設立。84年、電気通信事業の自由化に即応して、DDIを設立。2000年にはKDD、IDOとの合併によりKDDIを設立。2010年には政府の要請を受けてJALの立て直しに取り組んだ。それぞれの企業で名誉会長、最高顧問、名誉顧問を務めた。一方、ボランティアで、国内外の経営者のための経営塾「盛和塾（せいわじゅく）」の塾長として、経営者の育成に心血を注いだ（2019年に閉塾）。また84年には私財200億を投じ稲盛財団を設立。同時に国際賞「京都賞」を創設し、人類社会の進歩発展に功績のあった方々を顕彰している。

＼プラスα／

京都賞は、山中伸弥（しんや）や本庶佑（ほんじょたすく）、赤崎勇（あかさきいさむ）、大隅良典（おおすみよしのり）など、受賞者が数年後にノーベル賞を受賞する確率が極めて高いことでも注目されている。

30 道(みち)をひらく

松下幸之助(まつしたこうのすけ)(1894〜1989年)

**素直さは人を強く正しく聡明(そうめい)にする。
逆境に素直に生き抜いてきた人、
順境に素直に伸びてきた人、
その道程は異なっても、
同じ強さと正しさと聡明さを持つ。**

自分の運命とまっすぐ向き合う

松下幸之助は「成功者」の代名詞的存在。その言葉には千鈞(せんきん)の重みがあります。時代を経てなお、あらゆる年代、職種の人が勇気づけられていますし、またビジネスの指針としています。

なかでも印象的なのは、松下が「素直さ」を非常に重視していることです。上にあるように、素直に生きる人は強く聡明だというのです。逆に素直さを失うと、「逆境は卑屈を生み、順境は自惚(うぬぼれ)を生む」とも言っています。言い得て妙。逆境にあってはうつむかず、素直に「よし、がんばろう」と上を向く。順境にあってはいい気にならずに、素直に喜びながらも「まだまだこれからだ」と気を引き締める。そういう態度でいれば、状況がどうあろうと成長し続けることが可能になるのです。

ほかにも格言となる言葉がいっぱい。その一端を紹介しましょう。

雨が降れば傘をさそう。
傘がなければ、一度はぬれるのもしかたがない。
ただ、雨があがるのを待って、
二度と再び雨にぬれない用意だけは心がけたい。
雨の傘、仕事の傘、人生の傘、
いずれにしても傘は大事なものである。

●

わからなければ、人に聞くことである。
己(おのれ)のカラにとじこもらないで、
素直に謙虚(けんきょ)に人の教えに耳を傾けることである。

●

自分の仕事は、自分がやっている自分の仕事だと
思うのはとんでもないことで、
ほんとうは世の中にやらせてもらっている
世の中の仕事なのである。ここに仕事の意義がある。

DATA

作品— 松下幸之助が自分の体験と人生に対する深い洞察をもとに綴(つづ)った短編随想集。たとえば失敗して落ち込んだときは「自信を失ったときに」「困難にぶつかったときに」「運命を切りひらくために」の項が立ち直る勇気を与えてくれるだろう。また経営で行き詰まったなら、「仕事をより向上させるために」「事業をよりよく伸ばすために」「みずから決断を下すときに」の項が解決の方向性を示してくれる。本書には不変の真理がある。

著者— パナソニック(旧松下電器産業)グループ創業者、PHP研究所創設者。和歌山県生まれ。９歳で単身大阪に出、火鉢店、自転車店に奉公ののち、大阪電燈(現関西電力)に勤務。23歳で松下電気器具製作所(後に松下電器産業に改称)を創業。また1979年には、21世紀を担う指導者の育成を目的に、松下政経塾を設立した。

＼プラスα／

本書は1968年の発刊以来、累計400万部超えの超ロングセラーだ。

Chapter 4

自伝

31 フランクリン自伝（じでん）

ベンジャミン・フランクリン（1705〜90年）

**幼い時から私は本を読むのが好きで、
わずかながら手に入る金は
みんな本代に使った。**

「成功哲学」を〝真似ぶ〟

個人史がそのままアメリカ合衆国の成立史にもなっている――フランクリンはそう言えるほどの傑物です。自伝には彼がたどった成功への道筋が、公的な利益に尽くすという信条や、ビジネスを成長させるためのノウハウなどとともに、余すところなく語られています。

と言っても、「常人には真似できない」ようなことは何もありません。「勉強しようね」という教えに通じる上の引用のように、誰もがその気になれば〝真似ぶ〟ことのできることばかりです。

たくさんある〝真似び〟のなかでも実践していただきたいのは、13の徳――「節制」「沈黙」「規律」「決断」「節約」「勤勉」「誠実」「正義」「中庸」「清潔」「平静」「純潔」「謙譲」をマスターする方法。これら徳目を表にして手帳に書き、できなかったところに黒点をつける、というもので

ベンジャミン・フランクリン

す。ただ漫然とやるのではなく、週ごとに重点テーマを決めて、13週間で全コースを一回りし、１年で４回繰り返すようにして。黒点が減っていくことを喜びに、心を励ましたそうです。

みなさんも自分なりにいくつかの徳目を設定して、それを課題に行動してみてはどうでしょう。弱点の補強にもなると思います。

また岩波文庫版には、ストーリー仕立ての〝ことわざ集〟のような付録「富に至る道」がついています。「いい習慣が成功をつくる」ことを体現したフランクリンに倣(なら)って、実践するといいでしょう。三つほど紹介します。

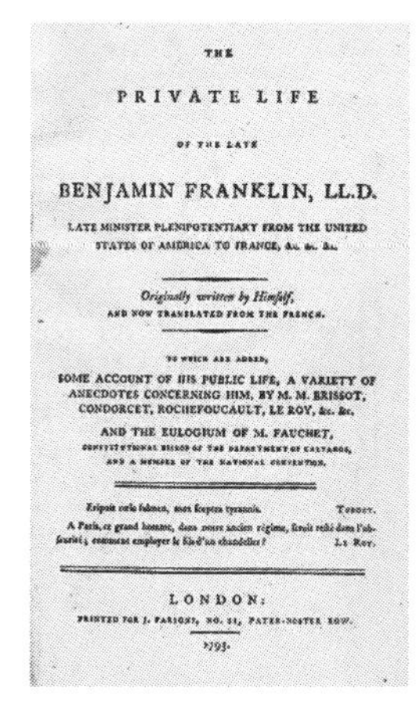
THE

PRIVATE LIFE

OF THE LATE

BENJAMIN FRANKLIN, LL.D.

LATE MINISTER PLENIPOTENTIARY FROM THE UNITED STATES OF AMERICA TO FRANCE, &c. &c. &c.

Originally written by Himself,
AND NOW TRANSLATED FROM THE FRENCH.

TO WHICH ARE ADDED,
SOME ACCOUNT OF HIS PUBLIC LIFE, A VARIETY OF ANECDOTES CONCERNING HIM, BY M. M. BRISSOT, CONDORCET, ROCHEFOUCAULT, LE ROY, &c. &c.

AND THE EULOGIUM OF M. FAUCHET,
CONSTITUTIONAL BISHOP OF THE DEPARTMENT OF CALVADOS, AND A MEMBER OF THE NATIONAL CONVENTION.

Eripuit cœlo fulmen, mox sceptra tyrannis. TURGOT.

A Paris, ce grand homme, dans notre ancien régime, seroit resté dans l'obscurité; comment employer le fils d'un chandelier? LE ROY.

LONDON:
PRINTED FOR J. PARSONS, NO. 21, PATER-NOSTER ROW.
1793.

『自伝』初版本の表紙（1793年）

早寝早起き、健康のもと、財産を殖(ふ)やし、知恵を増す。

●

ものぐさは、錆(さび)と同じで、
労働よりもかえって消耗を早める。
一方、使っている鍵は、いつも光っている。

●

時間の失(う)せ物は、間違っても見つかることなし。

DATA

著者―アメリカ・ボストン生まれ。「雷は電気である」ことを明らかにした科学者として有名だが、出版業者でもあり、哲学者、政治家でもある。特筆すべきはアメリの資本主義を育てた人物であること。政治家として外交交渉などに尽力したほか、町に図書館をつくったり、道路を整備したり、消防団を組織したりなど、八面六臂(はちめんろっぴ)の活躍をした。

＼プラスα／

フランクリンは17人兄弟の15番目。家は貧しく、12歳で印刷工になったのがキャリアの第一歩だった。この自伝は「子孫に成功の秘訣を伝えるために書いた」という。

32 カーネギー自伝

アンドリュー・カーネギー（1835〜1919年）

**なにか新しいことを学ぶ機会があるなら、
それをとらえて逃がさず、
自分の知識を試してみる
ということは大切である。**

「運」を引き寄せる

アンドリュー・カーネギー

「鉄鋼王」の異名を取ったカーネギーは、世界に名高いアメリカン・ヒーローです。貧しい織物職人の息子だった彼が、どんなふうに成功したのか。実業家のカンのようなものや、運を引き寄せた勤勉ぶりが全篇にあふれている。そのプロセスに、この自伝のおもしろさがあります。

上の引用は、電信事務所の下働きからキャリアをスタートさせた頃の経験が下敷きになっています。職場の先輩である通信技手が怠け者だった「おかげで」、新しいことを学べたというのです。実際、そのときの職分を超えた知識、技術を身につけたことで、別の町の通信技手のピンチヒッターを務めるという「幸運」を引き寄せることができました。すぐに代理を務められる「代理力」があったということです。上司からの指示に「それは私の仕事ではありません」なんて言ってるようでは、チャンスを逃してしまいます。

カーネギーはこうして、常にいまの自分より少し上の知識・技術を吸収して、ステップアップしていったのです。

加えて「投資」によってお金を稼ぐ方法を覚えました。最初の経験で投資を「額(ひたい)に汗して働かないで得たお金」と表現し、そのお金に対して、**「万歳！　と私は叫んだ。金の卵を産むアヒルを私は捕らえたのであった」**と告白しています。ただし「私は一生のうち一回を除いては投機的に株を売買したことはない」と言っているように、自分の事業とは関係のない会社の株を投機的に取引することはなかったようです。

それはさておき、事業の進展ぶりには目を見張るものがあります。たとえば**「一八八八年に私たちは二千万ドル投資した。一八九七年にはその二倍以上、すなわち四千五百万ドル超となった。一八八八年の年産六十万トンの銑鉄(せんてつ)は、十年間に三倍となり、ほとんど二百万トンに達した」**といった具合。倍々ゲームで事業を発展させています。

カーネギーの偉大なところは、成功して莫大な財を成した後、「すでに蓄積したものを分配する仕事」に移行したことです。ニューヨーク市に64の図書館を建てたり、命を賭(と)して友人を救おうとして倒れた人に報いる「善行基金」をはじめ、「教育振興基金」「鉄道恩給基金」など数々の基金を創設したり、社会に多大な貢献をしました。〝実業家にして大金持ちの鑑〟であるカーネギーの人生を追体験してくださいね。

DATA

著者　イギリス・スコットランド生まれ。13歳のときに家族とともに渡米し、木綿工場の糸巻き手、電信技手、ペンシルバニア鉄道での勤務などを経て、製鉄業に進出。1865年にキーストン鉄橋会社とユニオン製鉄所、92年にカーネギー鉄鋼会社を創業。1901年に実業界を引退後は慈善活動家として活躍した。

＼プラスα／

渡米後に最初に就いた仕事の報酬は、週給１ドル20セントだったとか。

旅人

湯川秀樹（1907~81年）

私は自分の研究に、
知・情・意の三つをふくむ
全智全霊を打ちこみたかった。

自分の領域の「探求者」になる

湯川秀樹は日本初のノーベル賞受賞者です。敗戦からまだ4年、日本人が完全に自信を喪失していた時期ということもあって、この明るいビッグニュースに、日本中が沸きました。「科学立国を目指してがんばるぞ！」と立ち上がるくらいの元気を与えてくれたのです。

27歳数ヵ月までの自伝的回想を綴った本書で印象的なのは、引用にあるように、研究に全智全霊で打ち込んだ、その姿勢です。たとえば湯川が研究するなかで、出てくるはずのない「無限大」という数字に苦しんだときのことをこう言っています。

無限大という悪魔を退治しようと、毎日毎日、想をねった。
しかし、この悪魔は私よりもずっと強力であった。

この〝悪魔との戦い〟で用いた手法は、

「自分で考え出したアイディアを、自分でつぶすことをくりかえす」

湯川秀樹（1949年）

というものです。探求者にしかできないワザですね。でもよくよく考えると、どんな領域でも、一流のプロは似たようなことをしています。さまざまな課題を見つけ出し、一つひとつ、試行錯誤を積み重ねながら、高い完成度を目指すのです。ビジネスパーソンにとっても、こういった探究心を持つことは大事でしょう。

もう一つ、1932年秋からの2年間、中間子（ちゅうかんし）の研究で最も苦しかった時期を表現した名言を紹介しておきます。

苦しいということそれ自体が、
同時に楽しいことでもあった時期である。
重い荷を背負った旅人が、
上り坂にさしかかったようなものであった。

DATA

著者ー東京生まれ。中学のとき、数学の試験で先生の講義通りのやり方で証明しなかったために不正解とされたことで、「数学者にはなるまい」と決心。物理学を志す。京都帝国大学理学部物理学科卒業。理論物理学者として研究を重ね、原子核内部における中間子の存在を予言。ノーベル物理学賞を受賞した。アメリカで出会ったアインシュタイン博士を慕い、世界平和のための運動に注力。1953年以降は母校で教鞭をとり、多くの優秀な物理学者を育てた。

＼プラスα／

幼い頃から『論語』、『孟子』、『大学』などの古典を素読。以後の〝読書遍歴〟は文系顔負けのすごさ。高校生になる頃には、国内外の古典・名著はほぼ制覇し、一通りの文学的素養を修め終わってしまったという。

34

わたしの生涯

ヘレン・ケラー（1880~1968年）

思想の蕾は四方を壁に囲まれた
私の精神の庭に柔らかく開きました。
愛も美しく私の心に咲いたのです。

「理解する」ことの本質に触れる

500ページを超えるこの自伝を読んだことがなくとも、ヘレン・ケラーの名前を知らない人はいないでしょう。目が見えず、耳が聞こえず、そのために話すことも困難であるという重度の障害を負った彼女は、サリバン先生に救われました。引用の言を借りるなら、「言葉を持たないがゆえに〝荒れ地化〟していたヘレンの心の庭を、サリバン先生が耕し、水や養分を与えた。その肥沃な土からさまざまな思想が芽生え、愛もまた美しく花開いた」のです。

なかでも有名なのは、自分の片手の上を勢いよく流れるものに「water」の名があると知る場面でしょう。このエピソードは、「この世には言葉というものがあるんだ！」「ものには名前というものがあるんだ！」という根源的な「気づき」の体験です。言葉のない世界から言葉のある世界へ

ヘレン・ケラー（1904年頃）

の踏み出しは、決定的なものでした。

それは実体のある物だけではなく、愛とか美、幸福、喜怒哀楽の感情など、目に見えない抽象的な観念を示す言葉も同じです。たとえば「think（考える）」を理解したのは、南京玉(なんきんだま)を順序よく糸に通す作業をしていて、間違いに気づいたときのこと。次のように語っています。

8歳のヘレンとサリバン先生。1888年、マサチューセッツ

一瞬間全身の注意をこらして、どういう順序に
南京玉をつなぐのであったかを考えていました。
その時サリバン先生は私の額(ひたい)に手を当てながら、
力強く「考える(シンク)」と指話(しわ)されました。
稲妻(いなずま)のように、私はこの言葉がいま自分の頭の中に
起こっている働きの名であることを悟りました。
これが抽象的観念について、
意識的な認識をもったそもそも最初であります。

言葉を理解するとはこういうこと。ヘレンとサリバン先生が一つひとつの言葉と向き合って得た学びを追体験できるのも、この本を読む喜びの一つです。ヘレンのすばらしい人格は、言葉と出会い、膨大な量の読書を重ねて築き上げられたものだと実感します。

DATA

著者―アメリカの社会福祉事業家。1歳7ヵ月で盲聾唖(もうろうあ)となったが、6歳のときにサリバン先生に読み書きを習い、のちにハーバード大学を卒業。生涯を教育と福祉、世界平和に尽くした。

\プラスα/

ヘレン・ケラーが手本にした日本人がいる。その名は塙保己一(はなわほきいち)（1746～1821年）。幼時に失明したが学問に打ち込み、41年がかりで『群書類従』（全666冊の大文献集）の編纂(へんさん)という大事業を成し遂げた国学者である。

35

福翁自伝

福沢諭吉（1835～1901年）

ただ六かしければ面白い。苦中有楽、
苦即楽という境遇であったと思われる。

「カラリとした精神」を持つ

上の引用は、福沢諭吉が緒方洪庵の適塾に学んでいたとき、「難しい勉強ほど燃える」心意気だったこと示す文章です。続くくだりでは、

たとえばこの薬は何に利くか知らぬけれども、自分たちより外に
こんな苦い薬を能く呑む者はなかろうという見識で、
病の在るところも問わずに、ただ苦ければもっと呑んでやる
というくらいの血気であったに違いはない。

と述べています。オランダ語をがむしゃらに勉強していたことがうかがわれますが、「苦しければ苦しいほど楽しい」というのがすばらしい。しかも「目的のない猛勉強」で、短期的には何の役にも立ちそうもなかったというあたりに、純粋な向学心が感じられます。

福沢諭吉（1887年頃）

そもそも福沢は幼い頃から「カラリとした精

神」の持ち主。**「卜筮呪詛一切不信仰で、狐狸が付くというようなことは初めから馬鹿にして少しも信じない」**タチで、お稲荷の社を暴いてなかのご神体の石や木をうっちゃり、拾った石を入れるなんていたずらをするなど、なかなかヤンチャだったようです。また将来の夢を聞かれて、

「日本一の大金持になって思うさま金を使うてみようと思います」

と答えるあたりも、まことにカラリとしています。

あと一つ、人づきあいで「感情を顔に出さない」ことをモットーとしているのも、カラリとした精神の表れかもしれません。

誰が何と言って賞めてくれても、
ただ表面に程よく受けて心の中には決して喜ばぬ。
また何と軽蔑されても決して怒らない。

なんてくだりがあります。人に何を言われてもどこ吹く風、相手の顔色をうかがって行動しないことの裏返しとも言えるでしょう。

本書は福沢が60歳のときに口述した自伝で、とにかく語りが絶妙でおもしろい。私は日本の自伝のなかで最高傑作だと思っています。

DATA

著者— 大阪生まれ。2歳のときに父が亡くなり故郷・中津（大分県）に戻り、内職をして、貧しい家計を助ける。19歳で長崎に出て蘭学と砲術を学び、その後、緒方洪庵の適塾で学ぶ。25歳のとき、幕府の遣米使節に志願して、咸臨丸で渡米。その後も幕府の使節として欧米を視察。『西洋事情』を刊行。1868年、慶應義塾創立。72年に刊行された『学問のすゝめ』は大ベストセラーになる。『福翁自伝』は99年刊行。

＼プラスα／

オランダ語を懸命に学んだのに、英語の時代になったと知り、大ショックを受ける。が、「英語はオランダ語と似ていなくもない」と奮起したという。

36

ムハマド・ユヌス自伝（じでん）

貧困（ひんこん）なき世界（せかい）をめざす銀行家（ぎんこうか）

ムハマド・ユヌス（1940年〜）／
アラン・ジョリ

**グラミンのローンは単に現金を渡すだけではない。
自己発見や自己開発の旅へのチケットのような
ものでもあるのだ。
借り手は自分自身の可能性を探し始め、
内側に秘められていた創造性を見出すのであった。
グラミンの二〇〇万人の借り手には、二〇〇万
通りものスリリングな自己発見の物語があるのだ。**

「経済的自立」を志向する

バングラデシュの経済学者ムハマド・ユヌスは、貧困層に無担保で少額の融資を行い、経済的自立を支援した人物。自ら創設したグラミン銀行を舞台に、**「地球上から貧困を根絶し、社会の良心が勝利を収める未来を、絶対に創り上げる」**という強い意志の下で活動を展開しました。

特徴的なのは、上の引用にあるように、単なる慈善事業ではないことです。「担保がなくお金を借りられない状況では、貧困層はいつまで経って

も経済的に自立できない」という貧困の根本問題にアプローチし、貧困層の経済的自立を支援しようとしたのです。

実際、ハジーラという女性は最初に60ドル強のお金を借りて子牛と籾（もみ）を購入。育てた肉牛と脱穀した米でお金を稼ぎ、ローンを返済しました。次にまたローンを受けて土地を買い、70本のバナナを植えて人に貸し、残りのお金で２頭目の子牛を買いました。そうして経済的に自立した彼女は、やがて水田を人に貸したり、ヤギとアヒルとトリを所有したりするまでになったそうです。元手になる少額のお金さえあれば、自分自身の可能性を開くことができる、典型的な例ですね。**「グラミンはあたしの母さんそのものです。あたしに新しい人生をくれたんですからね」**と言う彼女の言葉は感動的です。

また「さすが！」と思うのは、ユヌスの目のつけどころ。自分の快楽のためにお金を浪費しがちな男性ではなく、母親である女性を、融資先のターゲットとしたのです。「女性を通じて家計にお金を行き渡らせたほうが、家族の利益になる」と目（もく）したからです。それに、当時のバングラデシュの貧しい女性たちは、夫が３度「お前とは離婚する」と唱えると離縁されるなど、不安定な立場に置かれていました。ユヌスは「だからこそ女性たちは、貧困から抜け出せるなら、小さなチャンスにも飛びつき、大変な戦いにも身を投じる」と考えたそうです。

日本でも貧困が社会問題化していますが、この本を読むと、経済的自立の大切さが再認識されます。

DATA

著者—ユヌスはバングラデシュ生まれ。ダッカ大学を卒業後、米ヴァンダービルト大学で経済学の博士号を取得。1972年に帰国後、大飢饉に苦しむ貧しい人々の窮状を目の当たりにし、救済活動に目覚め、1983年にグラミン銀行を創設。2006年ノーベル平和賞受賞。ジョリは米ジャーナリスト・作家。本書のほかに、子ども向けの小説を数冊発表している。

＼プラスα／

グラミン銀行は事業分野を広げ、「グラミン・ファミリー」と呼ばれるグループへと成長をとげている。

37

若(わか)き数(すう)学(がく)者(しゃ)のアメリカ

藤原正彦(ふじわらまさひこ)（1943年～）

アメリカにだって、どこにだって、
涙の堆積(たいせき)はなくとも、
新鮮で美しい涙は確かに存在している。
こう考えた時、初めてアメリカが
美しいものとして心に映った。そして、
上陸以来初めてこの国を好きになった。
と言うより、一瞬のうちに
恋をしてしまったようだった。

落ち込んだときは太陽の光を浴びる

本書は、藤原正彦が研究員としてミシガン大学に招かれたときのアメリカ留学記です。ハワイ、ロスアンジェルスを経由して大学に向かう旅は身も心も軽やか。読んでいるほうも楽しくなってきます。が、一番の〝読みどころ〟はミシガンの極寒のなかで、著者が孤独感に苛(さいな)まれていく場面。上記の「アメリカに恋をする」前段階にあった苦しみを、こんなふうに表現しています。

日本は長い歴史があるし、そのうえ国土が狭いこともあって、
至る所に、どの土にも水にも光にも
涙の浸透と堆積があった。(中略)ひきかえアメリカはどうだ。
文化や伝統の重みもなければ微妙な美しさも繊細な情緒もない。
あるのは大味(おおあじ)で無味乾燥な白痴美(はくちび)だけではないのか。

大変なけなしようですね。「なぜ疎外感を持つのか」を悶々(もんもん)と考え続けた藤原は、「アメリカには涙がない」ことに思い至ったのです。何百年、何千年とそこに生き、さまざまな情感を積み重ねてきた人間の温もりが感じられないために、孤独感を深めたのだと思います。

「このままでは死んでしまう」と感じた藤原は、病院に行き、医師からこう言われます。「フロリダにでも行って明るい太陽をたっぷり拝んで、女の子たちと遊び回って来るのが一番だろうね」と。彼はこのアドバイスに素直に従ってフロリダへ。ここで太陽を浴びると、嘘みたいに元気が回復したといいます。太陽の光というのはかくも心によい作用をおよぼすもの。落ち込みに効く薬なんですね。

加えてフロリダでは、一人の少女に出会います。彼女が「horizon（水平線）」とつぶやいた、そのひとことが彼の心に天啓のように響いたといいます。それが、冬のミシガンで埋もれたままになっていた、愛という感情が甦(よみがえ)った瞬間でもあったのです。

藤原は数学者であり、美しい文章の書き手でもあります。彼の流れるような文章の美しさに浸りながら、いい時間が過ごせますよ。

DATA

著者— 旧満州新京生まれ。東京大学大学院理学系研究科修士課程修了。お茶の水女子大学名誉教授。ほかに『遥かなるケンブリッジ』『父の威厳　数学者の意地』『心は孤独な数学者』『国家の品格』など著書多数。

\プラスα/

藤原には父・新田次郎、母・藤原ていの〝作家の血〟が流れている。

38

父（ちち）・こんなこと

幸田文（こうだあや）（1904~90年）

おまえはもっと力が出せる筈（はず）だ、
働くときに力の出し惜みするのはしみったれで、
醜（しゅう）で、満身の力を籠（こ）めてする活動には
美があると云った。
「薪（まき）割りをしていても女は美でなくては
いけない、目に爽（さわや）かでなくてはいけない」
というんだから、
その頃は随分うるさい親爺だとおもっていた。

心の構えが美しい所作をつくる

文豪・幸田露伴（ろはん）は躾（しつけ）――文字通り身を美しくすること――に厳しい人であったらしい。娘の文の「なた」と題したこのエッセイには、掃除の仕方、薪の割り方など、日常の雑事に事細かく注文をつける父と、その娘の様子が生き生きと描かれています。

上の引用は、薪割りをする文に父が、「満身の力を籠めろ」と教える場面。読む者をもいっしょになって「なるほど所作の美しさというのは、形ではなく、心の構えがつくるものなんだな」と「渾身（こんしん）」を指導されている

気持ちになります。また「水」という一篇では、水の恐さが語られます。

水の掃除を稽古する。「水は恐ろしいものだから、根性のぬるいやつには水は使えない」としょっぱなからおどかされる。
私は向嶋（むこうじま）育ちで出水を知っている。
洪水はこわいと思っているけれど、掃除のバケツの水がどうして恐ろしいものなのかわからないから、
「へーえ」とは云ったが、内心ちっともこわくなかった。

露伴の言葉は決して脅しではありません。『一国の首都』という作品を読むとわかりますが、彼は東京の上下水道のことをとても心配しているのです。バケツの水だって、水は水。文が雑巾（ぞうきん）をしぼり、立ち上がった瞬間に水が遠くまではねたのを見るや、「(水に対して) **恐れの無いやつはひっぱたかれる。おまえはわたしの云うことを軽々しく聴いた罰を水から知らされたわけだ**」と叱られたそうです。

それだけやかましく言うだけあって、露伴が雑巾がけをする姿はすっきりしていたとか。文は後日談を語るように、こう書いています。

のちに芝居を見るようになってから、あのときの父の動作の印象は舞台の人のとりなりと似ていたのだと思い、
なんだか長年かかって見つけたぞという気がした。

露伴は雑巾がけを通して、日常の所作一つひとつにも美学を実践しなければいけないと教えたのかもしれません。背筋が伸びますね。

DATA

著者— 東京生まれ。幸田露伴の死後、父を追憶する文章を発表し注目される。眠っていた〝書く力〟が目覚め、作家に。『黒い裾』『流れる』などの作品がある。

＼プラスα／

一人娘の青木玉、孫の青木奈緒は随筆家。

39 ことばが劈(ひら)かれるとき

竹内敏晴(たけうちとしはる)(1925～2009年)

**演技とは、からだ全体が躍動することであり、
意識が命令するのではなく、
体がおのずから発動し、
みずからを超えて行動すること。
またことばとは、意識がのどに命じて
発せしめる音のことではなく、
からだが、むしろことばが
みずから語り出すのだ。**

「からだ」を感じ取る

私たちはふだん、人に話をしたり、人の話を聞いたりするとき、身体を意識することはほとんどありません。しいて言うなら、竹内敏晴が述べているように、「ことばとは、意識がのどに命じて発せしめる音」のことだと、ぼんやり認識している感じでしょうか。

竹内の持つ「からだが、むしろことばがみずから語り出す」という独特の感覚は、彼が10代の終わり頃まで難聴で、聞く・話すことがうまくできずに不自由な思いをしたから得られたものです。

しだいに聴覚は回復したものの、「聞くべきものが聞こえる」ようになるには、いっそうの訓練を要しました。戦後の混乱のなか、彼は必死に発声練習や音感教育を受けていました。そんなあるとき、熱を出して寝込んでいた彼の耳に、ラジオから美しい音楽が流れ込んできました。聞く力を取り戻したそのくだりは、とても感動的です。

突然、音楽がサァーッと流れこんできた。
私のからだの中へ。鳴っていた、響いていた、
そして流れ動いていた。ウツクシイ！

ここからまた話す力を養うために、彼の苦闘は続きます。しだいに人と話せるようになったのは、大学を卒業して、劇団民藝の演出家、岡倉士朗の弟子になってからだといいます。

さらに1960年代になり、演劇界でアングラ旋風が巻き起こると、竹内も前衛運動に参加。そのなかでフランスの哲学者メルロ＝ポンティの著作を読み、また野口三千三（みちぞう）の身体論と出会い、自分の身体が劈かれてゆくのを感じた。と同時に、言葉に対する見方が大きく変わっていったのです。メルロ＝ポンティに導かれるように「新しい視野を持ち始めた」彼のからだは、**「野口さんの体操に新しい意味を見出し、かつてと異なる敏感さで反応した」**そうです。

本書は竹内が自分の言葉を獲得していく過程を、戦前・戦中・戦後の時代性とともに描いたもの。個人史として読みごたえがあるうえに、言葉と身体について多くを教えてくれる１冊でもあります。

DATA

著者―東京生まれ。幼い頃に耳を患い、聴くこと、話すことに障害を持っていた。東京大学文学部卒業。演出家。「からだとことばのレッスン」に基づく演劇創造、人間関係の気づきと変容、障害者療育に取り組む。著書多数。

＼プラスα／

多くの人の声を見事に劈（ひら）いたことで、「声の産婆」とも言われたそうだ。

Chapter 5

宗教

40 般若心経

玄奘（602〜664年）

色不異空。空不異色。
色即是空。空即是色。

いま、ここに「悟り」はある

般若心経のなかでも有名なフレーズがこれ。仏様が弟子に語り始める冒頭の言葉**「観自在菩薩。行深般若波羅蜜多時。照見五蘊皆空。度一切苦厄」**――「観音菩薩は知恵によって般若波羅蜜多（彼岸に渡るための徳目）を実践した。結果、存在するものすべてが実体のない『空』であると悟り、すべての苦厄から解放され、目覚めた人（仏陀）になられた」――のすぐ後に出てきます。

「悟りを開く」と聞くと、ものすごく難しいことのように思うかもしれませんが、私は「悟り」を日常的なテーマにしていいと考えています。仕事がうまくいった瞬間とか、スランプから抜け出した瞬間、難しい課題をクリアした瞬間など、さまざまな行動において「やった、完璧だ！」と思えるとき、心にはよけいな感情がない。〝空っぽ〟ですよね。それこそが「悟り」の瞬間だと思うのです。つまり「いま、ここに悟りはある」ということです。

般若心經。写経も人気がある

玄奘ゆかりの中国西安・大慈恩寺

『般若心経』は「悟りを開きなさい」というメッセージが込められた、わずか266文字の短い経です。思い切り縮めると、「空(くう)」。「実体のない物質的現象に執着しなくなれば、心配事も悲しみもなくなる。それを理解し、完全に成しえた誰もが『悟った人』になれる」という教えです。

つらいことや苦しいこと、悲しいこと、迷うことなどがあって、心がざわざわするときにぜひ全文を音読してみてください。それがムリなら、最後にある「悟りを開くためのマントラ（真言）」だけを唱えてもけっこう。気持ちが落ち着き、救われる思いがするでしょう。

掲帝(ぎゃてい) 掲帝(ぎゃてい) 般羅掲帝(はらぎゃてい) 般羅僧掲帝(はらそうぎゃてい) 菩提僧莎訶(ぼじそわか)

*訳　往き、往きて、彼岸に達せし者よ。まったき彼岸に達せし者よ。悟りあれ、幸あれ。

DATA

作品― 全600巻におよぶ大乗(だいじょう)仏教の思想『大般若波羅密多経』のエッセンスを凝縮した経典。『大般若波羅密多経』は663年、玄奘による漢訳本が完成。日本にも広く伝えられた。ただしサンスクリット本は発見されていない。

訳者― 三蔵法師の名で知られる玄奘は、唐代の僧。河南省に生まれ、17歳で長安に上り、仏教を学んだ。27歳で西域に旅立ち、インドに到達。北インド各地を旅して仏跡を訪ねたほか、仏典の研究を行った。645年に帰国して後は、自ら持ち帰った仏典の漢訳に従事した。

プラスα

玄奘の16年にわたる大旅行は、弟子たちによって『大唐西域記』としてまとめられた。孫悟空が活躍する『西遊記』は、呉承恩(ごしょうおん)がこの記録を種本に、おもしろい読み物に仕立てたものである。

41

歎異抄（たんにしょう）

◇◇◇◇◇◇◇◇◇◇◇◇◇◇◇◇◇◇◇◇◇◇◇

親鸞（しんらん）（1173～1262年）

法然聖人（ほふねんしやうにん）にすかされまひらせて、
念仏して地獄におちたりとも、
さらに後悔すべからずさふらう。

「他力」にすがってストレス軽減

親鸞のすごさは、比叡山（ひえいざん）での修行や学問で得た知識をあえて捨てていき、たまたま法然に教えられた言葉を信じ切ったところにあります。

その法然の言葉とは、「ただ『南無阿弥陀（なむあみだ）』と念仏を唱えていれば、阿弥陀様に救われる」というもの。あまりにも簡単すぎて、シンプルすぎて、「本当？」と疑いたくなりそうなものですが、親鸞は上の引用にあるように「たとえ法然聖人にだまされていたとしても、念仏して地獄におちることになったとしても、後悔しない」とキッパリ。ここまで覚悟を決めた、そのこと自体がある種の悟り、他力に目覚めたと言えそうです。

「他力にすがる」と聞くと、自分で努力も行動もせずに、悩みの解決や願い事の成就（じょうじゅ）などを阿弥陀様に〝丸投げ〟するようですが、そうではありません。その真意は、「阿弥陀様に心を預けて、自我にとらわれている心を解き放つ」ことにあります。「自分なんか大した人間じゃあないんだから、徒（いたずら）に自力に頼ったところで、気持ちがいっぱいいっぱいになるだけ。

それよりすべてを阿弥陀様にお任せして、余裕をもって事に臨もう」という気持ちになれるのです。

また親鸞には、こんな有名な言葉があります。

親鸞ゆかりの京都・東本願寺

善人なをもて往生（わうじやう）をとぐ、いはんや悪人をや。

これは「どうしようもなく業（ごう）の深いこの親鸞が助けてもらえるのだから、誰だって助けてもらえますよ」というメッセージ。裏を返せば、「自力で極楽往生しようといくら努力をしても、自分が煩悩（ぼんのう）や欲にまみれた人間であることに気づかず、阿弥陀仏にすがる心がなければ、浄土は遠のくばかりですよ」ということを意味しています。他力にすがったときに、ふっと救いの手が現れる、ということですね。

つらく苦しいことがあって、心に余裕がなくなったとき、阿弥陀様への親しみを込めて「ナンマイダ、ナンマイダ……」と唱えてみる。気持ちが軽く、前向きになる感じがします。

DATA

作品―全篇、「念仏せよ」「南無阿弥陀と唱えよ」というメッセージで貫かれている。「一つのことをひたすら信じ続けることが、人間の精神に強さをもたらす」ことを語り尽くした1冊だ。

著者―京都生まれ。9歳で出家。20年にわたって比叡山延暦寺で厳しい修行と学問に励む。しかし悟りを開くに至らず、29歳で仏教と決別。道を求めて籠もった六角堂で、聖徳太子の夢告に導かれて法然を訪ねる。以後、法然を生涯の師と仰ぎ、念仏の教えを広く伝えた。浄土真宗の宗祖とされる。

プラスα

小林一茶の「ともかくもあなた任せのとしの暮れ」の句にある「あなた」は阿弥陀様のこと。一茶は「ナンマイダ」とつぶやき、阿弥陀様にすがることで、年越し資金にも欠く貧乏の苦痛から救われたかったのかもしれない。

42 旧約聖書

わたしは裸で母の胎を出た。
裸でそこに帰ろう。
主は与え、主は奪う。
主の御名はほめたたえられよ。

報われなくてもやる

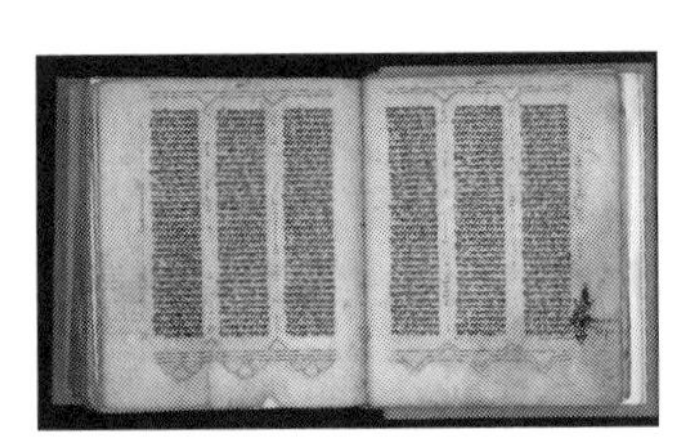
1300年頃の聖書写本

旧約聖書は「創世記」に始まります。神ヤハウェは1日目に天と地を創造され、「光あれ」と昼と夜を分けた。そして2日目以降6日間かけて空、植物の生える地上と海、太陽と月と星、海と空の生物、獣や人などの地上の生物をつくり、7日目に自分の仕事に満足して休まれた。ざっくりですが、そんな創造論が展開します。

続くくだりで注目したいのは「原罪」という考え方。神が創造した最初の人類であるアダムとエヴァが、蛇にそそのかされて禁じられていた智恵の実を食べ、エデンの楽園を追放されてしまう、あの有名な話に出てきます。神の戒めを破り、神のように善悪を知ったこの〝事件〟が、子々孫々の人間の背負う原罪になったのです。

このように旧約聖書では、神が人間を試す物語を次々と繰りだしながら、徹底して「神を畏(おそ)れよ」と説きます。たとえば「バベルの塔」では、人間が天に達する塔を造ろうとすると、神は人々の言葉をバラバラにして混乱させました。「イサクの燔祭(はんさい)」では、アブラハムに息子のイサクを生け贄(にえ)に捧げるように命じました。神はとても厳しいのです。

また冒頭の言葉は、「ヨブ記」からの引用。義人ヨブが何の罪も犯していないのに、子も財産も健康も、すべてを失い、絶望し苦悩しながらもなお神を求める物語です。あまりにも理不尽ですが、私たち人間はみんな、何も持たずに生まれてきました。禅語にいう「本来無一物」。何かを持つ身になることのほうがおかしいんです。よって理不尽に身ぐるみ剝(は)がれても、不平を言う筋合いはない、ということですね。

実はこの物語は、「信仰によってすべてが回復せられ神の祝福を受ける」という結末ですが、そこは〝勧善懲悪好き〟な読者のために、後世の聖書記者が書き加えた、という説があります。もともとは「悲惨な目に遭ったヨブは、何一つ報われないまま死ぬ」運命だったようです。このほうが現実的な気もします。この世は理不尽なことだらけで、義が報われないことのほうが多いからです。でも、だからこそ人間は、義を貫くことで、精神を強くたくましく鍛えていくことができるのかもしれません。「報われなくてもやる」ことが大事だと教えてくれます。読み物として楽しみつつ生き方を学ぶ、それも旧約聖書の良さですね。

DATA

作品— ユダヤ教ならびにキリスト教の聖典。世界を創造した全能の神ヤハウェとイスラエルの民との間の契約と交流の物語。神が関わりながら紡がれる、イスラエルの民の歴史が描出される。その壮大なスケールとスリリングな展開は、教典を超えるおもしろさに満ちている。ちなみに「旧約聖書」という呼称は旧約の成就としての『新約聖書』を持つキリスト教の立場からのもので、ユダヤ教ではこれが唯一の「聖書」である。

プラスα

イエスは頻繁に旧約聖書の言葉を引用している。たとえば次に紹介する「パンがなくとも人は生きられる」云々の言葉もそう。

43 新約聖書 福音書

求めよ、きっと与えられる。

〝名言集〟のように読む

聖書は西洋の文学や美術、音楽などを深く理解するうえで必要不可欠な教養。とくにイエスの言行を記録した『福音書』は、キリスト教を信仰する、しないにかかわらず読んで欲しい古典の一書です。

読み方の一つとして私が提案したいのは、イエスの名言を自身の生きるヒントにするスタイルです。たとえば上の引用は、「自分から求める」ことの重要性を説いています。ただし何の努力もせずに、文字通りの〝神頼み〟をするだけではダメ。何かを欲する強い気持ちに突き動かされて自ら行動して初めて、その望みが神に届くのです。もっと言えば、神が与えてくれるように、自分自身も周りの人たちを助けてあげることを忘れてはいけません。自分ではない誰かの救いを求めて行動することも含めての「求めよ、きっと与えられる」という教えなのです。

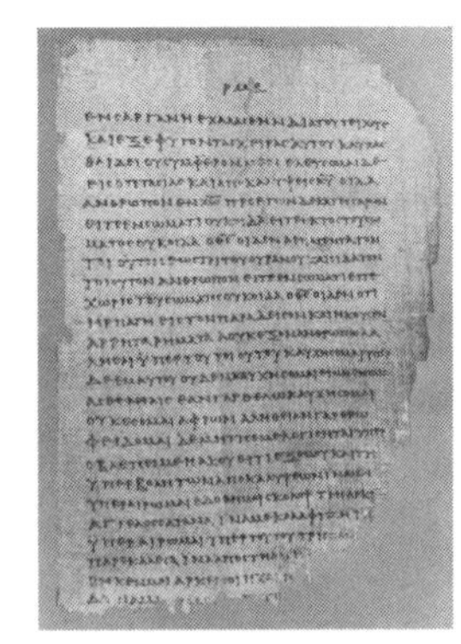
現存する最古の新約聖書の写本の一部(3世紀頃)

とにかく『福音書』は、全篇、名言だらけ。〝有名どころ〟だけでも、**「だれかがあなたの右の頬を打ったら、左をも向けよ」「敵を愛せ**

よ。自分を迫害する者のために祈れ」「口から出るもの、これが人をけがす」「狭い門から入りなさい」など、さまざまな角度から人としてのありようを指南してくれます。

また「イエスの生涯を描いた物語」として味わうのも、一つの読み方。『福音書』にはマルコ、マタイ、ルカ、ヨハネがあり、共通する話も多いので、とりあえずまとまりのよいマタイ伝を読むといいでしょう。

物語は、マリアが聖霊により身重になり、「救世主」と預言されたイエスを産んだことに始まります。最初の見どころは、洗礼を受けてのち、悪魔の誘惑を断ち切る場面。「神の子なら石ころにパンになれと命じてみたらどうです？」と言われ、こう答えています。

〝パンがなくとも人は生きられる。もしなければ、
神はそのお口から出る言葉のひとつびとつでパンを造って、
人を生かしてくださる〟と聖書に書いてある。

さらに「神の子なら、宮の屋根から飛び降りてみろ」だの、「ひれ伏して私（悪魔）を拝むなら、世界中の国々と栄華をあげよう」などとテストをされますが、都度、絶妙な言葉で撃退していきます。

以後、イエスが教えを説いたり、奇跡を起こしたりする物語が続き、磔（はりつけ）にされる場面へとつながっていきます。バッハの「マタイ受難曲」を流しながら読むと、気持ちがいっそう揺さぶられますよ。

DATA

作品── 旧約聖書とともに聖典とされる『新約聖書』は、イエスの言行を記録した福音書をはじめ、初代教会の発展を記録した使徒言行録、使徒たちの手紙などを編纂（へんさん）。自らを救世主と認めたことで「神への冒瀆（ぼうとく）だ」と磔にされるまでのイエスの生涯をドラマチックに描き出している。

＼プラスα／

イエスは「ユダヤ民族だけが救われる」としたユダヤ教の選民思想から脱却し、「神を信仰する者は、すべて救われる」とした。ちょっと親鸞に似ている。

44

ブッダのことば

スッタニパータ

他人に従属しない
独立自由をめざして、
犀の角のようにただ独り歩め。

「独り」を楽しむ

日本は古来、仏教国とされており、大半の人がブッダの名を知っているかと思います。ただ「ちゃんとわかっていない」というか、その生涯や言行を知らない人もいるでしょう。ざっと触れておくと——。

ブッダはおよそ2500年前、ネパール西南部の釈迦族の国の王子として生まれ、釈迦と呼ばれるようになりました。やがてバラモンの教えの下、修行や苦行に励むこと6年、悟りを開くことはできず、ついに苦行を捨てます。35歳頃、生死の境をさまようほど疲弊していましたが、川で沐浴し、村娘のスジャータからふるまわれたミルク粥で元気を取り戻します。そして菩提樹の木の下に座り、瞑想に入りました。お釈迦様が成道——仏の

仏陀の生誕地ルンビニ

悟りを完成したのは、その8日後のことです。ブッダの名は、**「目覚めた者」**を意味するのです。

そんなブッダの教えは、非常にシンプルです。特徴的なのは、上の引用にもあるように、繰り返し「犀の角のようにただ独り歩め」という言葉を使っていることです。「犀の角」って、前方上方にまっすぐ、力強く伸びていますよね？　犀はその角の先だけを見て、周りを気にすることなく進んでいきます。人間もそうでなくちゃいけない、**独りでいることが孤独で寂しいと縮こまらずに、むしろ孤独を楽しむように生きなさい**。ブッダはそう説いているのです。イメージ的には、中心軸がブレないまま回り続ける「独楽（こま）」のようなもの。軸さえしっかりしていれば、「独り」はなかなかいいものなのです。

仏教とゆかりのある蓮の花

思えば私たちが悩んだり苦しんだりするのは、せんじ詰めれば、欲望が満たされないことが原因です。対象が物質的なものであれ、情に関わるものであれ、自分の思い通り手に入れることができずに、なお欲しいと執着するから苦しむのです。だとしたら、執着を捨てれば、仏教でいうところの平穏の境地――「涅槃（ねはん）」に到達するのではないでしょうか。**「犀の角のようにただ独り歩む者は、苦しみの根源にある執着から解放される」**、それがブッダのメッセージです。

DATA

作品― 仏教の開祖、ブッダが語った、人間として生きる道をまとめた仏典。苦しみを和らげ、煩悩（ぼんのう）の一切存在しない平穏の境地たる涅槃に近づくための方法を、さまざまな角度から説いている。

＼プラスα／

『ブッダ最後の旅――大パリニッバーナ経』『ブッダの真理のことば・感興のことば』（いずれも岩波文庫）も併せて読みたい。

45

バガヴァッド・ギーター

結果を動機とする者は哀れである。

行動することそのものが重要

ヒンドゥー教の聖典の一つである本書のタイトルは、「神の詩」を意味します。馴染みのない言葉だけに、人の名前や地名などの固有名詞が頭に入ってきづらく、難しいと感じるかもしれません。

けれども岩波書店の紹介文に「ひとは社会人たることを放棄することなく現世の義務を果たしつつも窮極(きゅうきょく)の境地に達することが可能である、と説く」とあるように、仕事に忙殺されて心の平穏を得にくい現代人の苦悩と重ねて読めるもの。戦争を題材にしていて、ビジネスにも通底するところが多いため、読んでいて意外と共感できるのです。

たとえば現代のビジネスパーソンは、多くが「成果主義」というものに苦しんでいます。結果が出せなければ、どれほど努力しようとも評価されないのですからキツイし、むなしいものですよね。そんなときは『バガヴァッド・ギーター』の出番です。上の引用の前段に、

**あなたの職務は行為そのものにある。決してその結果にはない。
行為の結果を動機としてはいけない。
また無為に執着してはならぬ。**

とあって、「結果よりもプロセスが重要である」とし、成果主義を一刀両断しているのです。

また本書で注目すべきは、「ヨーガ」をよりどころとしていることです。いまはヨーガと言えばエクササイズ、というイメージですが、この時代はちょっと違います。あらゆる苦悩から自由になることを目的とする修行法を意味します。それを象徴的に表すのが次の文章です。

執着を捨て、成功と不成功を平等（同一）のものと見て、
ヨーガに立脚して諸々の行為をせよ。
ヨーガは平等の境地であると言われる。

「勝ち負けや成功・失敗など、結果を気にしていては不安から逃れられない。欲望や執着を捨て、いまなすべきことに集中しなさい」ということです。

負けたって、失敗したって、得るものはあります。それが未来へのジャンピングボードになることだってあります。そう思えばこそ、結果を恐れずに挑戦する勇気が湧いてくるのです。

DATA

作品―18巻から成る古代インドの大叙事詩『マハーバーラタ』第６巻に収録されている本書は、全18章・700の詩で構成されている。物語は、クルクシュートラという戦場で、同族であるパーンダヴァ軍とカウラヴァ軍が戦争をしようとする場面に始まる。パーンダヴァ軍の王子アルジュナは戦いたくなく、同族を殺すことをためらうが、彼の導き手であり御者（ぎょしゃ）を務めるクリシュナは終始「戦いなさい」と言い続ける。この二人の対話形式でストーリーが展開する。勝ち負けや成功と失敗、結果とプロセスなど、現代人の悩みにも通じるいくつもの課題が突きつけられる。

＼プラスα／

インドを独立に導いたガーンディーはこの『バガヴァッド・ギーター』を「スピリチュアル・ディクショナリー」と呼んだという。

臨済録

もし君たちが外に向って求めまわる心を断ち切ることができたなら、そのまま祖仏と同じである。君たち、その祖仏に会いたいと思うか。今わしの面前でこの説法を聴いている君こそがそれだ。

周囲に惑わされるな 自分を信じろ

臨済宗の仏塔（中国河北省石家荘）

臨済は中国・唐の時代の禅僧です。臨済宗の開祖として知られます。本書は臨済が修行者たちに語った法語を収録したものです。これが、べらんめぇ調の毒舌となって噴出するおもしろさと言ったら……！　訳のすばらしさも手伝って、臨済がこの世に生き生きとよみがえるかのようです。

上の引用は、自分自身を信じることができずに、自らの外に仏を求めようとする修行者たちに、「君たちこそが仏である」と説くくだりです。「仏を外に求めるな。内にも求めるな。何事にも依存しないところから、仏は生まれる。本物の修行者は仏を己れに主体化させる」というのが臨済の教えなのです。同じようなことをこうも表現しています。

まともな見地を得ようと思うならば、人に惑わされてはならぬ。内においても外においても、逢(あ)ったものはすぐ殺せ。仏に逢えば仏を殺し、祖師に逢えば祖師を殺し、羅漢に逢ったら羅漢を殺し、父母に逢ったら父母を殺し、親類に逢ったら親類を殺し、そうして始めて解脱することができ、なにものにも束縛されず、自在に突き抜けた生き方ができるのだ。

——何とも不穏な物言いですが、ようするに「主体性を持て」「自分の価値に気づけ」というメッセージ。何かにつけ周囲の考えや意見に惑わされ、自分を見失いがちな現代人にも効く言葉ですよね。

そういった教えとは別に、私は臨済の説法が教師のあり方としてすばらしいと思っています。修行者がわずかでもモタつくと、瞬時に「遅い！」と活を入れ、場合によっては同時にパシッと打つ。そんなスピード感と緊張感のある教育に感動するのです。臨済は修行者に対して、「どんな問いを投げかけられても、本質を見きわめてスパッとひとことで答える。そのくらいの〝本質を直感する力〟を身につける」ことを求めたのでしょう。

私の授業も、言うなれば〝臨済式〟。たとえば「三人称単数の〝s〟を中学生に教えるためのコントをつくって」とか「いますぐ三権分立の替え歌をつくって」などと、よく〝ムチャ振り〟して、学生たちを鍛えています。教育の現場における〝ムチャ振り〟というのは、学生に自身の持つ潜在能力に気づかせる方法でもあるのです。

DATA

作品— 臨済宗の開祖、臨済義玄（?～867年）の言行を弟子慧然(えねん)が記したもの。正式な名は『鎮州臨済慧照禅師語録(ちんしゅうりんざいけいしょうぜんじごろく)』。「無事の人」に到達しようとする臨済の厳しい自己格闘の跡がまざまざと描かれている。

＼プラスα／

臨済宗は日本では鎌倉時代に栄西が伝えたのに始まる。〝臨済流〟の問答が継承されている。

47 コーラン

アッラーこそはお前らのために
夜を設けて憩いの時となし、
昼を設けてものが見えるようにして下さったお方。
これほどアッラーは人間に優しくして下さるのに、
大抵の人間は有難いとも思っておらぬ。
お前らの主、アッラーとはこうしたお方。
あらゆるものの創造主。そのほかに神はない。

イスラムの世界観を知る

現在、全世界に18億人以上のイスラム教徒がいると言われています。しかも増え続けていて2070年にはキリスト教徒とほぼ同数になる、とも予測されています。しかし「コーランを読んだことがある」という人はごく少数ではないでしょうか。何となく〝食わず嫌い〟になっているのかもしれませんが、読んでみると意外にわかりやすいものです。教養として一読することをおすすめします。

まず知っておくべきは、「アッラー」と呼ばれる神の存在です。上の引用にあるように、アッラーは「あらゆるものの創造主」と、大絶賛されています。続くくだりにも**「アッラーこそはお前らのために大地を定住**

の場所となし、蒼穹（そうきゅう）を天蓋（てんがい）となし、お前らを見事な姿に作りなした上、結構なものを沢山に備えて飲み食いできるようにして下さったお方。さ、お前らの主（しゅ）、アッラーとはこうしたお方。なんと有難いではないか、アッラー、万有の主は」とあります。

こういった神の言葉は、預言者マホメットにより語られました。彼はなぜか神の言葉が突然聞こえてくるような劇的な経験をしたんですね。

内容的には「お金を貸すときに利息をとってはいけない」とか、「離縁された女にも公正に扶養の道を考えてやらなくてはいけない」など、神を畏（おそ）れる人間としてやるべきことが細々と書かれています。

また訳者の井筒俊彦氏が解説で「朗誦（ろうしょう）を聞いた時、やっとこの回教という宗教の秘密がつかめたような気さえした」と書かれているように、コーランは信徒たちがみんなでリズムよく朗誦するところに大きなポイントがあります。モスクに朗誦の声が響き、互いの心と体がつながり合って一つになる。その感覚にうっとりし、大きな幸福感がもたらされるのだと思います。

アドラーの言う「幸福感に欠かせない共同体感覚」が得られるのです。イスラムの教えが世界に広がり続けている理由の一つには、読誦するときの共同体感覚と幸福感があるように思います。神が親しく身近にいる、そんな感覚にもなれるでしょう。

DATA

作品―イスラムの聖典。預言者マホメットの口を通して語られた神の言葉を結集したもの。断続的に下された啓示を、第3代カリフ・ウスマーンが集積・編纂（へんさん）させて聖典が成立した。以後、『コーラン』解釈の発展史がイスラム文化史を形成してきたと言える。イスラムの世界観、信条、倫理、行動規範を述べた114章から成る。アラビア語原典からの口語訳。

プラスα

現在、世界最大のイスラム教国はインドネシア。ある調査では、2050年にはインドがヒンドゥー教徒の優位を保ちつつ、イスラム教徒の数が世界最多の国になると予測している。

48

ウパデーシャ・サーハスリー

真実の自己の探求

◇◇◇◇◇◇◇◇◇◇◇◇◇◇◇◇◇◇◇◇◇◇◇◇◇

シャンカラ（700年頃～750年頃）

輪廻の根源は無知であるから、
その無知を捨てることが望ましい。

「君は誰か？」と問われたら……

生と死の輪廻から解脱する道として、「アートマン（自我）がブラフマン（宇宙の根本原理）と同一である」という真理を悟ることが重要であると繰り返し説いているあたりは、本書の75作品目に紹介する『ウパニシャッド』とまったく同じです。シャンカラは「インド最大の哲学者」と呼ばれるわりには、その教説は斬新というわけではなく、むしろ伝統を踏襲するものです。語り口が平易なので、本書のほうがインド哲学を理解しやすいかもしれません。

ここではとくにシャンカラが「無明（無知）」という観念を用いて、私たちがなぜ「アートマン＝ブラフマン」という真理を見失うのかについての解説を見ておきましょう。本書の「訳者まえがき」で前田專学氏は、こう述べています。「シャンカラは無明（avidyā 無知）の観念を導入した。

かれによれば、無明とは、Aの性質をBに付託(ふたく)することである。付託とは、以前に知覚されたAが、想起の形でBに顕(あらわ)れることである」と。

続くくだりで「無明」について、「森のなかで縄を蛇と間違えてびっくりする」ようなことだと説明しています。単に「知識がない」のではなく、勘違いから幻影を見てしまうというイメージですね。

シャンカラと弟子たち(1904年頃)

同様に、輪廻も無明である、とシャンカラは言います。「輪廻」とは、生き変わり、死に変わり、迷いの世界で苦しみ続けること。それは勘違いであって、「肉体を含む一切の現象世界は、無明によってブラフマンに付託されたものに過ぎず、本来実在しない」というわけです。**「不二一元論(ふにいちげんろん)」**と呼ばれるその真理に気づくことが解脱、無知な状態から脱することなのです。冒頭の引用はこのことを意味しています。

ちなみにシャンカラは「弟子になりたい」と門を叩く人に、まず「君は誰か」と質問したそうです。ふつうは就職時の面接よろしく、自分の出自やら生い立ち、弟子に志願した理由などを説明しますよね？　するとシャンカラは「違うよ。それは、身体と自分を同一視する誤った考えだよ」と教えたそうです。さて、あなたはなんと答えますか？

DATA

作品 — タイトルは「千の詩節から成る教説」を意味する。ウパニシャッドの説くブラフマンとアートマンが同一であるという真理を悟ることが、「輪廻」から解脱する手段であることを説く。

著者 — インド哲学の主流をなすヴェーダンタ学派のなかの不二一元論の開祖。生涯はよくわかっていないが、伝説によると、南インドのケララ州カーラデイにバラモン（僧侶・司祭）階級の子として生まれ、幼いときに父を亡くし、出家したのち、全インドを遊行したという。

プラスα

シャンカラには300点を超える著作があるが、大部分は偽作だとか。もちろん『ウパデーシャ・サーハスリー』は真作とされている。

Chapter 6

人生論

49

夜と霧

V・E・フランクル（1905～97年）

人生から何をわれわれは
まだ期待できるかが問題なのではなくて、
むしろ人生が何をわれわれから
期待しているかが問題なのである。

「生きる意志」を強く持つ

V・E・フランクル（1965年）

人間は人間に対して、こんなにも残酷なことができるのか——。

私は大学生のときに『夜と霧』を読み、大変な衝撃を受けました。アウシュヴィッツ強制収容所での記録や写真から、ユダヤ人を根絶やしにしようとしたナチスの恐ろしい悪意が伝わってきて、身も凍る思いをしたことを覚えています。

フランクルによると、囚人たちの心理的反応には三つの段階があるそうです。収容された当初はこれから起こることに好奇的になり、やがてきつい日々が続くなかで劣悪な環境に慣れて無感覚になってゆく。そして最終的には、絶望して死に至るか、未来に希望を持つことで命をつなぐか。生死を分かつ重要ポイントを示したのが上の言葉です。

「人生の意味を問うのではなく、人生から問いかけられる問題に対して自分自身は何ができるのかを考えることが重要である」

つまり**「生きる意志」を強く持ち、主体的に人生を生きる。それが絶望から身を救うことにつながる**、ということです。

フランクルは自身が「想像のなかで創り上げた愛する妻の面影」によって救われたと気づいた、その場面をこう記しています。

愛による、そして愛の中の被造物の救い——これである。
たとえもはやこの地上に何も残っていなくても、
人間は——瞬間でもあれ——愛する人間の像に
心の奥深く身を捧げることによって浄福になり得るのだ。

人生には苦しいこと、つらいこと、理不尽に思うこと、いろいろあると思いますが、そんなときはぜひこの本を手に取ってみてください。フランクルを襲った苦難を思えば、自分の苦労などたかが知れてると思えるはず。苦しいときに心を軽くするには、苦しみのなかから自分の力で抜け出した人の物語を読むのをおすすめします。

DATA

作品— ユダヤ人のフランクルが、300万人のユダヤ人を虐殺したアウシュヴィッツ強制収容所で現実に体験したことを記録したもの。極限状態にあって囚人はどんな心理的な反応を見せるのか、冷静な視点から分析している。

著者— オーストリア・ウィーン生まれ。ウィーン大学在学中にフロイトに師事し、精神医学を学ぶ。第二次世界大戦中、ナチスにより強制収容所に送られる。その経験をもとに戦後は、「人生の意味と価値を分析する」ことを軸とする「実存分析（ロゴセラピー）」という独自の理論を展開した。

＼プラスα／

旧版を翻訳した霜山徳爾（しもやまとくじ）は、自身も精神科医で戦争体験者。フランクルと交流があった。近年刊行された池田香代子訳の新版ともども読み継がれていくことを願う。

50

五輪書（ごりんのしょ）

宮本武蔵（みやもとむさし）（1582〜1645年）

千日（せんじつ）の稽古を鍛（たん）とし、
万日（まんじつ）の稽古を練（れん）とす。
能々吟味（よくよくぎんみ）有るべきもの也。

頭より体で理解する

全国の剣豪を相手に命がけの真剣勝負を挑んで60戦60勝！　とんでもなく強い武蔵ですが、30歳で過去の勝負を振り返り「たまたま勝っただけ。剣の才能に生まれつき恵まれていたのか、相手が弱かったのかわからないが、兵法の道理を極めていたわけではない」と言っています。それが『五輪書』を起筆するきっかけになったのです。

一番のポイントは、「水（すい）の巻」にある上の言葉もそうですが、全篇に「能々鍛錬（よくよくたんれん）あるべし」「工夫すべし」「吟味あるべし」といった言葉が使われていることです。**「日々稽古して千日、万日、鍛錬を重ねるなかで、術とは、技とは何かを考えながら、工夫を加えて勝つための完璧な技術を会得しなさい」**と伝えています。現代人は何かにつけて「頭でわかった」気になって、自らやって「体で理解する」ことを怠る傾向があります。それでは本物の知識・技術は磨かれないし、精神も肉体も脆弱（ぜいじゃく）になる一方。武蔵に活を入れてもらいましょう。

また、修練法が非常に具体的に解説されているので、仕事や人生のさまざまな局面に生かすことができます。たとえば「敵の動きを見る」場合、臍下丹田（せいかたんでん）にある心で「観」ることと、目で「見」ることを区別し、「観（かん）の目」を強く持てと言っています。

宮本武蔵の像（熊本市・武蔵塚公園）

それにしてもなぜ、武蔵は武術を極めようとしたのか。それは「空（くう）」の境地に至るためです。「空の巻」にこうあります。私たちも肝に銘じて暮らしたいものですね。

心のまよふ所なく、朝々時々（ちょうちょうじじ）におこたらず、
心意（しんい）二つの心をみがき、観見（かんけん）二つの眼をとぎ、
少しもくもりなく、まよひの雲の晴れたる所こそ、
実の空としるべき也。

DATA

作品— 仏教で万物を生成する五つの元素（五輪）とされる「地・水・火・風・空」に名を借りた5巻から成る。「地の巻」では兵法の大意、「水の巻」では剣術、「火の巻」では戦術、「風の巻」では流派、「空の巻」では兵法の本質について語っている。武蔵自身が「自分の極めた兵法の道は、男女・身分・仕事・芸など、どんな道にも通用する」と言っているように、私たち現代人の歩むすべての道に応用できる。

著者— 16歳で強敵に勝ち、21歳で都に出るや、天下にその名の聞こえた武芸者を相手に勝負を挑み全勝。さらに諸国・諸流派の武芸者と戦い、28、9歳までに60回以上勝負して、一度も負けなかったという。30を過ぎてから兵法の道理を知ろうと鍛錬を重ね、50歳で目的成就。一方で軍の将兵として戦ったり、連歌や書画などの芸を嗜（たしな）んだり。60歳を過ぎて肥後国（現熊本県）岩戸山の霊巌洞（れいがんどう）に籠（こ）もり、『五輪書』を起筆した。

\プラスα/

武蔵の生没年については、『五輪書』に「筆を起こした1643年が数えで60歳」とあることから、1584年生まれとする説もある。ここでは「宮本家系図」にある「天正10（1582）年生まれ、享年64歳」説を採用した。

51

両手(りょうて)いっぱいの言葉(ことば)
413のアフォリズム

寺山修司(てらやましゅうじ)（1935〜83年）

「たまには怒ったら、どうですか？
怒ると、人間らしくなる。
少なくとも怒れるってことは
植物じゃできないことだからね」

言葉の奥深さを味わう

寺山修司はさすが「言葉の錬金術師」の異名を取るだけあって、一つの言葉、あるいは複数の言葉を編んだ文章から、深淵な世界を表現します。しかも本書は、数ある著作から抜粋した珠玉の文章を集めていますから、実に読み応えというか、〝味わい応え〟があります。

上の文章は、『さらば、映画よ』という同性愛をモチーフにした戯曲から抜粋したもの。ここでいう「怒り」は、何かにむかついたり、キレたりすることではなく、権力や体制など、自分たちを抑圧するものに対する怒りです。語りかけるようなやさしい口調で「たまには怒ったら、どうですか？」と言うほうが、「もっと怒れよ」と強く直接的に言うより、「ヘラヘラしてる場合か。もっと怒らなければ」という思いになる、そんな表現ですね。ほかにも、いくつか紹介すると――

「人間は、中途半端な死体として生まれてきて、
一生かかって完全な死体になるんだ」

●

なみだは人間の作るいちばん小さな海です。

●

蝙蝠傘(こうもりがさ)は、世界で一ばん小さな、二人のための屋根である。

●

自分たちにしか通じない言葉をもつのが恋人同士である。

●

街は、いますぐ劇場になりたがっている。
さあ、台本を捨てよ、街へ出よう。

●

賭博(とばく)には、人生では決して味わえぬ敗北の味がある。

気の利いた表現やかわいらしい表現、意味深な表現など、寺山修司の言葉には新鮮な響きがあり、心にしみる不思議な魅力がありますよね。

DATA

作品― 愛と暴力、快楽と死、男と女など、52のキーワードをもとに、寺山修司の多くの著作から抜粋した413の文章を集めたもの。「アフォリズム」とあるように、短い言葉で本質を突いていて、心にしみる。

著者― 青森県弘前市生まれ。県立青森高校在学中から俳句、詩に才能を発揮した。放送劇、映画、評論など、幅広い分野で活動する一方で、演劇実験室「天井桟敷」を主宰。国内外で注目された。『家出のすすめ』『書を捨てよ、町へ出よう』など、著書多数。

\プラスα/

34歳のとき「あしたのジョー」の力石徹(りきいしとおる)の葬儀を“喪主”として行う。

52
私の個人主義

夏目漱石（1867～1916年）

**私はこの世に生れた以上何かしなければならん、
といって何をして好いか少しも見当が付かない。
私はちょうど霧の中に閉じ込められた
孤独の人間のように立ち竦んでしまったのです。**

「自己本位」を拠り所に自立する

夏目漱石ほどの大作家が、若い頃はこんなに悩んでいたのかと、ちょっと驚きませんか？「何かやりたい、何者かになりたい、けれども何をしたらいいのかわからない」と悶々とするのは、ある種「若者の特権」なのかもしれません。学生たちに向けた講演で漱石が話したこの言葉は、とくに若い人たちに響くのではないでしょうか。

私自身、明治大学に職を得た33歳くらいまでの約10年間、大学院でひたすら本を読み、研究をする日々。何者にもなれないままに過ごしていたので、非常に共感するところが多いのです。本書は何度読んだかわからないくらい、大好きな講演録です。

夏目漱石

では漱石は、どのようにしてモヤモヤを晴らしたのか。キーワードは**「自己本位」**の四字。英文学を専攻するも、本場の批評家に対して気の引けていた漱石ですが、「〝英文学の奴隷〟にはならない。西洋人ぶらずに、自分を中心に考えていこう」と決めたのです。

自己本位という四字をようやく考えて、
その自己本位を立証するために、
科学的な研究やら哲学的の思索に耽（ふけ）り出したのであります。
（中略）私はこの自己本位という言葉を自分の手に握ってから
大変強くなりました。

漱石の言う「自己本位」は、「自分はこれで勝負する」というものを見つけること。その武器を手に入れたとき、人は強くなれるのです。

本講演録ではまた、漱石の論理的日本語能力のすばらしさを感じてください。漱石は英文学者ゆえに、小説のなかにうまく論理的な英語の構文を取り入れ、こなれた日本語として提供しました。プラス、大好きな落語のテンポ感や勢いを混ぜ、「直訳にありがちな、完全に整理された機械的な言葉ではなく、かたすぎず、やわらかすぎず、バランスのとれた近代日本語」を完成させたのです。漱石が近代日本語を大成した、と言ってもいいと、私は思っています。

DATA

作品— 1914年11月25日に学習院で行った講演の記録。前半で「やるべきことが見つからずに苦しんだ」自己の半生を語り、後半で「個人主義が同時に国家主義でも、世界主義でもある」と述べている。

著者— 江戸（現東京）牛込生まれ。帝国大学英文科卒業。1900年に文部省留学生として渡英。帰国後、東京帝国大学で「文学論」「十八世紀英文学」の講義を行う。その後、朝日新聞社に入社。『吾輩は猫である』『こころ』など、多くの名作を残す。

＼プラスα／

本講演のなかで漱石は、「実は昔、学習院の教師になろうとしたが落第した」ことを明かしている。

53

漱石書簡集

三好行雄 編

**むやみにあせってはいけません。
ただ牛のように図々しく
進んで行くのが大事です。**

弱音を吐かず、根気よく

手紙というのは、文学の一つのジャンルと言ってもいいでしょう。小説や評論とはまたひと味違って、著者の素が見えるところがおもしろい。私は文豪や画家など、偉人の残した手紙を読むのが大好きです。

夏目漱石は「筆まめ」で有名です。友人や弟子、同輩たちに送った手紙は2500通以上とも言われています。弟子たちの悩み相談に乗ったり、温かいアドバイスを送ったり、手紙からとても面倒見のいい人だったことがうかがわれます。

上の文章は、久米正雄と芥川龍之介へ連名で宛てた手紙からの引用。「君方は新時代の作家になるつもりでしょう。僕もそのつもりであなた方の将来を見ています」という期待の言葉とともに綴られています。

夏目漱石

この手紙が送られたのは1916年。芥川と久米が第4次『新思潮』という同人誌を発行した年のことです。とくに芥川は、その前年に「羅生門（らしょうもん）」を発表し、『新思潮』に掲載した「鼻」が絶賛されるなど、絶好調でした。だからなおさら、漱石は「あせっちゃいけないよ」と助言したのでしょう。続くくだりには、こう書かれています。

あせっては不可（いけま）せん。頭を悪くしては不可せん。
根気づくでお出でなさい。
世の中は根気の前に頭を下げる事を知っていますが、
火花の前には一瞬の記憶しか与えてくれません。

いわゆる〝一発屋〟にならぬよう、警告を発しているとも思えますね。このほか手紙には、たとえば、

「弱い事をいってはいけない。僕も弱い男だが弱いなりに死ぬまでやるのである」

「文章もいやになるまでかいて死ぬつもりである」

といった文章が散見され、人間味を感じさせてくれます。漱石の弟子になった気分が味わえるでしょう。

DATA

作品―全集版に収録された2256通の手紙から、友人の正岡子規、妻の鏡子、弟子の寺田寅彦（てらだとらひこ）・小宮豊隆（こみやとよたか）などに宛てた158通を選んで注解を付した書簡集。漱石を知るための基本資料であると同時に、手紙自体が見事な作品である。

＼プラスα／

漱石は散歩好き。教員時代の教え子や若手の文学者を集めて、よく散歩しながら文学や社会を論じたという。メンバーには芥川龍之介、久米正雄、和辻哲郎（わつじてつろう）、内田百閒（うちだひゃっけん）など、そうそうたる名が並ぶ。

54 人間の土地

サン=テグジュペリ（1900～44年）

**職業の強制する必要が、世界を改変し、
世界を豊富にする。**

「職業意識」を強く持つ

本書は、郵便を運ぶ飛行士が夜空から地上を見下ろす、冒頭の場面が非常に美しく描かれています。

> ぼくは、アルゼンチンにおける自分の最初の夜間飛行の晩の
> 景観を、いま目のあたりに見る心地がする。
> それは、星かげのように、平野のそこここに、
> ともしびばかりが輝く暗夜だった。
> あのともしびの一つ一つは、見わたすかぎり一面の闇の大海原の
> 中にも、なお人間の心という奇蹟が存在することを示していた。
> あの一軒では、読書したり、思索したり、
> 打明け話をしたりしているかもしれなかった。（中略）
> 努めなければならないのは、自分を完成することだ。
> 試みなければならないのは、山野のあいだに、
> ぽつりぽつりと光っているあのともしびたちと、心を通じあうことだ。

闇の大海原のなかに、家々の灯りがポツリポツリと灯っている。それぞれの灯りが彼の目には、生きた星々に映ったのでしょう。そして、彼は思ったのです。自分を完成しつつ、地上に生きる人たち一人ひとりと心を通わせるよう努めなければならない、と。**まさに人類は一つ**。そういう感情が湧き上がってくるようです。

第二次世界大戦頃のサン=テグジュペリのスケッチ

本書にある八つの物語は、アンデス山中の吹雪のなかで5日間迷い続けた話や、リビアの砂漠に不時着して水も飲めずに歩き続けた末に生還した話など、どれも職業飛行士にしか体験しえないものばかり。その過酷な仕事を通して、自我を掘り下げていくところに、物語の深みが感じられます。

冒頭の引用にあるように、飛行士に限らず、どんな職業の人も、使命感をもって取り組むからこそ、いろんな経験ができます。その仕事をしなければ遭遇できない出来事もあれば、出会えなかった人もいる。仕事を通して自分の世界が豊かになっていくのです。

この本を読むと、「仕事をしていること、それ自体に誇りを持つことが大切である」と気づかされるはず。刺激的な１冊です。

DATA

作品― 職業飛行家として活動した15年間の思い出が綴（つづ）られている。「定期航空」「僚友」「飛行機」などと題した八つの物語は、どれも劇的。そんな読み物としてのおもしろさに加えて、その体験から著者が探求し、引き出した「人間の本質」は読み応えがある。

著者― フランス・リヨン生まれ。兵役で航空隊に入り、除隊後、航空会社の路線パイロットとなり、多くの冒険を経験。1929年に処女作『南方郵便機』、以後『夜間飛行』『人間の土地』『戦う操縦士』『星の王子さま』などを発表。第二次世界大戦時、偵察機の搭乗員として困難な出撃を重ねた。

＼プラスα／

訳者の堀口大學（だいがく）（1892〜1981年）は、創作詩集「月光とピエロ」、訳詩集『月下の一群』で日本の文壇に新風を吹き込んだ。

55
楽しみは創り出せるものよ／今がいちばんいい時よ

ターシャ・テューダー（1915〜2008年）

年を取ってからのほうが生活が充実し、
いろいろなことをもっと楽しめます。
椅子に座ってから、あ、メガネを忘れた
なんていうこともあるけれど、
わたしにとって、今がいちばん楽しい時です。

植物的な時間を生きる

ターシャ・テューダーの暮らしぶりはテレビで度々紹介されていて、とくに中高年層のなかにはあこがれている人が多いのではないかと思います。『楽しみは創り出せるものよ』から引用した上の言葉にあるように、ターシャは庭に咲き乱れる四季折々の花とともに、ゆったりとした時間の流れのなかで生きることを「今がいちばん楽しい時」と言っています。年齢を重ねることを、非常に肯定的にとらえているのです。

死が近づくことを別にすれば、老いることはなかなかいいものだと私も思っています。なぜなら若いときに自分を苦しめた野心や焦りが消え、気持ちが楽になってくるからです。それはある意味、「植物的な時間を生きる」こと。たとえば盆栽を愛(め)でる、庭の手入れをする、小さな家庭菜園をつくるなど、植物の生きるゆったりした時間に自分の時間を重ね合わせることに喜びを感じるようになるのです。

また『今がいちばんいい時よ』のなかでは、これまでの人生を肯定し、老年期を楽しく生きることの大切さを次のように説いています。

これまでの人生は無駄だったなんて、
どうして思う必要があるでしょう。
そう思う人がいたら、
残りの人生を、これまでの分まで楽しんで、と言いたいわ。

●

残念ながら、人生を後戻りしてやり直すことは、誰にもできません。
私も、間違いや失敗をたくさん経験しましたが、
やり直したいとは思いません。
もし、やり直せたとしても、
その人生が今より良くなる保証は、どこにもないのですもの。

DATA

作品―アメリカ・バーモントの山奥の自邸で、88歳の誕生日を迎えた絵本画家ターシャ・テューダー。「わたしはずっと休みなく働いてきたわ――欲しいものを手に入れるために」と言う彼女が自身のライフスタイルを綴(つづ)る。

著者―アメリカ・ボストン生まれの絵本画家。9歳のときに両親が離婚。父の親友の家に預けられる。15歳で学校をやめ、一人暮らしを始める。23歳で結婚、デビュー作『パンプキン・ムーンシャイン』を出版。56歳のとき、バーモント州の山中に18世紀風の農家を建てて移り住み、自然に寄り添って暮らした。〝1 is One〟でコルデコット賞等を受賞。87歳で新作絵本『コーギビルのいちばん楽しい日』を出版。

\プラスα/

「地上の楽園」とよばれるターシャの森では、いま、ひ孫姉妹が暮らす。

Chapter 7

思想・哲学

56

方法序説（ほうほうじょせつ）

デカルト（1596～1650年）

**理性の明証性による以外、けっして
ものごとを信じてはならないのである。**

デカルト的思考法を練習・習慣化する

本書を通じてデカルトは、「理性の力を信じよう」というメッセージを発信しています。何事も「まぁ、そういうものかな」みたいに感覚的に受け止めず、理性で事の真偽をしっかりと判断することが大切だ。そう言っているのが上の言葉です。

そんな「理性の力」を持つために、デカルトは思考法の四つのルールを設定しています。ざっとまとめると、

①速断と偏見を避け、自分が真と認めることだけを受け入れる
②難問を小さな部分に分割し、一つひとつ対応する
③単純で簡単なことから段階的に、順序に従って思考を導く
④課題のすべてを列挙し、抜けがないように取り組む

といった具合。そう難しくはないでしょう？この思考法を練習し、習慣化することによって、合理的な思考ができるようになります。

デカルト

もう一つ実践していただきたい〝デカルト式〞があります。それは「自分が幸福に生きられるよう、自分でルールを決める」ことです。参考までにデカルトが決めた四つのルールを紹介しておきましょう。

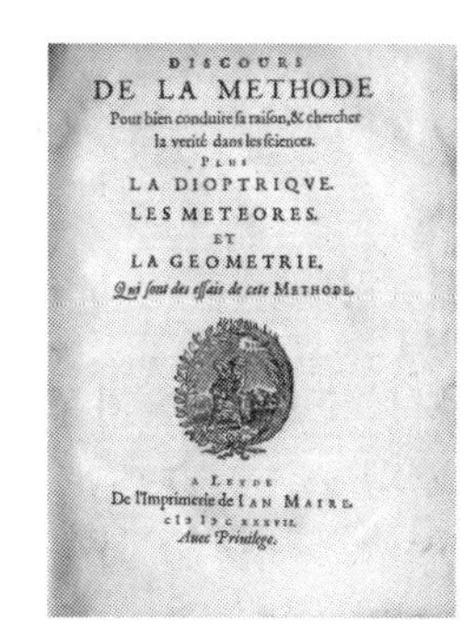
DISCOURS
DE LA METHODE
Pour bien conduire sa raison, & chercher
la verité dans les sciences.
PLUS
LA DIOPTRIQUE.
LES METEORES.
ET
LA GEOMETRIE.
Qui sont des essais de cete METHODE.

A LEYDE
De l'Imprimerie de IAN MAIRE.
clɔ Iɔ c XXXVII.
Avec Privilege.

『方法序説』初版の表紙（1637年）

①わたしの国の法律と慣習に従う
②自分の行動において、できる限り確固として果断であること
③世界の秩序よりも自分の欲望を変えるように常に努める
④この世で人々が携わっているさまざまな仕事をひととおり見直して、最善のものを選び出す

自分なりのルールを設定・実践してみると、自分の求める幸福な日々を過ごせるのではないでしょうか。考えてみてくださいね。

ちなみにデカルトには、**「わたしは考える、ゆえにわたしは存在する〔ワレ惟（おも）ウ、故（ゆえ）ニワレ在（あ）リ〕」**という名言があります。何でもかんでも疑ってかかると、最後には自分が存在しているかどうかすらあやしくなってきます。でも疑っているということ自体が、自分の存在している証明である。デカルトはそう考えたのです。

DATA

作品—「書を捨てて旅に出た」デカルトが、周りの言うことに左右されず、自分の頭でつきつめて考えることが大切だとわかり、そこから導き出した思考法が開陳されている。物事を合理的に考えるための技術が身につく。

著者—フランス生まれの哲学者。青年時代にたくさんの本を読み、学問に励んだ。結果「学んだことがすべて真理だとは思えない。世界というもっともっと大きな書物を読まなければ」と旅に出た。そして兵士になったり、ヨーロッパ各地を放浪したり、自然科学や哲学の多くの学者たちと交流したり。さまざまなことを「身をもって経験する」形で多くを学んだ。

プラスα

デカルトは朝が苦手で、「自分の自由をわずかでも削るような約束はしない」と決めていた。それなのにスウェーデン女王に求められ、早朝5時からの講義を引き受けた。そのムリがたたり、亡くなったとも言われる。

57

饗宴（きょうえん）

プラトン（紀元前427～前347年）

**全きものに対する憧憬（しょうけい）と追求とは
エロスと呼ばれているのである。**

お酒片手に議論を楽しむ

古代ギリシア時代で「これは先進的だな。すばらしいな」と思うことの一つに、人々が自由に議論できる雰囲気のあったことがあげられます。現代の民主主義の源流が、たしかにここにあると実感できます。

なかでも『饗宴』は、真善美を追求する者たちが集い、お酒を片手に熱く、楽しく、知的に語り合う議論をライブ配信してくれるかのよう。読者のみなさんも、こういう集まりに自分も参加したいとあこがれを抱くのではないでしょうか。

この酒宴では、まずファイドロスが**「肉体の愛よりも魂の愛が重要だ」**と主張する場面から始まります。その後、**「凡俗な者は魂より肉体を求めるから、愚昧な人間を愛することになる」**とか**「少年たちの魂をより善へと導く愛でなければ価値はない」**といった議論が続きます。

ラファエロ画のプラトン

なかでもおもしろい考えを示したのが、アリストファネスです。彼は「かつてこの世には、男と

プラトン

女のほかに第三の性があった」と主張します。第三の性とはいわゆる両性具有、アンドロギュノスのことを指します。アンドロギュノスはもともと2つの顔と4本の手、4本の足を持っていたのですが、ゼウスに不遜な態度をとったために体を真っ二つにされてしまったとか。男女が愛し合うのは、**「いずれの半身も他の半身にあこがれて、ふたたびこれと一緒になろうとした」**から。また同性愛者は、アンドロギュノスの片割れが同性だったというだけで、ごく自然なことであるとしています。そこから冒頭の言葉につながります。

これって、近年注目を集めている「ジェンダー・フリー」という考え方に通じますよね？　古代ギリシア人のほうが現代人よりも、ずっと進んでいたというか、ことジェンダーに関しては、時代が進むに従って退化していったのではないかとすら思えます。

飲み会というと、話題は仕事や愚痴、噂(うわさ)話などが多いと思いますが、たまには『饗宴』にあるような知的な議論を楽しむのもいいものです。仲間と語り合いながら、互いを高め合うことができるでしょう。

DATA

作品―紀元前416年にアガトン宅で催された酒宴で展開した、演劇のような哲学対話をまとめたもの。参加者はプラトンとその師ソクラテス、アガトン、パイドロス、アリストファネスなど、真善美を追求する者たち。一つの課題に関して、対話のなかで理解や考え方が整理され、磨かれていくのが見ものだ。

著者―ギリシャ・アテネ生まれ。青年の頃よりソクラテスに師事し、哲学を学んだ。しかしソクラテスを死に追いやったアテネに幻滅。イタリア、シチリア島、エジプトなどを遍歴した。帰国後、アテネ郊外に学園・アカデメイアを創設。哲学の研究と教育に専念した。

\プラスα/

ソクラテスの思想は全部、プラトンが書いたもの。逆にいえば、プラトンがいなければ、ソクラテスはこれほど有名にならなかったし、名前も思想も現代まで伝えられなかった可能性が高い。

58 死に至る病

キェルケゴール（1813～55年）

彼が何かについて絶望しているのは本当は自己自身について絶望しているのであり、そこで自己自身から脱け出ようと欲するのである。

それは本当に「絶望」なのか

本書第一篇の冒頭に、**「死に至る病とは絶望のことである」**とあります。簡単に言うと「人間、絶望したら、おしまい。死んでしまう」ということ。そのくらい「絶望」というのは怖いものなんです。

でも私たちが「あー、もう絶望的だぁ」などと嘆くとき、それは本気で絶望――希望がまったくないと思っているでしょうか。キェルケゴールは、若い乙女が恋人を失って（死んでしまったか、あるいは裏切られたか）絶望していることを例にあげて、こう言うのです。**彼女は恋人を失ったことではなく、彼とともに歩むはずだった未来を手にできなかった自分に絶望している**、と。言われてみれば、そんな気がします。多くの場合、じきに「恋人のいない」状態か

キェルケゴールの肖像画のスケッチ

ら抜け出そうと欲しますからね。

恋に限らず、受験に失敗したり、失業したりしたときもそう。現実そのものではなく、そうなった自分に絶望しているのです。そこをはっきりさせないと、自分の陥った苦境を変えられないと思い込み、絶望から抜け出せなくなります。最悪の場合、自殺に至ってしまうのです。

また絶望というのは、必ずしも不幸な状態から起こるとは限りません。満ち足りた状態にあっても、「この先望むことは何もない」となる、それも絶望のうち。がんばって目標を達成した後に、生きる目的を失う、みたいなことだってあるのです。キェルケゴールは、

可能性の絶望は必然性の欠乏に存する。

と警告しています。幸不幸、どんな状況にあっても、絶望の落とし穴にはまらず、「生きる必然」をつくりだすことが重要なのです。

DATA

作品― 絶望のあらゆる形態を分析。と同時に、どうすれば絶望から解放されるかを説く。

著者― デンマーク・コペンハーゲン生まれ。世界を客観的にとらえるのではなく「いまここにいる私」を中心にして真理を追究しようと考えた。これを初めて提起したことから、キェルケゴールは「実存哲学の祖」とされている。またキェルケゴールの哲学は、神のような、人間を超越した存在と対話しながら真理を追究したことから、「有神論的実存主義」と呼ばれている。

＼プラスα／

27歳のときに17歳の少女レギーネと婚約するも、約1年で一方的に破棄。理由は、父の犯した罪と、それに対して家族に与えられた神の罰に彼女を巻き込みたくなかったから。独身のまま早世したキェルケゴールだが、著作権をすべて彼女に遺したという。

59

ツァラトゥストラ

フリードリヒ・ニーチェ（1844〜1900年）

「これが——生だったのか」
わたしは死に向かって言おう。
「よし！　それならもう一度」と。

それは本当に「絶望」なのか

　ニーチェが自分の分身たるツァラトゥストラに託したメッセージをひとことに凝縮するなら、**「超人たれ！」**ということです。
「超人」とは「いまの自分自身を超え、世界を肯定して、前進し続ける人」を意味します。そんな超人を目ざして、どんなにつらいこと、苦しいこと、イヤなことがあっても、それらは「永遠回帰」——いつまでも、どこまでも繰り返されるものなのだから「しょうがない。どんとこい」と覚悟を決めて、現在の一瞬に命を燃やしなさい。
ニーチェはそう説いているのです。その覚悟を端的に表したのが上の言葉です。
「いいことも悪いことも、人生で起きることのすべては繰り返される。だからこそ、そのすべてを肯定し、気力にあふれた人生を生きよ」ということです。心が萎えてしまいそうな

ニーチェ（1875年）

とき、自分に向かって「よし！　それならもう一度」と言ってみましょう。きっと元気が出てきますよ。

ツァラトゥストラはまた、ちっぽけな存在を嫌悪します。たとえば人をやっかんで悪口を言ったり、足を引っ張ったりするような人を「ハエ」と呼び、こんなメッセージを送っています。

のがれよ、わたしの友よ、君の孤独のなかへ。
強壮な風の吹くところへ。
蠅(はえ)たたきになることは君の運命ではない。

いまはSNSを介して誹謗(ひぼう)中傷を受け、苦しむ人が少なくありません。そんな輩(やから)はハエと割り切り、孤独を楽しむのもいいかと思います。

このほか本書には、人生を力強く生きるための知恵がいっぱい。パラパラめくり、名言を拾いながら、読み進めることをおすすめします。

DATA

作品― 主人公のツァラトゥストラは世俗を避け、山奥で思索に耽(ふけ)っていたが、ある日、あふれ出る知恵を人々に分け与えようと、ふもとに下りた。そして「超人思想」を説くスタイルで物語が進む。「超人」「永遠回帰」など、ニーチェが自身の根本思想を体系的に展開した著作で、４部で構成されている。

著者― プロイセン王国・ザクセン州生まれ。ドイツの哲学者、古典文献学者。24歳の若さでバーゼル大学に古典文献学の教授として招聘(しょうへい)される。27歳で『悲劇の誕生』出版。34歳から執筆活動に専念。44歳のときに進行性麻痺症と診断され、以後、精神を病んだまま、55歳で亡くなる。

＼プラスα／

「神は死んだ」というショッキングな言葉で有名な本書は、キリスト教を否定した挑戦的な書。キリスト教が善いとするものはすべて天上の世界にあり、地上に生きる人間は自己肯定しにくい状況に置かれていた、それが間違っていると、ニーチェは考えたのだ。

論語

孔子（紀元前552-前479年）

述べて作らず、信じて古を好む。

理想を古人に求める

『論語』は中国の古典ですが、日本人の精神性を形づくる基盤になったものと言っていいでしょう。江戸時代の寺子屋では、子どもたちみんなが『論語』を中心とする儒教の言葉を繰り返し音読しました。それだけ精神にしっかり身についたのだと思います。

さて上にあげたのは、孔子が「自分は古人の言葉を伝えるだけで、新しい教えを創作することはない」と明言しているくだり。理想を古人に求め、人として踏むべき「道」が実践されていた周の時代を理想化するとともに、その礼法や音楽などを後世に伝えようとしたのです。なかでも自身の生まれた魯国の始祖である周公を尊敬していました。弟子に、

「甚だしいかな、吾が衰えたることや。久しいかな、吾復夢に周公を見ず」（私も衰えたなあ、夢に周公を見なくなったとは）

と嘆くほど、人としての理想を周公に求めていたのです。

そうして孔子が身につけたのは「古典力」とも称すべ

孔子像（東京都文京区・湯島聖堂）

きもの。正しく生きるためのエネルギーにも、先の道筋を照らす光にもなるでしょう。

『論語』には、とにかくより善く生きるための行動指針になる言葉が満載です。それらの言葉が人生のあらゆる場面で機能する、たしかな「精神の柱」となるでしょう。いくつかの言葉を意訳とともに紹介します。

一以て之を貫く。（私は一つの大事なことを貫いて生きてきた）

●

己の欲せざる所は、人に施すこと勿れ。（自分がされたくないことは、人にしてはいけない。それは人格の完成において最も重要なことである）

●

老者〔には〕之を安んじ、朋友〔には〕之を信じ、少者は之を懐けん。
（老人には安心され、友人には信頼され、後輩には慕われる。私はそんな人でありたい）

●

知者は惑わず、仁者は憂えず、勇者は懼れず。
（知の人は迷わない、思いやりのある人は憂いがない、勇気のある人は恐れない。
知仁勇を実践して生きる、それが人生の王道というものだ）

DATA

作品— 孔子が弟子たちに語った言葉を記録したもの。20章から構成される。当時の中国は、各地で争いがたえなかった時代。孔子は乱世を収めるために、人としてどう生きるべきか、国や政治はどうあるべきかを教えてまわった。物事の本質をスパッと突いた言葉は、どれも人生の指針になるものばかり。

著者— 魯の生まれ。若い頃は非常に貧しく、食べていくのが精一杯だった。「15で学を志す」とあるように、なかなか学問をする余裕はなかった。また「30で自立し、40で迷わず、50で天命を知った。60で人の言葉を素直に聞き、70になると思うままに自由にふるまっても道をはずすことはなくなった」という人生だった。

＼プラスα／

孔子と弟子たちの旅を描く中島敦の小説『弟子』や、物語を通して孔子の言葉を伝える下村湖人の『論語物語』、論語の精神をビジネスに取り入れた渋沢栄一の『論語と算盤』などを読むと、論語に対する理解が深まる。

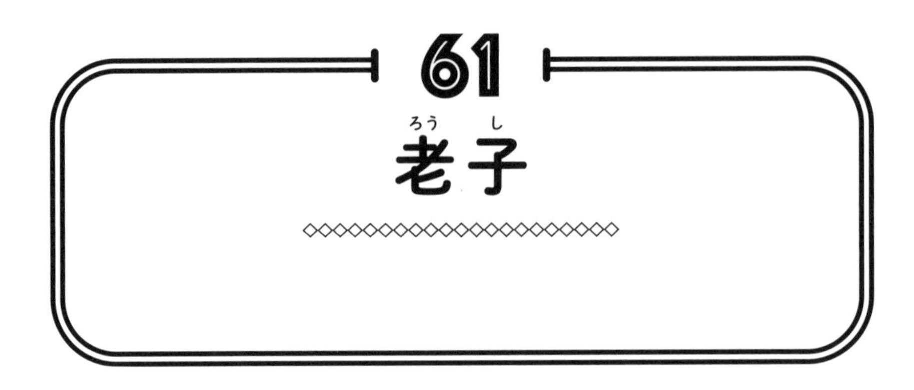

61 老子(ろうし)

上善(じょうぜん)は水の若(ごと)し。
水は善(よ)く万物(ばんぶつ)を利して而(しか)も争わず。

肩の力を抜く

「ここ一番」というとき、人はどうしてもリキみます。しかしリキめばリキむほど、いい結果が出ないものです。スポーツでもビジネスでも何でも、肩の力を抜いたほうがうまくいくような気がします。

その姿勢を老子流に言うなら「無為自然」。「水」をお手本とする生き方です。水って、万物の生長を助けて、しかも何ものとも競い合うことがありませんよね？　また上の引用に続くくだりに**「衆人の悪(にく)む所に処(お)る。故に道(みち)に幾(ちか)し」**とあるように、多くの人が嫌がる汚いもののたまる低いほうに流れていきます。その姿がまさに、天地・万物の根源たる「道」そのものだと言っています。さらに**「天下の至柔(しじゅう)は、天下の至堅(しけん)を馳騁(ちてい)す。有る無きものは、間(すきま)無きに入(い)る」**（一滴の水にも「雨だれ石を穿(うが)つ」みたいな力があるし、水は無形ゆえにどんな形の器にも入れるだけの柔軟性に富んでいる）という言葉もあり、老子は一貫して「水のように生きなさい」と説いています。あまり無理をせず、状況に

老子

応じて柔軟に、しなやかに生きていくうえで、支えになる考え方だと思います。

老子のよいところは、「視点を変えれば価値観が逆転する」と気づけることにあります。いくつか名言をあげておきましょう。

天下みな美(び)の美たるを知るも、斯(こ)れ悪のみ。
みな善の善たるを知るも、斯れ不善のみ。
（世間の言う美とか善とかいうのは、みな相対的な価値観にすぎない。そんなあやふやなものにとらわれるな）

●

曲なれば則(すなわ)ち全(まった)し。
（曲がった木のように役に立たないものであれば、木材にされずに生きながらえることができる）

●

柔弱(じゅうじゃく)は剛強に勝つ。
（柔軟なものは弱そうだが、相手や状況に応じて自在に対応できるので、実は堅くて融通のきかない剛強なものに勝つ）

●

足るを知る者は富む。（現状に満足することが真の豊かさである）

DATA

作品― 論語に並ぶ中国の代表的古典。上篇の道経（37章）と下篇の徳経（44章）の2篇により構成され、『老子道徳経』とも呼ばれる。世俗的な常識や価値観にとらわれず、あるがまま、無為自然に生きて充足できる境地に達することを目指す。「人間だって宇宙を含む自然の一部。思想なんかは捨てて、自然と一体化しろ」というメッセージが展開する。

著者― 老子は生没年不詳で、その実在すら疑われる謎多き人物だが、孔子と同時代の周の思想家で、道家の開祖とされる。衰退する周を去って西方に旅立ったまま行方不明になったと伝えられている。

＼プラスα／

司馬遷の『史記』の「老子伝」には、孔子と老子が会見したときのことが書かれている。老子は〝教わる立場〟だった様子。

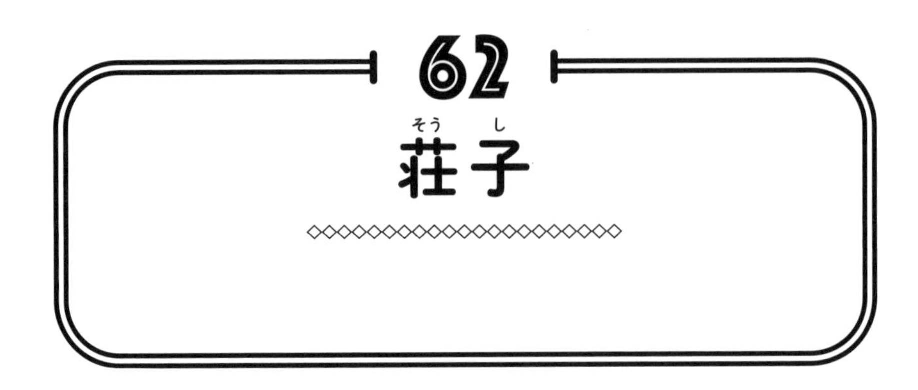

62 荘子

万物尽く然りとして、
而して是れを以て相い蘊む。

すべてを是と受け入れる

荘子の思想で最も特徴的なのは、**「万物斉同」**という考え方です。それを象徴するのが上の言葉。「すべてのものは斉しいととらえ、それを是と受け入れなさい」ということです。

考えてみれば、戦争にしろ、人間関係の揉めごとにしろ、争いが起きる一番大きな理由は「自分と相手は違う。相容れない！」と考えることにありますよね。でも「この世の生きとし生けるものはすべて、生命という観点では同じものだ」とする「万物斉同」の意識を持てば、関係性はまったく違ってきそう。互いのつながりを尊重する関係がつくれるように思います。

もう一つ、**「無用の用」**というのも荘子の思想を知る重要なキーワードです。これを荘子は、友人との会話を通して伝えています。「たとえばタヌキやイタチは利巧ですばしこく、森や畑を荒らす。だから人間に捕獲される。一方、牛は図体が大きいだけでネズミ１匹とれないおかげで、人間から寛大に扱われる。こんなふうに無用のものは有用に転じるものなんだ」というふうに。老子にも通じる考え方ですね。

荘子

あと荘子でおもしろいのは、エピソード仕立てでわかりやすく人生の大事なことを伝えるところ。たとえば**「夢に胡蝶（こちょう）を見る」**では、胡蝶になって楽しむ夢を見た荘子が、自分が胡蝶なのか、胡蝶が自分なのか区別がつかなくなった話を通して、「夢も現実も本質は同じ」ことを伝えています。またカマキリが自分の力量も省みずに大きな車に立ち向かう**「蟷螂（とうろう）の斧」**や、包丁（ほうてい）という名料理人が上手に牛をさばく**「包丁」**、カタツムリの右の角の上にある国と左の角の上の国が戦争をする**「蝸牛角上（かぎゅうかくじょう）の争い」**など、含蓄（がんちく）のある話がいっぱい。読み物として楽しみながら、自然と一体となった生き方を学ぶことができます。

最後に一つ、道理を悟った人の深い呼吸について述べた言葉を紹介しましょう。心のザワザワ、モヤモヤ、イライラが落ち着きますよ。

真人の息は踵（かかと）を以てし、
衆人の息は喉（のど）を以てす。

DATA

作品―「内篇」「外篇」「雑篇」の計33篇から成る。詳細は不明だが、もともとあった数篇に後学の資料が加えられて膨れあがったという。今日に伝わる『荘子』はそのまま荘子その人の著作ではなく、150年にわたる荘子学派の集積と見られている。比喩や寓話を織り交ぜながら、自由な精神的境地を描き出す。

著者―『史記』によると、宋の蒙（もう）（現在の河南省商丘市）の生まれで、紀元前4紀末から前3世紀初めにかけて活動。一般的には、老子の後継者とされる。

＼プラスα／

荘子の名言のなかには、たとえば「朝三暮四」「明鏡止水」「井の中の蛙大海を知らず」など、日本に伝わり慣用句になったものも多い。

63

森の生活（もり の せいかつ）
ウォールデン

ヘンリー・D・ソロー（1817～62年）

五年以上もの間、私は自分の手仕事による労働だけで自活の生活をしてきた。そこでわかったことは、一年のうち六週間ほど働けば全生活費が稼げるということである。

真の豊かさを考える

本書はもう200年近く前の著作ですが、現代はその時代よりさらに環境破壊が急激に進んでしまったせいでしょうか。「人間が自然を征服しようとする形で進展する文明は、世界に大きなマイナスをもたらす」というソローの知見が非常に先進的なものに感じられます。

最大の魅力は、ソローがトライした森のなかでの暮らしぶり。自分で小屋を建て、畑を耕して野菜や豆をつくり、パンを焼き……。そんな自給自足の生活が、家計簿付きで事細かく記録されているのです。２年２ヵ月を経て、ソローは二つの学びがあったと振り返っています。

人間が必要とする食糧を入手するのに、

信じらｒれないほど労力を費わなかったこと、

ーー

信じられないほど労力を費(つか)わなかったこと、
人間が動物並みの質素な食事を取っていても、
なお健康と体力を維持することができるということである。

しかも冒頭の引用にあるように、６週間仕事をすれば１年の生活費を稼げることがわかった、といいます。〝時給自足の田舎暮らし〟ってそれほどお金のかからないものなんですね。おかげでソローは、**「冬の全期間と夏の大半を自由に自分の研究にまるまる当てることができた」**そうです。ある意味、お金をいっぱい稼いで、物質的に贅沢な生活を手に入れるより、ずっと豊かな生活のような……？　真の豊かさとは何なんだろうと考えさせられます。

また「知識のあり方」について、ソローは当時の教育に苦言を呈しています。たとえば「望遠鏡や顕微鏡で世界を観察するが、自分の肉眼で見ない」「化学を勉強するが、自分のパンがどのようにつくられるかを学ぼうとしない」などの例をあげ、**「生きる術を教えない教育ではダメだ」**と言っているのです。これもまた古くて新しい知見と言えますね。

DATA

作品― 1845年夏、アメリカ・マサチューセッツ州コンコードにあるウォールデン池のほとりに自分で小屋を建て、以後２年２ヵ月にわたって森のなかで一人暮らしをした記録。自然が映す四季の移り変わりや、森に暮らす動植物の生態、本を読み思索したことなどが、「自然博物学者」的感覚で綴(つづ)られる。

著者― アメリカ・マサチューセッツ州生まれの随筆家、詩人。ハーバード大学を卒業後、エマソンらの超絶主義の影響を受け、「非人間的で純粋な自然」を追求。政治的には、無政府主義的立場を貫いた。

＼プラスα／

ソローは東洋の精神文化に影響を受けた。本書にも『論語』の言葉が多数引用されているし、老荘思想やサンスクリットの叙事詩『バガヴァッド＝ギータ』など、東洋の古典をかなり読んでいたようだ。

葉隠（はがくれ）

山本常朝（やまもとじょうちょう）、田代陣基（たしろつらもと）

曲者（くせもの）といふは勝負を考へず、
無二無三（むにむさん）に死狂ひするばかりなり。

勝ち負けは気にしない

上の一節は、「喧嘩（けんか）の仕返しをしないために恥をかいた」人の話を締めくくる言葉。「武士たる者は常に臨戦態勢を取り、ここぞのときは勝ち負けなど気にせずに死に物狂いで相手に向かっていくのみだ」と言っています。武士道においては、負けて死ぬのはしょうがないけれど、戦わないで恥をかくようなことはあってはならないのです。

ビジネスに転ずると「曲者」、つまり一流の仕事師は、無我夢中でがんばるから結果が後からついてくる、ということでしょう。

「死狂ひ」とは、少々物騒な表現ですが、『葉隠』で有名なあの言葉——**「武士道といふは、死ぬ事と見付けたり」**を思い出します。といっても、死ぬことを推奨しているのではありません。続けて、

毎朝毎夕、改めては死に改めては死に、常住死身（じょうじゅうしにみ）になりて居る時は、武道に自由を得、一生落度（おちど）なく家職を仕果すべきなり。

とあるように、「常に死を覚悟しているときは、武士道が自分のものに

なり、一生誠心誠意のご奉公ができる」としています。

また『葉隠』には、うまく世渡りするための知恵のようなものが随所に書かれています。難しくないので、原文で味わってください。

人中（ひとなか）にて欠伸（あくび）仕（つかまつ）り候事、不嗜（ふたしなみ）なる事にて候。欠伸出で候時は、額を撫（な）で上げ候へば止（とど）まり申す。

●

風躰（ふうてい）の修行は、不断鏡を見て直したるがよし。

●

誤一度も無き者は危（あぶな）く候。

●

翌日の事は、前晩よりそれぞれ案じ、書きつけ置かれ候。

●

不仕合せの時草臥（くたぶ）るる者は益（やく）に立たざるなり。

DATA

作品―江戸時代中期、佐賀藩士山本常朝が7年にわたって口述し、田代又左衛門（たしろまたざえもん）陣基が筆録した武士の修養書。11巻から成る大作だが、項目が小さく分かれているので読みやすい。気合いを入れたいときに、よさそうな1、2節を読むとか、哲学書として少しずつ読み解いていくなどするとよい。

著者―山本常朝（1659～1719年）は9歳のとき、2代藩主鍋島光茂（みつしげ）に御側（おそば）小僧として仕え、小小姓を経て御側役、御書物役手伝となる。また仏道、儒学を学び、旭山常朝の法号を受ける。42歳のとき、古今伝授一箱を京都より持ち帰る。光茂の死に際し、追い腹を願ったが果たせず、北山黒土原に隠遁（いんとん）した。田代陣基（1678～1748年）が3代藩主綱茂（つなしげ）の祐筆（ゆうひつ）役を免ぜられ、常朝を訪ねたのは、常朝52歳のとき。ここから『葉隠』が生まれた。

＼プラスα／

三島由紀夫は自著『葉隠入門』のプロローグで、「『葉隠れ』こそは、わたしの文学の母体であり、永遠の活力の供給源である」と書いている。

65

論理哲学論考

ウィトゲンシュタイン（1889~1951年）

およそ語られうることは明晰に語られうる。そして、論じえないことについては、ひとは沈黙せねばならない。

思考のモヤモヤ感を楽しむ

現代哲学の最重要文献の一つに数えられる本書ですが、形式や文体が独特なこともあって、非常に難解なことでも知られています。興味を持って手に取っても、丸腰ではすぐに放り投げてしまうのが落ちでしょう。本書を締めくくる、上の言葉にしても、何となくかっこいいけれど何を言いたいのかいま一つよくわからないと思います。

ですから本書を読むときは、たとえば『ウィトゲンシュタイン『論理哲学論考』を読む』（野矢茂樹著／ちくま学芸文庫）や『ウィトゲンシュタイン入門』（永井均著／ちくま新書）など、わかりやすく解説してくれる本が必要です。あと岩波文庫版にある、哲学者・野矢茂樹氏による訳註ならびに訳者解説も、頼りになる〝助っ人〟です。

念頭に置いておきたいのは、本書の目的は「哲学のすべての問題を一挙に解決する」というもの。ウィトゲンシュタインは「語りうること」と「語りえないこと」の間に境界線を引き、後者の領域に属すると証明することで解決を試みたのです。たとえば「世界の成り立ち」は語りうるものだけれど、「世界がある」という事実そのものは言葉で表現できない、というふうに。野矢氏はこう解説しています。

「私にはどれだけのことが考えられるのか」、これが『論考』の基本問題である。思考の限界を見通すことによって思考しえぬものを浮き彫りにする。ウィトゲンシュタインはそこに二つのことを賭ける。ひとつは、哲学問題が思考不可能な問題であることを示し、いっさいの哲学的お喋り（しゃべ）りに終止符を打とうとする。もうひとつは、倫理、価値、生に関わることを、思考によってではなく、ただ沈黙のうちに生きることによって受け入れようとする」

ようするに、たとえば「真理とは、神とは、徳とは何か」といったことを課題にしてきた、古代ギリシア以来の哲学を全否定しているのです。「考えたって言葉で表現しようがないのだから、もう考えるのはやめようよ」と。身も蓋もない感じがしますが、たしかに「言語の限界は認識の限界」であり、哲学の目的は思考のモヤモヤに絡め取られず「語りうること」を考えることだと言われれば、そうかなと思いますよね。

本書は深すぎなので、理解できなくてもＯＫ。難しすぎてわからない感じもいいのです。

DATA

作品― たとえば「世界」とか「像」「思考」「哲学と科学」など、体系的に番号づけられた「命題」から成る、極度に凝縮されたそのスタイルと独創的な内容は、底知れぬ魅力と「危険」に満ちている。

著者― オーストリア・ウィーン生まれ。言語とコミュニケーションについて研究。第一次世界大戦に従軍、塹壕（ざんごう）で書き留めたノートが本書の出発点になったとか。またあらゆる言語活動を「特定のルールの下で人と人との間でやりとりするゲーム（言語ゲーム）」という考え方を提唱した。

＼プラスα／

思考が煮つまると、映画館に行き、最前列でB級映画を観たらしい。

66

ソクラテスの弁明(べんめい)

プラトン（紀元前427〜前347年）

**死を脱(のが)れることは困難ではない、
むしろ悪を脱れることこそ
遥(はる)かに困難なのである。
それは死よりも疾(はや)く駆けるのだから。**

不正をされても、自分は不正をしない

本書は〝裁判記録〟のようなものですが、そもそもソクラテスはなぜ訴えられたのか。時空を2500年前のアテネ（古代ギリシアのポリス国家）に戻して、説明しましょう。

当時、「ソフィスト」と呼ばれる弁論家たちが活動していました。彼らの多くは、おもに富裕層の子弟たちに徳や弁論術を教え、高い報酬を得ていました。ただ本当に物知りなのか、疑わしい人たちも少なからずいました。そんな彼らをソクラテスは、問答に巻き込んでいきます。

と言っても、彼らの鼻をへし折ってやろうとしたのではありません。デルフォイの神殿を詣(もう)でたときに「ソクラテスより賢い者はいない」との神託を授かったのですが、「そんなわけはない」と思ったからです。ソフィストたちと問答することで、自分より賢い者がいることを確かめたかったわけです。けれどもソクラテスが次々と繰り出す質問に、ソフィストたち

は言い負かされてしまいました。それでソクラテスは悟ったのです、**自分もソフィストたちと同じで何も知らないが、何も知らないということを知っている**、と。これがあの有名な**「無知の知」**という言葉です。

「演説をするソクラテス」(1867年)

ソフィストたちはおもしろくないですよね。恨まれたソクラテスは「よからぬ思想を吹いて若者を堕落させた」という罪状で訴えられてしまったのです。冒頭の言葉は、死刑の宣告を受けたときのソクラテスの言葉。罪をでっち上げられ、あっという間に悪者にされてしまったことへの無念が滲(にじ)み出ていますね。

結局、ソクラテスは脱走することも可能だったのに、「悪法も法なり」と死刑を受け入れました。おそらく彼は裁判中、「不当な責めをしかける、そんな不正に屈するものか。できる限り、自分に非のないことを弁明しよう。それで主張が受け入れられなくとも、仕返しはすまい。自分は不正をされても、不正はしない」と考えていたのだと思います。

私たちにも「自分は何も悪いことをしていないのに、周囲からバッシングを受ける」みたいなこと、ありますよね。最近はSNSで誹謗中傷を受けて悩む人も少なくありません。そんなときに役立つのが本書。気持ちを強く持って対応していく助けになるはずです。

DATA

作品― "問答合戦" に負かされたソフィストたちから不当に訴えられたソクラテスが、裁判に臨み、堂々と無実を主張した、その様子を描いた作品。著者のプラトンが、死刑の判決を受けた師の真実の姿を描き出している

著者― 作品57の『饗宴』(本書139頁)参照。

\プラスα/

『ソクラテスの弁明』とセットで収録されている『クリトン』という作品には、ソクラテスが脱走をすすめられて断る場面が出てくる。

67

存在と時間

ハイデッガー（1889〜1976年）

死へ臨む不安を、死亡の怖れと混同してはならない。それは個々人のありふれた偶然の「弱気」ではなく、現存在の根本的心境であり、実に、現存在がおのれの終末へ臨む被投的存在として実存していることの開示されたありさまにほかならないのである。

死を覚悟して豊かな人生を生きる

難解な本を読むときは、解説書に頼るのが鉄則です。本書も然り。ハイデッガー独特の難しい用語が頻出し、それらを無視して理解するのはムリなのです。上の文章も、スルッと読んだだけでは意味がわかりませんよね？　思い切り簡単に言うと、「人間は死に向かって生きている。これはどうしようもない。だから死が不可避であると覚悟を決めて、あるべき自分の可能性を考え、現在を生きよう」と述べているのです。

「被投的」という言葉がありますが、これは「否応なく生きるしかない状況に投げ込まれている」ということ。また死に先駆けて覚悟を決めることを**「先駆的了解」**、そうやって覚悟を決める人間のあり方を**「実存」**といいます。また**死が怖くて目をそらし、「いま」に留まって生きる**

ことを「頽落（たいらく）」といって、人として非本来的な生き方だとしています。言葉は難しいけれど、私たち日本人には、考え方としてはわかりやすいのではないでしょうか。前に紹介した『葉隠（はがくれ）』にも通じますからね。

ハイデッガー

あと興味深いところでは、人間と動物やモノとの違いに着目したことがあげられます。いずれも「存在している」点では同じですが、人間だけが、たとえば「私はここに存在している。ネコも机も食べ物もここに存在している」というふうに考えることができる。それでハイデッガーは人間を**「現存在（ダーザイン）」**と呼び、ほかの動物やモノと区別しました。その現存在だけが、幼い頃からさまざまな存在でできた世界を意識し、関わり合いながら存在している。そんな人間ならではの存在のあり方を、**「世界＝内＝存在」**と表現しています。

現存在である人間がいるからこそ、この世界は存在している。そして人間は、死への先駆的了解をもって、未来の可能性を感じつつ生きていかなければならない。本書が伝えるこのエッセンスを常に頭に置きながら、解説書とともにじっくり読み解いてみてください。

DATA

作品— 人間を「現存在」として、ほかの存在と区別し、その「現存在」とは何かを問う。また存在一般の意味を、時間性の面からとらえようとした。

著者— ドイツ・メスキルヒ生まれ。フッサールの現象学を受けついだ「実存の哲学」を展開した。古来、人類が問い続けてきた「存在とは何か」という問題をおもな研究テーマとした。マールブルク大学教授を経て、フライブルク大学の総長に就任。この頃ナチスに入党し、演説を行うなどで、一時期教職から追放されたが、復職してのちは生涯、精力的な研究を続けた。

＼プラスα／

解説書としては『ハイデガー『存在と時間』の構築』（木田元編著／岩波現代文庫）がおすすめ。ドイツ語のニュアンスを生かした分析がグッド。

68

監獄の誕生

監視と処罰

ミシェル・フーコー（1926〜84年）

（一望監視方式）は
権力を自動的なものにし、
権力を没個人化する。

監視社会の恐ろしさを知る

現代は「自由」な時代ではありますが、何となく言動が束縛されているようで、イヤだなと感じることはありませんか？　街中に防犯（監視）カメラがしかけられているし、事あるごとにスマホで写真や動画を撮影する人たちがあふれているし、SNSのやりとりに気の安まる暇もなく、息苦しさを感じることも多いのではないかと思います。

加えて、たとえばマイナンバー制度により収入から資産、過去の経歴、健康状態、遺伝子情報まで、個人情報が行政に把握されてしまうかもしれません。またネットの検索履歴がビッグデータ化され、AIに行動が操られる局面も増えそうです。何だか怖いですよね？

そう、私たちは無意識のうちに、権力者や社会のルールに柔順な人間に育てられている。フーコーはそんな社会のシステムを監獄の建築様式にたとえて、**「パノプティコン」**と呼びました。上の言葉にある「一望監視方式」がそれ。一方的に監視されることを意味します。

もう少し詳しく説明すると、「一望監視方式」とは、イギリスの哲学者ベンサムが考案し、刑務所に導入したシステムです。中央に監視塔を設置し、それをドーナツのようにぐるりと囲むようにして囚人たちの獄舎(ごくしゃ)を配置するのです。そして獄舎を明るく、看守のいる監視塔を暗くすると、看守からは獄舎が丸見え。逆に囚人からは看守が見えません。こんな状態に置かれたら、しだいに囚人たちは現実に看守がいようがいまいが監視されていると感じるようになります。看守の一方向的視線を内面化して、つまり自分で自分を監視して、従順になるわけです。「自発的服従」です。

このパノプティコンのような構造は、実は刑務所だけではありません。現代社会の管理システムは、みんなこの構造になっている。フーコーはそう看破し、警告を発しました。冒頭にあるように、「誰が権力をふるっているかわからない形で、自由が細かく奪われていく」現代社会の恐ろしさを提示したわけです。私たちもボーッとしていられませんね。

本書は難解ですが、**「監視」**と**「規律訓練」**というキーワードを頭に、第3部だけしっかり読み込んで理解すれば十分です。トライしてみてください。

DATA

作品― 権力の主体が気づかないうちにあいまいになり、人々が無意識のうちに自発的に〝目に見えない権力〟に服従してしまう、そのプロセスを論じている。

著者― フランス・ポワティエ生まれ。二つの世界大戦の影響から、「人間には近代までとは違う、新しい哲学が必要だ」と考えた。1966年に出版した『言葉と物』がベストセラーになり、「構造主義の旗手」として注目された。

プラスα

フーコーは同性愛者であることに苦悩し、自殺未遂をしたことがあるという。

69 社会契約論（しゃかいけいやくろん）

ルソー（1712～78年）

**人は自由なものとして生まれたのに、
いたるところで鎖につながれている。**

民主主義の起点を再認識する

「人間は誰もが自由で独立した存在として生まれてきたのに、実際にはさまざまな不平等のある状況に置かれている」ことを意味するこの言葉は、まさに本書が主眼とする問題提起。続くくだりでルソーは、

**自分が他人の主人であると思い込んでいる人も、
じつはその人々よりもさらに奴隷なのである。
この逆転はどのようにして起こったのだろうか。（中略）
どうしてその逆転を正当化できたのだろう。
わたしはこの問いには答えられると思う。**

と言っています。この言葉通り、ルソーが本書で示した答えは、たとえばフランス革命の導火線になるなど、絶対王政により人々が不平等を強いられていた当時の社会を転覆させ、人民主権の国家を造り上げていくことにつながったのです。

ルソー（18世紀頃）

『社会契約論』初期の頃のカバー

「人類が農耕を始め、土地が私有財産になったことで、人は利己的になり、差別や専制が生まれた。自然状態では本来、貧富の差はなかったはず」というのがルソーの考えです。そして、国民にはもともと〝助け合いの心〟があるのだから、もっと公共的な利益を目指す集合的な意志を持つ必要があると主張しました。それが**「一般意志」**です。

そこを踏まえると、**「社会（国家）は自由平等な人間同士の契約によって成立する。法律は人民の一般意志の表現である」**という本書の主張が、スルリと頭に入ってくるかと思います。

私たちはいま、国民主権の国家に暮らし、憲法によって自由と平等が保障されていることが当たり前のようになっていますが、それもルソーがいてくれたからこそのこと。本書を読むと、感謝の気持ちを新たにせずにはいられません。

DATA

作品— 徹底的な人民主権論を説いた、4篇から成る。封建制度下の隷属的人間関係を批判することから始めて、「国家は個々人が互いに結合して、自由と平等を最大限に確保するために契約することによって成立する」という説を展開した。既成の国家観をくつがえし、革命的な民主主義の思想を提示した。

著者— スイス・ジュネーヴ生まれの啓蒙思想家。学校教育を受けたことがなく、独学で教養を磨き、30歳のときにパリに出た。以後、革命の先駆をなすとともに、『新エロイーズ』で情熱の解放を謳い、『エミール』で自由主義教育を説き、『告白』という自伝的な作品を書くなど著作活動に励んだ。作品128『孤独な散歩者の夢想』（本書292頁）も参照。

＼プラスα／

日本でも中江兆民（なかえちょうみん）の訳による『民約訳解』が刊行され、自由民権運動の思想的基盤の一つになった。

70 ソシュールの思想

丸山圭三郎（1933〜93年）

すべては、対立として用いられた差異に過ぎず、対立が価値を生み出す。差異の中には、現象と呼ぶことが出来る差異があるのである。

世界を見る「解像度」を上げる

ソシュール（1857〜1913年）は「構造主義」という思想の先駆者で、「近代言語学の父」とも称されるスイスの言語学者です。それほどの大人物なのに、残念ながら彼は、著書を1冊も出していません。講義録が残されているだけなのです。だから本書もソシュールの著書ではなく、講義録という形の原書とその解説、という構成になっています。

それはさておき、ソシュールを読み解くキーワードの一つは、引用にある**「差異」**という言葉です。私たちはふつう、「言葉と、言葉が指し示す対象は、一対一で対応している」と考えていますよね？「イヌはイヌで、オオカミはオオカミ」というふうに、両者を別の生き物として呼んでいます。言葉によって差異（違い）を規定しているわけです。けれどもしオオカミという言葉がなかったら、イヌという言葉の指し示す範囲は広くなり、そこにオオカミが含まれることになるでしょう。つまり言葉が指し示す対象は一対一とは限らない、ということです。私たち人間は、言葉の差異の体系に従って、対象を区別する、ということです。
またおもしろいのは、言語体系が違うと、単に言葉の意味が違うだけではなく、世界を見るときの見方も違ってくることです。たとえば私が生まれ育った静岡は、ほとんど雪が降りません。積もることなど、せいぜい10年に一度くらいのものです。だから雪が降ったときの表現は「雪が降った」の一つで十分間に合います。でも東北などの雪国だと、雪を表す言葉はたくさんあります。その証拠に、太宰治は『津軽』という作品の冒頭で、「こな雪　つぶ雪　わた雪　みず雪　かた雪　ざらめ雪　こおり雪」(「東奥年鑑」より) と「雪」のつく言葉を7種類も列挙しています。津軽の人にとって、雪は雪という一つの言葉ではくくれないわけです。
こんなふうに言語体系が違うと、世界が違って見えてくると思いませんか？　言葉を多く持っているということは、それだけ世界を「分節化」、つまり細かく切り分けて、事象の差異を敏感にとらえていることにほかなりません。そのセンサーの精度が高ければ高いほど、世界を見る「解像度」が上がります。結果、豊かな世界に生きることができるのです。〝言葉を見る目〟が変わってきますよ、きっと。

DATA

作品— ソシュールによる『一般言語学講義』を、聴講ノートや自筆原稿に基づいて実証的に精査し、その詳細を明かした。ソシュール研究の決定版。

著者— 東京生まれの仏文学者。東京大学仏文科卒業、同大大学院修了。国際基督教大准教授を経て中央大教授に就任。ほかに『生命と過剰』『言葉と無意識』などの著作がある。

プラスα

私は丸山先生の授業を受けたことがあります。先生がフランス語の原文を読み、解説してくださるという、大変贅沢な講義でした。

71 パンセ

パスカル（1623〜62年）

人間は自然のうちで最も弱い
ひとくきの葦（あし）にすぎない。
しかしそれは考える葦である。

私たちの思考は宇宙より広く大きい

上の3行目――「それ（人間）は考える葦である」というフレーズは、あまりにも有名です。しかし「なぜ葦なのか」は、この1行だけではわかりません。実はその理由が、前段に書かれています。「葦という植物は自然のなかでも最も弱い」と見立てていたんですね。

では「考える」ことを、パスカルはどうとらえていたのか。まず人間のか弱さについて、人間を押しつぶすには「風のひと吹き、水のひとしずく」もあれば十分で、宇宙全体で総力を動員するほどのこともないとしています。しかし一方で、「人間は、人間を殺すものよりも、ずっと高貴である」と言っています。理由は、自分が死ぬこと、宇宙は自分より強いことを「知っている」から。宇宙には意識もなければ、考えるという能力もなく、何も知らないのです。

パスカル

つまり人間は「意識がある」「思考する」という点において、宇宙より格段に広く強大な力を持つ高貴な存在である、ということです。**「意識が宇宙を凌駕する」**とは、何とスケールの大きな考え方でしょうか。ぜひ、広い世界を生きていくための〝命綱〟にしていただきたいと思います。

本書はまた、箴言(しんげん)集として読むのもおもしろいでしょう。生きるヒントとなる名言が豊富です。いくつか紹介しておきましょう。

われわれが真理を知るのは、
ただ理性によってのみではなく、また心情によってである。

●

一つの事物についてそのすべてを知るよりも、
すべてについて幾らかずつ知っている方が、
はるかにまさっているからである。

●

人はあまり若すぎると、正しい判断をすることができない。
あまり年をとりすぎても、同様である。
十分に考えないときにも、あまり考えすぎるときにも、
人は頑固になり、夢中になる。

DATA

作品— パスカルの死後発見された草稿の断片を、修道院の友人たちが編集・出版したもの。科学者らしい厳正繊細な批判精神によって、人間の本性が抱える矛盾を指摘。その唯一の解決をキリスト教に求めた作品だ。真の人間の幸福を追求している点においては、現代人の生き方にも通じる学びがある。

著者— フランスの科学者であり思想家。16歳での「円錐曲線論」を皮切りに、液体力学に関する「パスカルの原理」「パスカルの三角形」「確率論」などを発表した。ヘクトパスカルなど、圧力の単位にもその名を残している。

＼プラスα／

かつてフランスの500フラン紙幣に、肖像が使用されていたことがある。

72

知覚(ちかく)の現象学(げんしょうがく)

M・メルロー＝ポンティ（1908〜61年）

**われわれの身体は、
空間や時間に住み込むのである。**

身体があるからこそ世界を知覚できる

哲学の世界では従来、身体はあまり重視されてきませんでした。「心身二元論」に代表されるように、「心と身体は別物で、物体同然の身体がなくても思考はできる」とする考え方が主流だったのです。

これに対してメルロー＝ポンティは、「身体は意識とは別の独自の意志を持つ。両者が互いに連絡を取り合い、行動のための図式（**身体図式**）をつくっている」と考えました。たとえば歩くとき、頭のなかで「右足を前に。次に左足を前に」などと意識しませんね？　体が勝手に反応している感じではないでしょうか。上の言葉はそれを意味しているのです。

また「蚊に刺されるなどしたときの身体の動き」を例に、「身体があるから世界を知覚できる」ことをこんなふうに言っています。

M・メルロー＝ポンティ

自分の現象的〔主体的〕な身体の痛みを感じた或(あ)る場所に、自分の現象的な手でもって触れにゆきさえすればよいのだからであり、掻(か)

く能力としての手と掻くべき箇所としての刺された箇所とのあいだには、自己の身体の自然的体系のなかで一つの生きられた関係があたえられているからである。

ようするに「身体のどこかがかゆければ、座標軸のなかで位置を特定するまでもなく、瞬間的に手が届く」というわけです。

私自身は現象学的な身体論を研究していて、本書をフランス語の原書で読み込んだ経験があります。日本語で読んでもややこしい難解な本ですが、身体という視点を得て、世界の見方が変わってきますよ。

あと一つ、哲学を明快に定義した言葉を紹介しておきましょう。

真の哲学とは、世界を見ることを
学び直すこと（略）。

何事もこうだと決めつけず、何度も見聞きしたことであっても、初めてのときと同じように驚きをもって見る。それが哲学なのです。

DATA

作品— フッサールの思想を継承しつつ、現象学的概念を経験的に、実証的に新しく解釈し直した書。実存としての自分の身体が独自にした「経験」の解明を目指すと同時に、身体論の一部として言語論を展開した。

著者— フランス・ロシュフォール生まれの哲学者。第二次世界大戦に従軍した経験がある。戦後はリヨン大学、ソルボンヌ大学などで哲学教授を務め、作家サルトルとともに実存主義を牽引したが、マルクス主義をめぐって決裂。以後、独自に身体と精神をテーマにした現象学を構想した。

\プラスα/

メルロー＝ポンティはセザンヌら印象派の画家の特質について、哲学的視点からアプローチしている。『眼と精神』など、芸術に言及した作品がある。

73

正義論

ジョン・ロールズ（1921〜2002年）

多数派が望むことは正しいと断ずる見解には意味がない。

格差問題について考える

「わかりやすい」という意味で、最初に上の文章をあげました。民主主義では多数決で課題を決することが公正だとされていますが、ロールズは真っ向から否定しています。なぜならこの方式で事を決定すると、常に多数派に有利な結論が導き出されるからです。「多数決は本当に正義ですか？」という彼の問いかけを、私たちは改めて考えてみる必要がありそうです。

本書の眼目はロールズが提示する**「公正としての正義」**を理解することにあります。ロールズはイギリスの哲学者ベンサムが創始した「功利主義」、つまりできるだけ多くの人に幸福をもたらすことを善とする「最大多数の最大幸福」という考え方には弱点があると指摘しました。「多数派の基本的人権のために、少数派がガマンを強いられるのはおかしい、公正ではない」と考えたのです。

では「公正としての正義」はどうすれば得られるのか。彼は「原初状態」から思考を始めました。「原初状態」とは、それぞれの人が自分の性別や年齢、国籍、境遇、能力などを一切知らない、「無知のヴェールに覆われた状態」で、どういう社会をつくればよいかを考えるべきだとしたのです。結果、二つの原理を導き出しました。

第一原理——基本的自由の原理

一人ひとりは対等な権利を持つべきだが、他の人の自由を侵害してはならない。

第二原理——機会均等の原理、格差の原理

経済的格差が生じても、公正な競争の機会は平等に与えられなくてはならない。ただし競争によって生じる格差は、最も不遇な人々の生活を改善するために調整されなければならない。

これは非常に今日的な問題です。たとえばいま、「ＧＡＦＡ」と呼ばれる４社（グーグル、アップル、フェイスブック、アマゾン）が加速度的に巨大化し、世界の富を吸い上げています。不平等にも程がある、というくらいのものです。でももし４社が儲けたお金を恵まれない人々のために使うなら、第二原理にかなっていることになります。

本書をきっかけに、格差問題について考えてみましょう。

DATA

作品— 安定感のある社会の思想的な基盤として、「公正としての正義」という構想を提示。基本的自由を各人に平等に配分するための原理（第一）と、社会的・経済的弱者を救済するための原理（第二）、二つの原理を導き出した。

著者— アメリカ・メリーランド州生まれの哲学者。プリンストン大学で学位を取得後、コーネル大学、マサチューセッツ工科大学を経てハーバード大学で哲学科教授に就任。1991年より名誉教授。

＼プラスα／

第二次世界大戦後の日本に占領軍の一員として赴き、原爆を投下されて間もない広島の惨状を目にしている。その体験からか、1995年、広島・長崎への原爆投下が道徳上の不正行為であったと発言している。

74

全体性と無限

エマニュエル・レヴィナス（1906〜95年）

**殺人より強いこの無限は、他人の顔のうちで
すでに私たちに抵抗しており、
他人の顔そのものであり、本源的な表出であり、
「殺人を犯してはならない」という
最初の言葉である。**

他者の顔に倫理的な問いを見る

レヴィナスは親族のほとんどを、ユダヤ人収容所で虐殺されています。自分は何とか生還できましたが、すべてを失ってなお、世界は何事もなかったようにそこにある。

彼はそれを「イリヤ」——たとえ自分がいなくなっても存在し続ける世界——と言って、非常に恐れました。その恐怖にどう立ち向かうかが、彼の哲学的テーマになったのです。

その哲学を読み解く最大のキーワードは「顔」です。それがどういう概念か、『レヴィナス 「顔」と形而上学のはざまで』という本を書いた佐藤義之さんは、次のように解説しています。

他者を前にして私は倫理的対応が求められているのを感じる。
もしそれに応えないなら私はそのことの責任を負う。
レヴィナスの「顔（visage）」という概念は、事象としてはこのような、
私に道徳的対応を求めるものとしての
他者の、対面の場での現出だといってよい。

ちょっと難しい表現ですが、たとえば自分がやろうとしている行為に対して、怯(おび)えた表情をする相手の顔を見ると、自分の行為が道徳的によくないことだと気づかされ、自分を律することができる、ということです。逆に言えば、暴力や殺人などの罪を犯す人は、倫理的な責任を負いたくないから、相手の顔を直視することを避けるのです。冒頭の文章はそういったことを意味しています。

思えばＳＮＳも、道徳的対応を求める力のある〝他者の顔〟が見えないために誹謗中傷がエスカレートする部分もあるのかもしれません。

現代においても、差別や戦争、暴力などの問題はなくなるどころか、まったく解決されないままです。「価値観の異なる人たちとの共存」を考えるうえで、本書は大きなヒントを与えてくれるでしょう。

DATA

作品― 西洋がしてきた「全体性」、つまり国家や民族が絶対的優位の主張により諸集団を一元的に組み替えていくような考えは、個体から主体性を奪う。そして主体性を奪われた個体は、他者に暴力をふるう。そうした全体性に対抗するものとして「無限＝外部性＝他者」を掲げ、自身の内なる他者が自身の前に「顔」として現れるとした。

著者― ロシア帝国（現リトアニア）出身。18歳のときにフランスに渡り、哲学を学んだ。その後、ドイツ・フライブルク大学でハイデッガーの教えを受けた。不幸にみまわれたのは、第二次世界大戦のときのこと。ユダヤ人家庭に生まれ育った彼は、ドイツ軍の捕虜になった。戦後はフランスの大学教授を歴任する一方、ユダヤ教の教典であるタルムードの研究を続けた。

＼プラスα／

レヴィナスの故郷カウナスは、ユダヤ人脱出の拠点。日本領事代理の杉原千畝(すぎはらちうね)が数千人のユダヤ人に日本への渡航証明書を発給したのもここである。

75

ウパニシャッド

一切の行為をなし、一切の欲望をもち、
一切の香を具(そな)え、
一切の味をもち、
この一切を包括し、沈黙して、
煩わせることのないもの、それは
心臓の内にあるわがアートマンである。
それはブラフマンである。

「宇宙と一つになる」感覚を持つ

「ウパニシャッド哲学」というのを聞いたことがありますか？　紀元前6世紀前後のインドで完成した、バラモン教の聖典『ヴェーダ』の一部ですが、あまり知られていません。日本はインドから中国を経由して仏教を〝輸入〟していますし、ヨーガ人口もそこそこ多いので、インド思想にもっと馴染んでいてもいいと思うのですが。

私自身、1980年頃にヨーガを修練したことをきっかけに、インド哲学に親しみました。「幸福に生きる」ことに直結する教えなので、みなさんにもぜひ本書を読んでいただきたいですね。

そこでウパニシャッド哲学です。一番重要なポイントは、「ブラフマン」と「アートマン」を理解することです。ブラフマンとは「宇宙の根本原理」、アートマンとは「自我」を意味します。冒頭の言葉は、個であるアートマン（我）と全体であるブラフマン（梵）が一体、つまり**「梵我一如（ぼんがいちにょ）」**であることを意味しているのです。本書ではこのことが繰り返し示されています。

私たち一人ひとりが宇宙と一体化しているなんて、気持ちが大きくなりませんか？　些細なことでクヨクヨしてしまう自分と、おさらばできそうですよね。

あと一つ、注目したいのは**「オーム」**という音です。「オームと唱えると、その韻律が死を怖れている神々を包み込み、それによって死への恐れがなくなり、神々も不死になる」とされているのです。

ちょっとわかりにくいでしょうか。インドでは、ウパニシャッドが書かれた大昔から、歌を歌い、リズムに乗ることによって世界を理解し、心の不安を解消する、という感覚がありました。つまり「音と世界がつながっている」と考えていたわけです。

日本にも「南無阿弥陀仏（なむあみだぶつ）と念仏を唱えると、不思議と気持ちが安らぐ」教えがありますよね？　それと同じで、音楽やリズムに浸っていると、体と世界が共振しているような一体感が得られるものなのです。ぜひ音読して、作品世界を体感してみてください。

DATA

作品― サンスクリット語で書かれた、古代インドの宗教哲学書の総称。祭祀・教法を司（つかさど）ったそれまでのバラモン教と一線を画し、当時の王者の活躍を背景に、真理の探究を志した。「梵我一如」の哲学思想と、仏教等の土壌となった輪廻・業・解説の宗教思想が見て取れる。紀元前500年頃までに文献が編纂されたとされる古ウパニシャッドから主要篇が抜粋・収録されている。

＼プラスα／

ウパニシャッドでは、死後の運命を決する生前の善行を「業（カルマ）」と呼ぶ。

76

善の研究

西田幾多郎（1870〜1945年）

我々が物を知るということは、
自己が物と一致するというにすぎない。
花を見た時は即ち
自己が花となっているのである。

我を忘れて事に取り組む

夢中になって何かに取り組んでいるとき、自分とその何かが一つになっているような感覚になりませんか？　アメリカの心理学者チクセント・ミハイが提唱した「フロー理論」にも似て、一つのことに熱中する余り、周りの景色も音も思考も何もかもが遮断される、そんな感覚です。上の引用で言えば「自己が花となっている」状態ですね。

西田幾多郎はそれを「純粋経験」と呼びました。事実そのもの、経験そのもの、知識と対象がまったく合一であることを意味します。たとえば美しい音楽に心を奪われ、我を忘れて音楽と一つになる瞬間などはその好例でしょう。何となくわかりますか？

西田幾多郎

もう少し詳しく言うと、たとえば「私が海を見ている」として、「私」と対象である「海」を分けてしまうのではなく、「あっ海だ！」と海と自分が一体化しているのが純粋経験。一方、「海の光景が美しくて私は感動した」などと思考が入ると「私」と「海」が分かれるので純粋経験ではない。そういうイメージ。「主客未分（しゅかくみぶん）」ともいいます。

西田はまた「主体と客体が分かれる以前の経験＝純粋経験だけが実在している」と考え、こんなふうに述べています。**「凡（すべ）て真理の標準は外にあるのではなく、かえって我々の純粋経験の状態にあるのである、真理を知るというのはこの状態に一致するのである」**と。

本書は「純粋経験」がメインテーマですが、もちろんタイトルにある「善」についても言及しています。

善とは自己の発展完成self-realizationである。

と定義しているのです。これに続けて「我々の精神が種々の能力を発展し円満なる発達を遂げるのが最上の善である」とも述べています。いま風に言うなら「自己実現を目指すことが、よりよく生きることにつながる」ということでしょう。

DATA

作品― 真の実在とは、善とは、真の宗教心とは、いかに生きるべきか……。人間存在に関する根本の問題を、「純粋経験」と呼ぶ概念を手がかりに考え抜き、解明した書。西洋的思考の枠組みそのものを疑い、日本の感性に基づく独自の哲学を打ち立てた。

著者― 加賀国（現石川県）生まれ。帝国大学文科大学哲学科選科に入学。同級生に鈴木大拙（だいせつ）がいる。生涯の友でもあった彼の影響で禅の修行に打ち込んだことも。京都帝国大学で教鞭をとり、名誉教授に就任。日本オリジナルの哲学を構築した。

プラスα

1947年に『西田幾多郎全集』第１巻が刊行されたときは、発売前から徹夜で行列する人が出たという。

77

精神現象学

ヘーゲル（1770～1831年）

精神は絶対の分裂に身を置くからこそ真理を獲得するのだ。

弁証法的に自分を成長させる

難解な哲学書のなかでもとりわけ難解な本書は、まず「問いは何なのか」を明らかにし、解説書を読みながら理解を進めていくのがベストでしょう。おすすめのテキストは『超解読！ はじめてのヘーゲル『精神現象学』』（竹田青嗣、西研著／講談社現代新書）。親切にも、帯に「問い」が端的に書かれています。引用すると――

〈共同体から切り離された自由な個人となったときに、人は、他者・社会・自己に対してどのような態度をとっていけばよいか〉。――これこそが『精神現象学』のなかで問われている最大の問いなのだ。

これを読むだけで、本書へのハードルはかなり下がるかと思います。

核になるのは、「人間の精神が六つのプロセスを経て成長していく」という考え方です。具体的には、最初に、自分の感覚だけを絶対とする、単純な「意識」が生まれます。次に、自分が意識していることを意識する、言い換えればメタ的に自

ヘーゲル

分の存在を認識する「自己意識」が展開します。３段階目が「理性」で、意識は他者との関係性を認識するようになります。他者にも意識があることを認め、また他者の中に自己意識を投影して共感を持ちます。その後、「精神」「宗教」のステップを経て、意識は最終的に「絶対知」に至ります。

では、意識はどのようにステップアップしていくのか。そこで駆使されるのが「弁証法」。ひとことで言うと、

テーゼ（正）とアンチテーゼ（反）を
アウフヘーベン（合）してジンテーゼを導く

という思考法です。テーゼとアンチテーゼは、対立または矛盾する二つの命題。これらをすり合わせ統合して、新しい次元の考え方を導き出すことを意味します。冒頭の引用もそう。「人間の心には好ましい面・否定したい面が入り組んでいる。自分の理想に矛盾する自分を否定することによって、やがて克服していく。その繰り返しのなかで、精神は絶対的な真理にたどり着く」としています。何事もステップアップするには、あえて自分を否定し、自己と向き合わなくてはいけないんですね。

DATA

作品― 精神が「意識」に始まり「自己意識」「理性」「精神」「宗教」を経て「絶対知」に至るプロセスを、弁証法的に記述。自然、自己、他者、共同体、神などに関する人類のさまざまな経験を積みながら、主人公である「意識」は歴史のなかでいかに成長していくのかが描かれている。

著者― ドイツ・シュトゥットガルト生まれ。チュービンゲン大学で神学や哲学を学んだ。31歳でイエナ大学の私講師になった。その後、新聞記者を経て美ムナジウム（中等教育機関）の校長に就任。46歳になってようやくハイデルベルク大学教授になる。カントに始まるドイツ観念論を完成させた。

＼プラスα／

ヘーゲルは大の音楽好きで、とくにロッシーニらイタリアの作曲家のファンだったとか。

78 自省録

(じせいろく)

マルクス・アウレーリウス（121～180年）

**君の肉体がこの人生にへこたれないのに、
魂のほうが先にへこたれるとは
恥ずかしいことだ。**

ローマ皇帝を味方につける

マルクス・アウレーリウスの時代は、さまざまな民族が侵入し、あちこちで反乱が起き、疫病が流行る、といった大変な時代。本書には、そんななかで皇帝が「人間とは何か」「生きるとは何か」などを深く考え抜いて得た、現代にも通じる珠玉の言葉が満載です。上の引用もすごくキレがありますよね？　ほかに五つほど、名言を紹介しましょう。

マルクス・アウレーリウス

**何かするときいやいやながらするな、
利己的な気持ちからするな、無思慮にするな、
心にさからってするな。君の考えを美辞麗句で飾り立てるな。
余計な言葉やおこないをつつしめ。**

●

君は理性を持っているのか？
「持っている。」それならなぜそれを使わないのか。

●

渦巻に足をさらわれてしまうな。
あらゆる衝動において正義の要求するところに添い、
あらゆる思念において理解力を堅持せよ。

●

正気に返って自己をとりもどせ。
目を醒まして、君を悩ましていたのは夢であったのに気づき、
夢の中のものを見ていたように、現実のものをながめよ。

●

他人のなすあらゆる行為に際して
自らつぎのように問うて見る習慣を持て。
「この人はなにをこの行為の目的としているか」と。

2000年近くも前のローマ皇帝の言葉が、いま文庫で読めるとは奇跡みたいなこと。ありがたく受け取り、ローマ皇帝を味方につけましょう。

DATA

作品― ローマの哲人皇帝マルクス・アウレーリウスが、重責をまっとうするべく生きるなかで、濁りのない目で自らの内側を見つめた、その内省から紡ぎ出した言葉をまとめた書。古来、多くの人々が心の糧としてきた名著である。

著者― ヒスパニア系の名家の出身。ローマに最盛期をもたらした「五賢帝(ごけんてい)時代」最後の皇帝。アントニヌス・ピウス帝の養子となり、その娘を妻とする。146年からピウス帝と共同統治。161年にピウス亡き後、その跡を継ぎ、169年までルキウス・ウェルスと共同統治を行う。統治中は戦乱、疫病が相次ぎ東奔西走した。ストア派の哲学者として知られる。

＼プラスα／

『後漢書』の「大秦王安敦(たいしんおうあんとん)」は中国と交流したアウレーリウス帝とされる。

79 君主論

マキアヴェリ（1469〜1527年）

そもそも人間は、恩知らずで、むら気で、猫かぶりの偽善者で、身の危険をふりはらおうとし、欲得には目がないものだ。

理想を語るより、現実を見ろ

上は、第17章「冷酷さと憐れみぶかさ、恐れられるのと愛されるのと、さてどちらがよいか」にあるフレーズです。身も蓋もない言いようですが、マキアヴェリは「愛されるより恐れられるほうが、はるかに安全である」としています。

本書はマキアヴェリが**「わたくしの学び得たすべての事柄を短時間にお分かりいただける、そのための手段（てだて）」**として、**「さまざまの辛苦と危険に遭いながら、すべてこの目で見て、会得した事がら」**をまとめたもの。きれいごとは一切ない、現実的で辛辣（しんらつ）な物言いと、具体的な事例から一般原則を導き出すわかりやすい論法が小気味いい。名言集のように読めるのが大きな魅力です。それら名言から時代を超えて役立つものを解釈とともに三つほど、紹介しましょう。

武装した預言者はみな勝利をおさめ、
備えのない預言者は滅びるのだ。
（どんなに理論武装をしても、実力・手段がなければ勝てない）

●

加害行為は、一気にやってしまわなくてはいけない。
そうすることで、人にそれほど苦汁をなめさせなければ、
それだけ人の憾（うら）みを買わずにすむ。これに引きかえ、
恩恵は、よりよく人に味わってもらうように、
小出しにやらなくてはいけない。
（やっつけるときは相手の怨（うら）みを買わないよう一気に、
褒美をやるときはいい人だとしみじみわからせるよう少しずつがいい）

●

人が現実に生きているのと、
人間いかに生きるべきかというのとは、
はなはだかけ離れている。
（理想と現実は違う。現実をしっかり見なさい）

DATA

作品― ルネサンス期イタリアの政治的混乱をすり抜けた官僚マキアヴェリが、外交・軍事の実経験をもとに、君主たる者がいかに権力を維持・伸長すべきかを説いた政治思想書。メディチ家当主に謁見するとき、「殿への忠誠の証」として献上した。恩恵や賞罰の与え方、集団をまとめる方法、部下への接し方、人との距離の取り方など、具体的な事例を豊富に引いて論じている。

著者― イタリア・フィレンツェ共和国生まれ。ルネッサンス期の政治思想家、フィレンツェ共和国の外交官。理想主義的な思想の強かったルネサンス期に、宗教・道徳から切り離した、現実主義的な政治理論を創始した。

＼プラスα／

現代でもよく使われる「マキアヴェリズム」という言葉は、「政治目的のためなら、いかなる権謀術数も許される」という考え方を指す。

80

自由論（じゆうろん）

ジョン・スチュアート・ミル（1806~73年）

本書の目的はきわめてシンプルな原理を明示することにある。（中略）その原理とは、人間が個人としてであれ集団としてであれ、ほかの人間の行動の自由に干渉するのが正当化されるのは、自衛のためである場合に限られるということである。

自由主義の原理原則をわきまえる

本書は200年を経たいまも、自由についての議論の大元に位置づけられています。逆に言えば、本書を読んでいないと、自由に関する本格的な議論に参加できない、ということです。

上の引用は、「自由」を定義しているくだり。たとえば公共の場所で、誰かが大音量で音楽を流していたとします。それを聞いている人には「音楽を流す自由」があります。しかしその騒音のせ

ジョン・スチュアート・ミル

いで苦しい思いをしたり、迷惑を被ったりする人には、「その音、やめてください」とか「音量を小さくしてください」などと「干渉する自由」があります。「自分を守る必要がある」場合に限って、他人の行動の自由に干渉するのが正当化されるわけです。当たり前と言えばそうですが、世界にはいまもこういう自由の原則をないがしろにしている国があります。たとえば『チェチェンへようこそ——ゲイの粛清』（デイヴィッド・フランス監督、2020年）というドキュメンタリー映画では、ロシア支配下のチェチェン共和国で〝ゲイ狩り〟が横行している現実が描かれています。ひどいものです。

あと本書で印象的なのは、発言の自由について述べているところ。

自分の意見をもつ自由、その意見を率直に表明する自由、
それは人間にとって絶対に必要なものである。

としています。ただし「個人の自由には限度というものがある。つまり、他人に迷惑をかけてはならない」といいます。近年よく議論の俎上（そじょう）に上がる「ネットの世界で頻発する誹謗中傷」は、ミルの自由論によって検証されるべき問題ではないでしょうか。

DATA

作品— たとえば「どこまでなら個人の自由に干渉することが許されるのか」「なぜ反対意見は尊重されなければならないのか」など、市民社会における個人の自由について根源的に考察し、その重要さを説いている。

著者— 19世紀イギリスを代表する哲学者、経済学者。功利主義の創始者であるベンサムと親交のあった父の英才教育を受けた。学校には行かず、ギリシア語、ラテン語、ユークリッド幾何学、経済学などを学ぶ。16歳で功利主義協会を設立。17歳で東インド会社に就職。専門職としての学者生活は一度も送らなかった。東インド会社退職後の晩年は、婦人参政権を要求するなど選挙制度改革に取り組んだ。

＼プラスα／

ミルの生涯については『ミル自伝』（みすず書房）に詳しい。

Chapter

科学・心理

81

ホーキング、宇宙と人間を語る

スティーヴン・ホーキング（1942～2018年）

現代において哲学は死んでしまっているのではないでしょうか。

人類の英知の最高の積み重ね

上にあるホーキングの言葉は「哲学はもう時代遅れ」だと言わんばかり。さらに**「哲学は現代の科学の進歩、特に物理学の進歩についていくことができなくなっています」**と言い切っています。これはとりもなおさず、「人間とは」「意識とは」「創造主とは」といった課題を突き詰めてきた従来の宗教的哲学的思考が、もはや物理の領域に取って代わられている、という宣言にほかなりません。

宗教学者、哲学者にしてみれば「ケンカを売ってるのか」と反発したくもなるでしょうが、それはさておき、本書を読むと、なるほど宇宙物理学の進歩には目覚ましいものがあると、改めて実感させられます。というのも、アルキメデスの時代からガリレオ、ケプラー、デカルト、ニュートン、マクスウェル、アインシュタインら大物たちが、自然法則をどのように見出してきたか、わかりやすく説明されているからです。とりわけここ2、30年の進歩の目覚ましさときたら……！　いまが人類の英知の最高の積み重ねだと、しかと受け止めることができます。

もっとも「最終的には非常に難しい数式で表される理論をわかりやすく語っている」とはいえ、物理をほとんど学んでいない者には理解に限界があります。ちょっと悔しい気もしますが、それでいい。たとえば、**「M理論は11次元の理論であって、10次元ではない」**とか、**「M理論では10^{500}〔10の500乗〕個もの異なる宇宙が存在し得て、そのおのおのが独自の法則を持っている」**といった記述にぶち当たっても、ちゃんと理解しなくてはと力む必要はありません。「はあ、そうなんですね」とスルリと流す。「はあ」の一語に込める、わからなさがたまらなくいいのです。それでも誰かをつかまえて、「この世界は11次元なんだって。そのたくさんある次元がたたみ込まれて3次元になってるんだよ」「宇宙って10の500乗個もあるって、知ってた？」などとしゃべれます。そのあたりも「この本を読んでよかったなぁ」と思えるところでしょう。

スティーヴン・ホーキング。最初の妻ジェーン・ワイルドと（1966年）

DATA

作品— 宇宙や生命の根源的な謎に対して、「神によって創造された」とするニュートン学説に異論を唱え、「重力の法則により、宇宙は無から自らを創造できる」とする説を展開。アインシュタイン以来、すべての物理学者が追求してきたテーマに対し、現在人類が到達しうる最新の理論を導き出した。

著者— イギリス・オックスフォード生まれ。オックスフォード大学物理学科を最優等の成績で卒業。その後、ケンブリッジ大学に移り、大学院で宇宙学を研究した。大学時代に運動ニューロン病を発症し、全身麻痺に近い状態になる。1988年、一般読者向けに『ホーキング、宇宙を語る』を発表。1000万部を売り上げ、世界的ベストセラーになった。

＼プラスα／

『ホーキング、宇宙を語る』は、「最も有名な一度も読まれない本」とも呼ばれたとか。裏を返せば、人々は難解さに魅力を感じたのかもしれない。

宇宙と宇宙をつなぐ数学

IUT理論の衝撃

加藤文元（1968年〜）

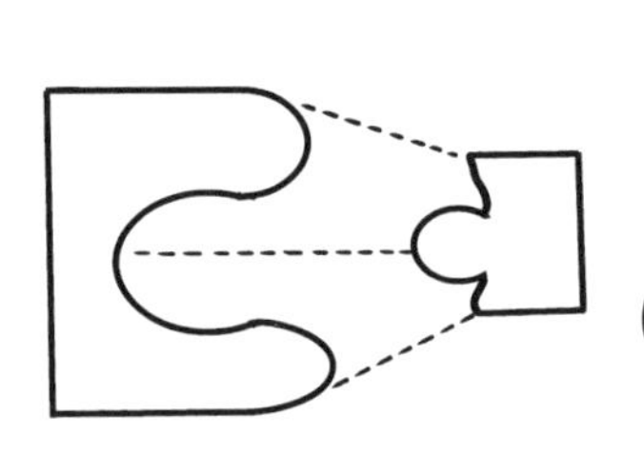

〔左図のように〕大きさの違うパズルのピースをはめる、というようなことを、IUT理論は考えます。

数学の異次元の世界にアクセスする

望月新一という数学者を知っていますか？　もし「名前すら知らない」としたら、それは日本人として恥ずかしいことですよ。なぜなら彼は、数学者の間で難問中の難問とされる「ABC予想」を、「IUT理論（Inter-universal Teichmüller theory＝宇宙際タイヒミューラー理論）を用いて証明した可能性があるからです。それは数学そのものを根底から覆す発見とも言われ、理論が斬新すぎて、世界第一線の数学者でさえいまだに理解できません。何しろ専門誌『PRIMS』の査読を通過するまでに、2012年の公開からゆうに７年半もかかったと言われるほどですから。

本書はそのIUT理論の本質を、一般読者に何とか理解できるように伝えることを目的としています。理論そのものを理解するのはまず不可能だと思いますが、基本的な考え方がどういうもので、それは何を意味しているのか、といったことは何となく理解できる、そんなふうに感じることができるかと思います。

冒頭はジグソーパズルをモチーフに、IUT理論を視覚的に紹介したくだり。少し後で、

「こんな一見非常識に見えることが、少なくともIUT理論におけるアイデアの一部であり、しかも、非常に重要な一部なのです。IUT理論が提案する斬新な発想へ入門するための、これが入り口だと言ってもいいでしょう」

と説明しています。

私たちが習ってきた数学は、足し算とかけ算がセットになっている世界です。加減乗除(かげんじょうじょ)が組み合わさっていることで、いろんな計算ができます。ところが望月教授の考えは、「足し算とかけ算を分離する」というものです。それがどんなものかは、本書を読んでのお楽しみ。

数学的知識がなくても大丈夫、数学界に起きつつあるパラダイムシフトを感じてください。興奮しますよ！

DATA

作品― フェルマーの最終定理、ポアンカレ予想などに続く数学の超難問「ABC予想」を解決に導く「IUT理論」。望月新一教授が発表した論文の核心と斬新さを、氏と親交を重ねてきた著者がわかりやすく伝える。

著者― 宮城県仙台市生まれ。京都大学大学院理学研究科数学数理解析専攻博士後期課程修了。九州大学大学院助手、京都大学大学院准教授などを経て、2016年より東京工業大学理学院数学系教授を務める。『ガロア 天才数学者の生涯』『物語 数学の歴史 正しさへの挑戦』『数学する精神 正しさの創造、美しさの発見』など、著書多数。

＼プラスα／

著者は2005年頃から月に数回、望月教授と〝二人だけのセミナー〟を行った。終わると京都市左京区の百万遍(ひゃくまんべん)近くの焼肉屋で食事をするのがお決まりのコースだったという。

星界の報告

ガリレオ・ガリレイ（1564～1642年）

**もっともらしい議論に訴える
必要はありません。ゆえあって、たれも
反論できないように、このことを
結論し証明することができるのですから。**

「論より証拠」を生きる指針とする

ガリレオはコペルニクスの唱えた地動説を是認・提唱したために、宗教裁判にかけられました。「それでも地球は動いている」という言葉は有名です。本書はガリレオが「論より証拠」とばかりに示した、地動説の正しさを観察により証明したものです。

事の発端は、あるオランダ人が筒眼鏡を製作したと耳にしたことでした。ガリレオはすぐに自分もつくろうと思い立ち、**「原理を見つけ出し手段を工夫することに没頭」**。屈折理論に基づいて、２枚のレンズと筒を組み合わせて、20～30倍の倍率を持つ望遠鏡をつくり上げたのです。光やレンズのことを深く研究していたわけではないのに。

ガリレオ・ガリレイ

しかもガリレオがスゴイのは、その望遠鏡を天空の観察に用いたことです。まず観察したのは、月面。表面がデコボコであることを発見しました。次に月の動きを観察した彼は、こう言っています。

月と地球との関係および類似性がいっそう明らかになるのだから。

何気ない一文ですが、ここには衝撃的な認識が含まれています。なぜならそれは、「地球の周りを回る月のように、地球もまた太陽の周りを回る惑星の一つにすぎない」ことの証明だからです。未だ「コペルニクスの宇宙の構造」を拒否する人々に、「すぐれた論拠を示して、その疑惑を取り除こう」とまで言っています。

さらにガリレオは、木星の周りを回転する四つの惑星を発見。この〝木星グループ〟が12年周期で太陽の周りを大きく回っていることを明言しました。そうして彼は、冒頭の言葉にあるような「観察された事実はもっともらしい議論にまさる」というルールを設定したのです。

本書を本棚に並べる意味は、〝ガリレオの目〟を光らせ、「論より証拠」を指針に生きていくことにあります。

DATA

作品― 1610年冬、ガリレオは初めて星界と対面した。月面をはじめ銀河、星雲、に加えて未知の惑星・木星と、その周囲を回転する四つの衛星を精緻に観察した。そして世界をゆるがせた推論が、仮借なく展開する。「太陽黒点にかんする第二書簡」を併収。

著者― 北イタリア・フィレンツェ公国ピサ生まれの天文・物理学者。17歳でピサ大学に入学。25歳でピサ大学教授に就任した。木星の衛星の発見は当時の天動説に反すると、1616年、宗教裁判にかけられる。それでも地動説を曲げず、その解説書『天文対話』を執筆。1633年に２度目の宗教裁判で終身刑を言い渡され、軟禁状態での生活を強いられた。

＼プラスα／

ガリレオが観測した木星の衛星はいま、「ガリレオ衛星」と呼ばれている。

84

胎児の世界（たいじのせかい）
人類の生命記憶（じんるいのせいめいきおく）

三木成夫（みきしげお）（1925～87年）

おれたちの祖先は、見よ！
このとおり鰓（えら）をもった魚だったのだ……
と、胎児は、みずからのからだを張って、
そのまぎれもない事実を、
人びとに訴えようとしているかのようだ。

胎児が再現する「進化の歴史」

私たちの命は例外なく、約36億年前にさかのぼることができます。そこから気の遠くなるくらい長い時間をかけて進化してきた、その〝一番の新参者〟が私たちなのです。そのこと自体に「生命のロマン」「進化のロマン」を感じずにはいられません。

しかも本書が見せてくれる世界は、実にドラマチック！「人間は母親の子宮のなかで、受精卵から胎児へと成長する、その過程で、生物が海から発生し、陸へ上がっていく進化のプロセスを繰り返している」というのです。上の引用は、胎児が十月十日（とつきとおか）の間にどのように変化していくかを観察した結果、「はじめのころは顔も体も魚そっくりで、そればかりか羊水のなかでエラ呼吸をしている」ことが明らかになったことを、感動とともに示したくだりです。

また興味深いのは、胎児は**「いのちの波」**に促されて、進化の歴史を再現するとしているところです。

すべて生物現象には〝波〟がある。
それは、個々の動きを曲線で表わすと、そこには
多少にかかわらず波形が描き出されることを意味する。
山があれば谷があり、谷があれば山があり、
というように両者はなだらかに移行しながら交替する。

たしかに心臓の拍動も、脳の活動も、血管や内臓の収縮運動も、すべての生命活動は波形で表現されます。それが古代から現在まで、途切れることなく続いた地球の波動が持つリズムにつながる、というのが三木の考えです。彼はさらに、そうした地球の波は生物の体、ひいては細胞の内部までしみ込んでいる、としています。潮騒を聞くと、どこか懐かしい感じがするのは、そのためかもしれませんね。

DATA

作品— 胎児の成長過程を観察すると、36億年にわたって生命が進化してきた、その面影を見ることができる。そんな胎児の世界を科学的に、また色鮮やかに論じる。そして胎児が進化を再現することを促すものは「いのちの波」だと結論する。生命を細胞レベルから宇宙レベルまで一貫してとらえた書である。

著者— 香川県生まれ。東京大学医学部卒業。同大解剖学教室、東京医科歯科大学解剖学教室を経て、東京芸術大学教授、同保健センター所長を務める。主な著書に『内臓のはたらきと子どものこころ』などがある。

＼プラスα／

三木の大学での講義は、学生たちの間でも大人気。講義が終わると、大拍手が起きたという。

85

風の博物誌

ライアル・ワトソン（1939〜2008年）

有機的な宇宙、生きていて呼吸する
宇宙という概念は重要である。
新しい、しかもより調和のとれた認識の種子が
この概念の裡には眠っている。
そしてそこには、風という雄弁な
音律がたゆたっている。

知的好奇心が全方位的に刺激される

私は長く呼吸の研究をするなかで、ワトソンの上の記述と重なり合う考えを持っています。世界と自己との関係、あるいは他者と自己との関係として「息（呼吸）」をとらえ、「風とは地球の呼吸であり、人間は呼吸を通して地球とつながっている」と考えたのです。だから、「すべては大爆発（ビッグ・バン）から始まった」に始まる冒頭の文章にある、

二〇〇億年ほど前のことだが、宇宙は深呼吸をし、
いったん息を吸い込んだ結果が明らかになると、
今度は長く、ゆっくりと、心をこめて溜息をついた——

というこの詩的なフレーズを読んだ瞬間に、もうすっかり本書に魅入られてしまった記憶があります。

本書には全篇、ワトソンが好奇心のままに、さまざまな学問領域を横断的に学んだ知的な活力があふれています。読む者の知的好奇心が全方位的に刺激されるような感覚に陥ります。そこが最大の魅力ですね。

一つ、コロナ禍の時節柄と言いますか、「風と生命」の章で「風を棲みかとする生物」について書かれた部分を紹介しておきます。

細菌用の乗り物の王者ロールス・ロイスはクシャミだ。
立っている所から四〇〇メートルの秒速で加速するという
ほぼ音速に近いクシャミの場合、大きさは様ざまだが
一〇〇万もの滴を放射し、そのほとんどが菌を運んでいる。
(中略)これによって普通に人が話した場合の四〇万単語分の
細菌が空気中に撒きちらされる。つまり休みなく五五時間に
わたって『戦争と平和』を朗読するのに匹敵するというわけだ。

空恐ろしい話。コロナが真に収束するまでは、「手洗い・マスク・密の回避」の感染対策を怠りなく!

DATA

作品―風という自然の力を、物理学、地理学、生命科学、社会学等、さまざまな角度から論じた書。あらゆる科学の成果を駆使しつつ、世界の宗教・美術・文学・音楽にあらわれる風の姿を追う。

著者―南アフリカ共和国生まれ。幼少より自然界に関心を抱き、ウィトワーテルスランド大学で植物学と動物学を修める。その後、アウストラロピテクスの化石を発見したことで知られるレイモンド・ダートに弟子入り。古生物学を学びドイツ、オランダ、イギリスなどで10余りの学位を受ける。『悪食のサル』『生命潮流』『アフリカの白い呪術師』など著書多数。

\プラスα/

ワトソンは1980年代後半、イギリスのチャンネル4で、大相撲ロンドン場所のプロデュース・解説を務めたという。好奇心の幅はハンパない。

86

生物から見た世界

ユクスキュル（1864〜1944年）／
クリサート共著

哺乳類の皮膚腺から漂い出る酪酸の匂いが、
このダニにとっては見張り場から離れて
そちらへ身を投げろという信号（Signal）として働く。
そこでダニは、鋭敏な温度感覚が教えてくれる
なにか温かいものの上に落ちる。
するとそこは獲物である温血動物の上で、
あとは触覚によってなるべく毛のない場所を見つけ、
獲物の皮膚組織に頭から食い込めばいい。こうして
ダニは温かな血液をゆっくりと自分の体内に送りこむ。

「環世界」は生き物の数だけある

「環世界」という言葉を聞いたことがありますか？　およそ100年前、ユクスキュルという生物学者が名づけた概念です。ひとことで言うと、「生き物にはそれぞれ、個々の感覚や身体を通して見ている独自の世界がある」ことを意味します。

このことを本書ではまず、マダニの環世界を例にとって、上のように説

明しています。これを含む前後の文章を嚙み砕くと、
「マダニには視覚も聴覚もないが、嗅覚、触覚、温度感覚は優れている。そんなマダニは木の上で暮らしているときは、ほぼ仮死状態で、ぼんやりしている。ところが下を野犬が通りかかると、その皮膚腺から出す酪酸の匂いや体温をキャッチして、次の瞬間には下に落ちる。そうして野犬の上にうまく着地できたら、マダニはその血をたっぷり吸う」
　というようなことが書かれています。マダニには「見えない世界」を生き抜くための優れた感覚器官が備わっているんですね。
　同じように、ミツバチには「紫外線の環世界」があるし、コウモリには「空間を認識するための超音波の環世界」があるなど、生物にはそれぞれ独自の環世界があるのです。もちろん人間だってそう。私たちがよく知っているこの世界は、あくまでも「人間の環世界」にすぎません。
　本書を読むと、近年環境問題がらみでよく使われる「生物多様性」という言葉が、より大切なものに感じられるのではないかと思います。

DATA

作品—生物たちはみな、独自の知覚と行動でつくりだす〝環世界〟を有している。それは生き物ごとに異なる多様な世界だ。本書は動物の感覚から知覚へ、行動への作用を探り、生き物の世界像を描き出す。今なお新鮮な科学の古典だ。

著者—ユクスキュルはエストニア生まれ。ドイツの理論生物学者。1926年にハンブルク大学の環世界研究所に名誉教授として迎えられるまで、大学とは無関係の自由な研究生活を送った。動物の行動を客観的に観察・記述する新しい生物行動学を提唱した。クリサートはペテルブルク生まれ。ユクスキュルと共に環世界研究所で研究。本書の絵を担当した。

プラスα

ユクスキュルの論は、「人間は『もの自体』を認識できない」というカントの考えや、「言語によって世界の切り取り方が異なる」としたソシュールの考えにも通じるものがある。

87

ロウソクの科学

マイケル・ファラデー（1791〜1867年）

何か一つの結果を見たとき、
ことにそれがこれまでとちがうものであったとき、
皆さんは、「何が原因だろうか。
何でそんなことがおこるのだろうか」と、
疑問をもつことを、
いつでもお忘れないことを希望いたします。

日常の不思議に目を向ける

ファラデーの名は知っていますね？　高校の化学や物理の授業で、その名も「ファラデーの法則」と呼ばれる電気分解の法則を習ったかと思います。すでに「何だっけ？」と記憶があいまいになっている方や、そもそも科学的思考が苦手な方には、本書はとくにおすすめです。なにしろ数式など一切使わずに理解させてくれるのですから……！

〝教材〟は１本のロウソク。古代エジプトの時代から今日まで、あらゆる人々にとって馴染み深い道具です。大半の人が何の疑問もなく便利に使っていると思いますが、「なぜ？」の視点を持つ

マイケル・ファラデー

と、いろんな疑問が湧いてきます。たとえば「ろうそくって、どうやってつくられるの？」「燃焼の仕組みはどうなってるの？」「そもそも、ものが燃えるってどういうこと？」「火をつけるとどうしてろうそくの芯（しん）の部分がだんだんくぼんでいくの？」「なぜ炎は上に伸びるの？」などなど。

そういった誰も答えられないような疑問に、ファラデーがわかりやすく答えてくれるのです。その解説のすばらしさは、ひとえに「臨場感」にあります。目の前でファラデーが実験をしながら語りかけてくれるようなのです。

「まもなく変化が起きてまいります。ごらんください。炎（ほのお）が消えそうになって、長く上にのびました。そして、とうとう消えてしまいました。どうして、消えたのでありましょうか」

「ああ、私たちのびんの一つが破裂いたしました。ごらんください。八分の一インチの幅にひびがはいりました」

といった具合。読者の心は引き込まれずにはいられません。本書の元となったファラデーの講演の記録者W.クルックスは、「（知的好奇心の）火を燃やし続けよ、炎をたやすな」を意味するこんなラテン語で締めくくっています。**「Alere flammam.（炎よ行け）」**。科学は燃えつづけなければなりません。

DATA

作品―ファラデーが70歳のクリスマス休暇のとき、王立研究所で催された、6回におよぶ講演をまとめたもの。たった1本のロウソクをテーマに、その種類、製法、燃焼、生成物質などを、実験とともにわかりやすく解説。科学と自然、人間との深い交わりを伝えている。

著者―イギリス・ロンドンの貧しい鍛冶職人の子として生まれる。苦学の末に王立研究所の助手の職を得る。電磁誘導の法則や電気分解の法則（ファラデーの法則）、ベンゼンや塩素の液化法などを発見した。

＼プラスα／

大隅良典（おおすみよしのり）氏や吉野彰（よしのあきら）氏など、ノーベル賞を受賞した科学者にとっても本書は、「化学への興味を持つ原点」となったと讃えられている。

88

種の起源（しゅきげん）

ダーウィン（1809〜82年）

人間は、自分の利益のためにのみ選択する。〈自然〉は、自分がせわする生物の利益のためにのみ選択する。

「実力＝適応力」の視点を持つ

「人間をはじめとするさまざまな生物の種は、膨大な時間のなかで自然選択によって多様に分岐したものである」

ダーウィンの提唱したこの進化論は、いまでこそ「常識」とされています。しかし1859年に『種の起源』が発表された当初は、社会に大変な衝撃を与えました。というのも「生物の種は神が別々につくったもので、とりわけ人間は神が自分の似姿としてつくった」と信じられていたからです。聖書と神の否定につながるとして、いまでも認めていない人もいるくらいですから、その衝撃の大きさは推（お）して知るべし、ですね。

それほど画期的な説を、ダーウィンはどのようにして発想し、論理を組み上げていったのでしょうか。本書冒頭に、こうあります。

私は軍艦ビーグル号に博物学者として乗船し航海しているあいだに、南アメリカの生物の分布やまたこの大陸の現在の生物と過去

の生物との地質学的関係にみられる諸事実によって、
つよく心をうたれた。

ダーウィンが進化論を確立できたのは、このときの探検旅行あればこそ。地質や化石を研究したことが大きかったと言われています。

ダーウィンは「生き物は自然選択によって、環境に適応するように進化する」と考えました。たとえばガラパゴス諸島にいるフィンチという鳥は、細くとがったくちばしで木の幹にもぐっているイモムシをほじくり出して食べます。なぜくちばしがそんな形になったのか。環境に適応したその個体が自然選択によって選ばれ、イモムシをつかまえやすいくちばしの形を獲得し、遺伝、進化したからです。同じフィンチでも、くちばしがサボテンの花や果実を食べやすい形に進化した種もいます。

これはほんの一例で、ダーウィンはこうして生物相(そう)や化石など、一つひとつのエビデンスを積み上げて実証していったのです。

転じて人間社会でも、「環境変化に適応することが、ビジネスを含めて人生において成功するための一番の条件」と言えそう。本書は「実力とは適応力である」という視点を持つことも重要だと気づかせてくれます。

DATA

作品— 地球の長い歴史のなかで、進化しながら生存し続ける生物と、絶滅してしまった生物は、どこに違いがあったのか、「自然選択（自然淘汰）」をキーワードに解明した。自然科学の分野はもとより、社会観・文化観など物の見方全般に決定的な影響をおよぼした。

著者— イギリス・シュルーズベリー生まれ。エジンバラ大学で医学、ケンブリッジ大学で神学を学ぶが、動物学や地理学の授業により強い興味を持つ。1831年、科学者としてビーグル号の冒険旅行に同行。南アフリカ海岸、ガラパゴス諸島、ニュージーランド、オーストラリア、南アメリカなどを周り、化石や多様な生き物たちを観察し進化についての研究を進めた。

\プラスα/

ダーウィンの母方の祖父は、有名な陶器メーカーのウェッジウッドを創立したジョシア・ウェッジウッドだそうだ。

89 利己的な遺伝子

リチャード・ドーキンス（1941年〜）

世界には種々さまざまな生活のしかたがあり、
自己複製子は多種多様な機械を構築して、
それらを利用している。
サルは樹上で遺伝子を維持する機械であり、
魚は水中で遺伝子を維持する機械である。
そしてドイツのビール・コースターのなかで
遺伝子を維持している小さな虫けらまでいる。

「文化的遺伝子」を遺す

初版刊行から40年以上を経たいまも、ドーキンスが解き明かした遺伝子の理論は色褪せることがありません。私たちは遺伝子の乗り物、というメッセージは強烈でした。ここにある「自己複製子」とは、ようするに私たちが「遺伝子（ジーン）」と呼んでいるもの。ドーキンスは「30〜40億年前のビッグバンでつくられた生命の起源である原始のスープから生じた、自らの複製をつくれるという特性を備えた分子」というふうに説明しています。

その自己複製遺伝子が「自己保全の手段として、効果的な生存機械を身にまとうようになった。人間だけではなくサルも魚も虫けらも、生物の体はすべて、自己複製子が生き残るための生存機械である」というわけです。そこがわかると、「私たちの行動が、遺伝子の本体として遺伝情報の保存・複製に関与するＤＮＡの指令の下で行われている」ことにも合点がいきます。判断基準はすべて自分が生き続けるため。遺伝子はまさに「利己的」ですね。

ただし「自己複製」するとはいえ、遺伝子はまったく同じものを複製することはできません。繁殖の過程で結びつく相手と半々で複製されます。人間はよく「自分の遺伝子を遺す」みたいな言い方をしますが、子々孫々受け継がれるうちに、どんどん薄められます。

ちょっとガッカリするかもしれませんが、大丈夫。人間は生物的進化に加えて、文化的進化ができる生き物です。たとえば宗教が教典という遺伝子を複製しながら世界に浸透していくように、文化的遺伝子は長く継承されます。言語や民族性、社風、家風などもそうですね。

ドーキンスは文化的遺伝子を「ミーム」と名づけ、私たちは誰もが自らの生き様を通してミームの担い手になれると示唆しています。

広義の意味での模倣が、
ミームの自己複製を可能にする手段だ。

DATA

作品—自らのコピーを増やすことを最優先する遺伝子は、いかに生物を操るのか。遺伝子の視点から進化を解き明かした古典的名著。

著者—ケニア・ナイロビ生まれ。オックスフォード大学では、ノーベル賞を受賞した動物行動学者ニコ・ティンバーゲンに師事。その後、カリフォルニア大学バークレー校を経て、オックスフォード大学で講師を務めた。1976年に刊行された処女作『利己的な遺伝子』は世界的ベストセラーに。

プラスα

積極的な無神論者としても知られるドーキンスは2006年、『神は妄想である——宗教との決別』を刊行。こちらも世界的大ベストセラーになった。

90

精神分析入門

フロイト（1856～1939年）

同時に二君に仕えるなかれ
という格言があります。
ところがあわれな自我は、二君に仕える
どころか、三人のやかましい主君に仕え、
それぞれの注文と要求を互いに
調和させようとして骨を折るのです。

「自我」をコントロールする

ふつう、自分のことは自分がいちばんわかっている、そう思いますよね？　ところがフロイトは、自分も知らない「無意識の自分」があって、「自覚している自分」よりもずっと大きいと考えました。その無意識の広大な世界が私たちを動かしていることや、抑圧された欲望が夢に出てきたり、心の病に関係したりしていることなどを論じました。

本書はなにしろ長大なので、とりあえず引用のある第三十一講「心的人格の分解」を読んでみることをおすすめします。ここだけでもなかなか学びの大きな読書になるかと思います。ざっと解説

フロイト（1921年頃）

すると——

フロイトは心を、「自我」「エス」「超自我」の三つの領域でとらえています。「自我」は「感情や意志、行為の主体としての私」、「エス」は欲望の源である無意識のエネルギー、「超自我」は社会のルールや倫理観のようなものを表します。これらの関係性は、簡単に言うと、

「エスが自我を動かすと、人間は欲望のままに行動する。でも超自我がその欲望をコントロール。社会のルールに則(のっと)って、あるいは人としてとるべき行動・とってはいけない行動を自我に押しつける」

という感じ。エネルギー的には「自我」が弱く、たとえるなら中間管理職のようなもの。下（エス）からは「好きにやらせてくれ」と突き上げられ、上（超自我）からは「命令通りにやれ」と頭を押さえつけられ、非常に苦しい立場にあるのです。

けれども「心はこういう仕組みなんだ」とわかれば、自己コントロールがずいぶん楽になります。たとえば「プレッシャーに押しつぶされそうだ」と感じたら、〝超自我思考〟をちょっと緩める。逆に「調子に乗りすぎかも」と思うなら、〝エス思考〟に歯止めをかける。そんなふうにバランスをとればよいのです。「フロイト先生から自己管理術を学びましょう」という気持ちで読み進めるのがいいかと思います。

DATA

作品— 大きく分けて3部構成。1部が「言い間違いのような錯誤行為はどうして起こるのか」、2部が「夢のなかでは何が起こっているのか」、3部が「精神の爆発であるヒステリーはなぜ起こるのか」がテーマ。全部で35講と長大な作品だ。目に見えない心のなかがよくわかる。

著者— オーストリア帝国（現在のチェコ）・フライベルク生まれ。ウィーン大学医学部を卒業後、フランスに留学。神経症学の大家であるシャルコーの催眠術に傾倒。それをきっかけに無意識の存在に注目し、精神分析学を創始した。神経症の治療に、人間の無意識を導き出す「自由連想法」を用いた。

＼プラスα／

フロイトとユング、二人の天才精神医学者の歴史的関わりを描いた『フロイト／ユング往復書簡集』を併せて読みたい。

91

完全なる人間
魂のめざすもの

アブラハム・H・マスロー（1908〜70年）

この精神的本性は、善であるかそれとも中立的なもので、悪ではないのであるから、これを抑えるよりも、むしろこれをひき出し、励ますようにするのがよい。

自分の「良心の声」に従い、自分の「本性」を思い切り伸ばす

本書ではあまり触れられていませんが、マスローは「欲求の５段階説」で有名です。健全な人間の欲求には、

①生理的欲求――食欲や睡眠欲など、生きるために必要な欲求
②安全の欲求――安全な環境、経済的安定、健康維持などへの欲求
③社会的欲求――家族や集団に所属することへの欲求
④承認欲求――他者に認められたい、尊重されたいという欲求
⑤自己実現欲求―自分の能力や可能性を最大限伸ばすことへの欲求

があって、①から⑤まで、それぞれ下の欲求が満たされて初めて次の段階の欲求が生じるとしています。最近よく言われる「承認欲求」「自己実

現欲求」は、欲求レベル的には高い、ということですね。

このようにマスローで特徴的なのは、精神病の患者を分析したフロイトやユングと違って、ごくふつうの健康的な人たちの心理と行動を分析したことにあります。たとえば引用したくだりで、**「その人の本来持つ精神的特性は善であり、少なくとも悪ではないのだから、その善いところを引き出し、励ましてあげるのがよい」**と言っているところにも、それが象徴的に表れています。続く文章に「もしこの精神的本性によって、生活が導かれるなら、われわれは健康になり、生産的になり、幸福になる」とあるように、人間がより健康に、幸福になるための心理学なのです。このあたりも「心の病気は欲望を抑圧することで起こる」としたフロイトとは違いますよね。

また人が悩んだり、苦しんだりする原因について、マスローは**安全欲求と成長欲求のぶつかり合いだ**、と述べています。人間は誰しも安全を望みます。一方で、安全を手に入れていまが満ち足りていると退屈し、何かにチャレンジしたくなります。このチャレンジが人を成長させるし、真の喜びを得ることにもつながります。

たしかに人生って、現状に満足しながらも、だからこそチャレンジを求める気持ちが高まることの連続ですよね。個人的には「8割安全なところに身を置き、2割チャレンジする」くらいのバランスがいいかな、というふうに思いますが、いかがでしょう？

DATA

作品— 精神的に健康で自己を実現しつつある人々の研究を通して、幸福感に満ちた人生を実現するための〝欲望とのつき合い方〟を説く。

著者— アメリカ・ニューヨーク生まれ。ウィスコンシン大学卒。1934年に心理学の博士号取得。ニューヨーク市立大学ブルックリン校、ブランダイス大学などで教授を務める。人間性心理学を提唱し、自己実現、創造性、至高経験、倫理など、より人間的なものの研究の道を開いた。

＼プラスα／

マスローは後年、「欲求の５段階」にもう１段階加えている。それは「自己超越の欲求」。社会をより善くすることを望む欲求である。

92

開かれた小さな扉
ある自閉児をめぐる愛の記録

バージニア・M・アクスライン（1911〜88年）

「でも、きょうのお時間は終わっちゃったから、
おうちへ帰らなくちゃいけないのよ。
また来週来ていいわ。そのまたつぎの週も。
（中略）でもいつでも一時間たったら、
おうちへ帰らなくちゃだめなのよ」

親しい仲にも「距離感」は必要

上は、情緒障害の疑われる患者の少年ディブスが遊戯室で、さまざまな色の四角を描いて遊んでいるときに、アクスラインが発した言葉。約束の時間が過ぎ、「お帰りの時間よ」と促されても、「いや！」と拒否をした、そのことに対してピシャリと、「時間は時間よ」と教えたのです。

相手は他人に心を開かない子どもですから、「時間を守ることより、もっと遊びたいという子どもの気持ちに寄り添ってあげるほうがよいのでは？」あるいは「まだ帰りたくないのは、心が通っていることの裏返しなのでは？」と思うかもしれません。しかし彼女は、あくまでも時間を守ることを優先します。なぜでしょう？

心理療法では、医師と患者の関係が親密になりすぎて、患者が医師に強く依存したり、恋愛感情を抱いたりするケースがしばしば起こります。そうならないためにも両者の間に「距離感を保つ」工夫が必要。アクスラインはその手段が「時間を守る」ことだったのだと思います。

遊戯療法によりディブスの態度が変化していく様子は、非常に興味深いもの。一つ、兵隊の人形を使って遊ぶエピソードを紹介します。

（兵隊を砂場の端に整列させて）「これはみんな鉄砲もってる」
彼は言った。「鉄砲撃ってるよ。でもみんなよりかかってるね」
とつけ加えた。「みんな同じ方角を撃ってるのかしら？」
私はあいまいに兵隊の方を指差して言った。
ディブスは私を見た。それからこんどは兵隊を見おろした。
そして頭をうなだれた。「だれも撃たないよ――あなたのことは」
彼はぶっきらぼうに言った。

「あなたのことは誰も撃たない」のひとことに、アクスラインに対する親愛の情を込めています。彼女の遊戯療法が見事な成功をおさめたこの場面が、私は大好きです。

DATA

作品― 主人公の少年ディプスは、学校に行っても口をきかず、授業中でも勝手に教室を歩き回る、いわゆる自閉症の症状が疑われた。少年の精神状態を改善するべく、筆者は遊戯療法を試みる。遊戯室や家庭、学校での体験を通じて、少年の人格は少しずつ向上し……。遊戯療法の実践記録から生まれたこのノンフィクションは、全米に深い感動を呼び起こした。

著者― アメリカの児童心理学者。オハイオ州立大学とコロンビア大学で心理学を学び、臨床心理学者のカール・ロジャーズに師事。彼の来談者中心療法を児童の遊戯療法に応用し、現在の遊戯療法の基礎を築く。

＼プラスα／

遊戯療法では治療者の基本的態度に関して、「子どもと信頼関係をつくる」「子どものあるがままを受け入れる」など、八つの原則が提唱されている。

Chapter 9

日本文化・日本人論

93

武士道

新渡戸稲造（1862〜1933年）

義は武士の掟中最も厳格なる教訓である。
武士にとりて卑劣なる行動、
曲りたる振舞いほど忌むべきものはない。

武士の精神性を受け継ぐ

新渡戸稲造が本書を書いたきっかけは、ベルギーの法学大家と散歩していた折、「あなたのお国の学校には宗教教育がないのか。どうやって道徳を教えるのか」と驚かれたこと。改めて考えてみて、「そうだ、日本には武士道という倫理観があるではないか」と気づき、諸外国にそれを知ってもらおうと英語で本書を書いたといいます。

目次に「義」「勇」「仁」「礼」「誠」などの言葉が並んでいることからわかるように、論語の説く「人としてのあり方」が武士道のベースになっていると、新渡戸は考えました。とりわけ武士の魂の軸になるのが「義」、正しさです。引用にあるように、「義は武士の定めのなかでも最も厳格な教訓である」としています。命がけで義務を果たし、義理を通すのが武士道である、ということです。次に重要なのが「勇」。**「剛毅、不撓不屈、大胆、自若、勇気等のごとき心性は、少年の心に最も容易に訴えられ、かつ実行と模範とによって訓練されうるものであって、少年の間**

に幼児から励みとせられたる、いわば最も人気ある徳であった」と言っています。また「仁・惻隠（そくいん）の心」の章では、

仁は柔和なる徳であって、母のごとくである。

という言い方をしています。戦いの場にあっては猛々（たけだけ）しい武士も、心根はやさしい、ということでしょう。ほかにも現代の私たちが「ああ、これは武士道から引き継がれた美徳だなあ」と思うような記述が随所に見られ、非常に興味深い日本人論になっています。もっとも、国のためなら命も惜しまない強すぎる精神性は、現代ではかなり薄まっていますよね。新渡戸自身、最後にこう書いています。

武士道は一の独立せる倫理の掟（おきて）としては消ゆるかも知れない、
しかしその力は地上より滅びないであろう。（中略）
百世の後その習慣が葬（ほうむ）られ、その名さえ忘らるる日到るとも、
その香は、「路辺に立ちて眺めやれば」
遠き彼方の見えざる丘から風に漂うて来るであろう。

DATA

作品— 日本の精神的土壌に武士道がいかにして開花・結実したかを解き明かす。論語の教えが武士としての生き方として消化され、さらに社会全体に浸透していったことを再認識させられる。

著者— 岩手県盛岡市生まれ。札幌農学校卒業。在学中に内村鑑三らとともに受洗し、キリスト教者となる。アメリカに留学中、札幌農学校助教授に任ぜられ、農政学研究のためドイツに留学。帰国後、同校教授に就任。台湾総督府技師、第一高等学校校長、東京帝国大学教授、東京女子大学学長を歴任。一方で「太平洋の橋たらん」との信念の下、国際理解と世界平和のために活躍した。

＼プラスα／

1984年から2007年まで、5000円札の肖像になったことでも知られる。

94

日本の面影（にほんのおもかげ）

◇◇◇◇◇◇◇◇◇◇◇◇◇◇◇◇◇◇◇◇◇◇◇◇

ラフカディオ・ハーン（1850～1904年）

微笑は、教養のひとつなのである。

"日本人の原形"を思いやる

小泉八雲（こいずみやくも）の名でも知られるラフカディオ・ハーンの心に映じた日本は、お伽（とぎ）の国のような幻想的な世界。とりわけ自分に向けられる日本人の微笑には、幻惑されたようです。それは、ハーンが40歳で来日してすぐ、人力車で日本の通りを駆け抜けたときに感じたこと。

**思いやりのある、興味のまなざしや笑みを
目の当たりにすると、初めてこの国を訪れた者は、
思わずお伽（とぎ）の国を彷彿（ほうふつ）としてしまうことだろう。**

というふうに書いています。本書にはその微笑について考察した文章があり、上の引用のように「微笑は教養のひとつである」と断じています。「どうして？」と思うかもしれませんね。その理由がこんなふうに書かれています。

**微笑を生む暖かい心根は、家庭教育のすべての全期間を通して
養われる。（中略）あらゆる昔流儀の入念で美しい作法のひとつ**

として教えられる。(中略)深刻だったり、
不幸そうに見えたりすることは、無礼なことである。
好意を持ってくれる人々に、心配をかけたり、
苦しみをもたらしたりするからである。

なるほど、言われてみれば、教養なくして相手の心を想像することはできませんからね。他者の感情を気づかう、その心のあり方が日本人の教養なのだと、改めて教えられるような気がします。

ハーンはまた、日本の文化に「神代の時代から存在したもの」を感じています。たとえば盆踊りについて、**「眠り薬でも飲んだように魅了されていく感じは、その場のしんとした静けさによって、いっそう強められてゆく」**と感じています。

読むほどに、ハーンの見た日本には、ある意味〝日本人の原形〟のようなものが生きていると思いやられ、非常に味わい深い1冊です。

DATA

作品— 英語教師として島根県松江に赴任した筆者が、愛すべき日本の人々や風物を活写。日本人の精神にふれた傑作「神々の国の首都」、西洋人として初の正式昇殿を許された出雲大社の訪問記「杵築(きづき)—日本最古の神社」、微笑の謎から日本人の本質にアプローチする「日本人の微笑」など、ハーンのアニミスティックな文学世界が展開する。

著者— ギリシア・レフカダ島生まれ。2歳のときにアイルランドに移り、イギリスとフランスでカトリックの教育を受けるが、紆余曲折(うよきょくせつ)あってアメリカに移住。ジャーナリストとして文筆活動に励む。1890年に来日。96年には帝国大学文科大学講師として英文学を講じる。生涯で約30の著作を遺した。

\プラスα/

ハーンが来日したのは、ニューオーリンズにいたころに万博で出会った日本文化と、ニューヨークで読んだ『古事記(英訳)』などに触れ、日本に興味を抱いたことがきっかけだったという。

95

代表的日本人

内村鑑三（1861~1930年）

キリスト信徒の提督が外から戸を叩いたのに応じて、内からは「敬天愛人」を奉じる勇敢で正直な将軍が答えました。二人は、生涯に一度もたがいに顔を合わせることはありませんでした。（中略）だが、（中略）両者のうちに宿る魂が同じであることを認めます。

日本人の美質を生きる糧とする

著者が内村鑑三という大思想家であることで、「難しそう」という先入観を持つかもしれません。でも原著が英語で書かれているからか、非常に読みやすくなっています。臆せず、チャレンジしてください。

さて本書は、日本人特有の美質を有する五人の偉人——西郷隆盛（政治家）、上杉鷹山（地方大名）、二宮尊徳（農民思想家）、中江藤樹（地方の教育者）、日蓮上人（宗教者）の生き方を通して、日本と日本人の伝統的精神を論じたものです。

内村鑑三

そのトップを飾るのが、西郷隆盛です。彼は、孔子が徳目として掲げた「忠孝仁愛」を、生きる基本としました。たとえば「忠」。西郷は一身を投げ出して、君主の島津斉彬に仕えました。西郷に限らず、当時の武士は多くが主君に対して篤い「忠」の気持ちを持っていました。興味深いのは、人として踏み行うべき道を**「天地自然のものであり、世界共通の真理である」**としている点です。その思想は宗教をも超えるとして、内村鑑三は西郷をペリー提督と重ね合わせました。冒頭の引用文から、西郷にとっての「天」は、ペリーにとっての「神」であり、その世界観は国境を越えて共有すべきだと感じたのでしょう。

もちろん〝二番手〟以下の四人からも、学ぶところは大。経済と道徳を分けない考え方を説いた鷹山、真心をもって困窮している家や藩を立て直した尊徳、儒学の道を志し故郷の村民の教化に努めた藤樹、法華経こそ至高の経典と確信し日蓮宗を開いた日蓮など、それぞれの生き方に日本人の美質が感じ取れます。現代人にとってもその美質は、生きる糧とするべきものだと思います。

DATA

作品— 新渡戸稲造の『武士道』、岡倉天心の『茶の本』とともに、明治期に英文で刊行された著書の一つ。西郷隆盛、上杉鷹山、二宮尊徳、中江藤樹、日蓮の五人の生涯から、時代に果たした役割、私生活までが過不足なく語られる。

著者— 高崎藩（現在の群馬県）の藩士の家に生まれる。東京外国語学校で英語を学び、1877年に札幌農学校の官費生になる。在学中にクラーク博士の影響で受洗。渡米を経て90年に第一高等中学校（現・東京大学）に奉職するも、教育勅語不敬事件を起こして失職。以後、大阪、熊本、京都などを流浪しながら、『基督信徒のなぐさめ』を刊行。著述家の道を歩む。また無教会主義のキリスト教を説き、福音の宣教に力を尽くした。

＼プラスα／

第35代アメリカ大統領のジョン・F・ケネディも本書の愛読者の一人。ある日本人記者から「日本で一番尊敬する政治家は」と質問されて、「ヨーザン」と答え、日本人を驚かせた、なんてエピソードがある。

96 菊と刀

ルース・ベネディクト（1887〜1948年）

アメリカ合衆国が全面的な戦争において
これまで戦った敵の中で、日本人ほど
不可解な国民はなかった。

事前に相手をきちんと研究・分析する

第二次世界大戦が終息した翌年、1946年に刊行された本書は、内容以前に、書かれた経緯を知るとちょっと背筋がゾッとします。というのも目的が、アメリカが戦争を有利に運ぶこと、終戦後に日本をうまくコントロールすることにあったからです。ようするに戦中・戦後と、日本をうまくコントロールするために、日本人を研究することが必要だったのです。

もちろん戦争においては、敵を知ることは戦略上、非常に重要です。アメリカが日本の国情や文化、民族性などを研究・分析したのは当たり前のことです。翻って日本を考えると、そこまでの余力はなかったのではないでしょうか。この時点で敗戦は見えていた、とも言えそうです。

本書では、上に引用した冒頭の文章にあるように、「日本人ほど不可解な国民はない」としています。文化や価値観、考え方などがまったく違っていたからでしょう。それでもベネディクトという文化人類学者は、日本に行かず、日本人とほとんど交流もしないままに——言ってみれば、文化人類学に必須のフィールドワークをできなかったにもかかわらず、深い分析を行いました。

とりわけ、日本には、江戸時代に完成した封建制度に由来する名残が、明治以降も随所に見られる。人々は身分や性別、家柄、長幼の序などを意識し、分（ぶん）に応じてふるまわなければならない。身分不相応なことをする者は恥であると、世間から非難される。それは日本人の最も恐れるところ。恥を知ることが、日本人の大きな行動原則になっている——と見抜いたのは、さすがです。

戦争に限らず、競争社会においては**「相手を分析し、その特性に応じて戦い方を決める」**のが常道。ベネディクトの研究姿勢から学べることは多いと思います。最後に、タイトルについて訳者があとがきで述べているところを紹介します。

菊の花が象徴しているのは、自由を自制する戦中および戦前の日本人の生き方のことである。また刀は、狭い意味では刀の輝きを保たねばならない武士の義務のことであり、広い意味では自己責任をまっとうしようとする日本人全般の強い意志のことである——。

DATA

作品— 第二次世界大戦中、アメリカが敵国・日本を知るために書かれた本。「西洋は罪の文化であり、日本は恥の文化である」と説き、また恩や義理などについての考え方にも言及している。研究は、直接日本人と交流せず、文学や映画、音楽、数名の在米日本人の話などから、緻密に進められたという。

著者— アメリカ・ニューヨーク生まれ。32歳より、コロンビア大学大学院でアメリカ人類学の父と呼ばれるフランツ・ボアズの下で文化人類学を学び始める。「あらゆる文化は固有の体系として評価すべきである」とする文化相対主義を方法論化したことでも有名。

プラスα

アン・シングルトンの名で多くの詩を発表している。

97

日本文化私観

坂口安吾（1906～55年）

**若し、我々に仏教が必要ならば、
それは坊主が必要なので、
寺が必要なのではないのである。
京都や奈良の古い寺がみんな焼けても、
日本の伝統は微動もしない。**

自身の〝批評眼〟を持つ

何とも思い切った言いよう。「古い寺なんていらない」とは、なかなか正面切って言えるものではありません。しかしこの媚びない物言いこそが坂口安吾の大きな魅力でもあります。続くくだりに、**「日本の建築すら、微動もしない。必要ならば、新らたに造ればいいのである。バラックで、結構だ」**とあるように、安吾には「古い、伝統がある、様式美があるから価値がある」なんて発想はゼロ。実質を重視するのです。

建物の美しさでは、茨城県の取手に住んでいた頃、東京に向かう列車の車窓から眺めた小菅刑務所についてこう書いています。

**勿論、この大建築物には一ケ所の美的装飾というものもなく、
どこから見ても刑務所然としており、**

刑務所以外の何物でも有り得ない構えなのだが、
不思議に心を惹かれる眺めである。

ようするに安吾は、「装飾的なもの」が好きではないようです。
また能の舞台については、単に「退屈」だから見たくないそうです。

僕は「檜垣(ひがき)」を世界一流の文学だと思っているが、
能の舞台を見たいとは思わない。
もう我々には直接連絡しないような表現や唄い方を、退屈しながら、
せめて一粒の砂金を待って辛坊するのが堪えられぬからだ。
舞台は僕が想像し、僕がつくれば、それでいい。

安吾の評価がいい・悪いではなく、自身が感じたことを率直に言えるところがすばらしい。ブランドの名前に惑わされたり、世間の評価とズレることを恐れたりすることなく、もの言える大人でありたいですね。

DATA

作品―日本の伝統的な美を象徴する建物や文化などを、「実質的な用をなさない」という点において一刀両断。世間一般の評価や価値観には目もくれず、自分にとって、真実の生活にとって、価値あるもの、美しいものはすべて実質の問題だと言い切る。何物にも媚びないところに爽やかさを感じるエッセイだ。

著者―新潟市生まれ。1926年、東洋大学文学部印度哲学倫理学科に入学。アテネ・フランセに通い、ヴォルテールなどを愛読。卒業後、同人誌『言葉』を創刊。1931年、『青い馬』に発表した短編「風博士」により、新進作家として認められる。戦後、『堕落論』『白痴』などで新文学の旗手として脚光を浴びる。

プラスα

読書家の坂口だが、戦時中は探偵小説や推理小説にはまり、犯人当てのゲームに興じていたそうだ。

98 禅と日本文化

鈴木大拙（1870〜1966年）

禅のモットーは「言葉に頼るな」（不立文字）というのである。この点において、禅は科学、または科学的の名によって行なわれる一切の事物とは反対である。

直覚的に行動する

「不立文字」とは「最も大事なことは、言葉や文字では伝えられない」ことを意味する禅語です。言葉に頼らず、「沈黙」して、目と目を合わせながら伝えることが、禅のモットーなのです。さらに、

言葉は科学と哲学には要るが、禅の場合には妨げとなる。なぜであるか。言葉は代表するものであって、実体そのものではない、実体こそ、禅において最も高く評価されるものなのである。

と言っていて、禅が〝直覚的知識〟を重視していると言います。

では「直覚」とは何なのか。それは「一即多、多即一」に通じます。

この句を大拙は、次のように説明しています。

『一即多、多即一』という句は、まず「一」と「多」という二概念に分析して、両者の間に「即」を置くのではない。ここでは分別を動かしてはならぬ。それはそのまま受取って、そこに腰を落ちつけねばならぬ。これがここで必要ないっさいである。

知を働かせずに、直接感じ取る、ということでしょうか。これは剣術、茶道、俳諧など、日本の文化・芸術の底流をなす考え方と言えます。

もう一つ、禅の精神を象徴する言葉を紹介しましょう。

禅は行動することを欲する。
最も有効な行動は、ひとたび決心した以上、
振りかえらずに進むことである。
この点において禅はじつに武士の宗教である。

「武士の宗教」とは言い得て妙。私たちの行動規範としても有効なのではないでしょうか。

DATA

作品—禅は日本人の性格と文化にどのような影響をおよぼしているか。そもそも禅とは何か。著者が欧米人のために行った講演をもとに、英文で著されたものである。「禅の予備知識」から、禅と美術・武士・剣道・儒教・茶道・俳句との関わりなど7章から成る。1940年に翻訳刊行されて以来、禅入門書として読み継がれている。

著者—石川県金沢市生まれ。東京帝国大学哲学科を修了後、アメリカに渡り、仏典の英訳や紹介を行った。戦後は欧米の大学で講義・講演を行うなど、世界的に活躍した。人物像をひとことで言うと、「禅を世界に広めた人」である。

\プラスα/

出身地・金沢市本多町には鈴木大拙館がある。装飾をそぎ落としたシンプルな空間で、来館者は大拙について理解を深め、自ら思索し、その世界観を味わうことができる。

「いき」の構造

九鬼周造（1888～1941年）

「垢抜して（諦）、張のある（意気地）、色っぽさ（媚態）」

「粋な人」を目指す

九鬼周造

昔はよく「あの人は粋だね」なんて言い方をしました。身なりが垢抜けていて、きっぷがよく、世事・人情に通じた大人、という感じですね。

ただ「感覚的にふんわり理解できるけど、明確に説明できない」のが正直なところ。九鬼周造はそこを上記のように明確に定義し、構造まで明らかにしました。「あっさり・すっきり執着しない心持ち（諦め）でいて、でも気を張ってみだりに隙を見せず（意気地）、異性を惹きつける色っぽさ（媚態）がある」というふうに、三つの要素で〝粋〟に説明しています。

また随所で、具体例とともにわかりやすく「こういうのが粋なんだよ」と示しています。いくつか引用しましょう。

媚態の要は、距離を出来得る限り接近せしめつつ、距離の差が極限に達せざることである。

●

姿勢を軽く崩すことが「いき」の表現である。（中略）
全身に関して「いき」の表現と見られるのは
うすものを身に纏うことである。

●

顔面の構造の上からは、一般的にいえば丸顔よりも
細おもての方が「いき」に適合している。

●

横縞よりも縦縞の方が「いき」であるといえる。

●

褐色すなわち茶色ほど「いき」として好まれる色は
ほかにないであろう。

〝粋マニュアル〟として使えそうですね。みなさんもぜひ「粋な人」を目指してください。モテ度が上がりますよ、きっと。

DATA

作品— 日本人独特の美意識である「粋」を、現象学の手法で分析。「何となくわかるけど、言葉にするのが難しい」概念を構造的に解説している。

著者— 東京・芝の生まれ。ヨーロッパに留学し、ドイツでは新カント派のリッケルトに師事したほか、フッサールやハイデッガーらから現象学を学んだ。またフランスでは、ベルクソンやサルトルなどと親交を結んだ。帰国後は京都帝国大学文学部哲学科でフランス哲学や近世哲学史、現象学などを教えた。

＼プラスα／

この本では、「いき」の構造がよくわかるよう、日本人の美式を直方体で図形的に示している。底面に「上品―下品」「地味―派手」、上面に「意気―野暮」「渋味―甘味」と、対立する二つの要素を対角線上に置く。底面の対角線の交点を「O」、上面の交点を「P」とする。そのうえでたとえば「上品・地味・渋味のつくる三角形を底面とし、Oを頂点とする四面体は雅」「派手と下品を結ぶ直線上に位置するのがきざ」というように読み解く。くわしくは本書にある図を参照。

100
学問（がくもん）のすゝめ

福沢諭吉（ふくざわゆきち）（1835〜1901年）

**実語教（じつごきょう）に、人学ばざれば智なし、
智なき者は愚人（ぐじん）なりとあり。
されば賢人と愚人との別は、
学ぶと学ばざるとに由（よ）って出来（いでく）るものなり。**

自身の〝批評眼〟を持つ

「天は人の上に人を造らず、人の下に人を造らずと云えり」――『学問のすゝめ』はこの冒頭の句が非常に有名です。ただ、「人間は平等で、差なんてない」などと、ちょっと誤解されているところがあります。

福沢は実は「差がない」とは言っていません。上に引用したように、『実語教』という平安時代に編まれた修身道徳初等教科書に、「人は学ばなければ愚人となる」とある。つまり「学んだかどうかが賢人と愚人を分ける」と言いたかったのです。**「学んだかどうかでその後の人生に差が出てくる、それが平等な社会というものだ」**と。

それ以前の日本には、歴然とした「身分制」がありました。どんな身分の家に生まれたかで、貴（とうと）い・賤（いや）しい、豊か・貧しいが決まってしまっていたのです。どんなに学問に励んでも、この差は死ぬまで埋まらない。いまと違って、社会にはそんな不平等がまかり通っていたのです。

また本書では、学問をすすめると同時に「独立」の気概を持つことの重要性を説いています。いくつか紹介しておきましょう。

一個私立の活計をなし得ざる者は、時勢の学問に疎き人なり。
これらの人物は、ただこれを文字の問屋と言うべきのみ。
その功能は飯を喰う字引に異ならず。

（自分一人の生計も立てられないようではしょうがない。こうした人は「文字の問屋」にすぎず、「飯を食う字引」のようなものだ）

●

実地に接して事に慣るるに非ざれば、
決して勇力を生ずべからず。

（学問を実地に役立てようとすると、実行する勇気がしっかりと身についてくる。それが「独立の気風」を養うことにつながる）

●

我日本国人も今より学問に志し、気力を慥にして
先ず一身の独立を謀り、随って一国の富強を致すことあらば、
何ぞ西洋人の力を恐るるに足らん。（中略）
一身独立して一国独立するとはこの事なり。

（国民皆に独立の気力があって、初めて国が独立する。西洋人の力など恐れるに足りない。「一身独立して一国独立する」とはこのことだ）

DATA

作品— 学問することの意義を平易な文章で説いた17の小篇から成る啓蒙書。独立の気概を持つこと、西洋実学を取り入れることをすすめるなど、明治の人心を啓発したその歯切れのいい言葉は、今日も清新である。

著者— 作品35の『福翁自伝』（本書89頁）参照。

＼プラスα／

日本人の向学心に火をつけた本書は、300万部超えの大ベストセラー。当時の日本の人口は3000万人程度だから、10人に１人は読んだ計算になる。

Chapter

10 文化・芸術・芸能

101
チャップリン自伝（じでん）

チャールズ・チャップリン
（1889〜1977年）

**ドタバタ喜劇と涙との結合というのは、
とにかく新しい形式だったはずだ。**

「型破り」から「型通りへ」

チャップリンの映画はいま見てもおもしろい。無声映画ですら古くささを感じません。なぜでしょう？　一つ、「笑いとペーソスの融合」という、いまでは当たり前に用いられている形式が取られていることがあげられます。上の引用は、初期の傑作『キッド』（1921年）の制作に際し、自分の思いが受け入れられなかったことに対して、チャップリンが発した言葉です。その思いについて、前段でこう述べています。

**形式というのは、人がそれを創造したから存在するのであり、
たとえば芸術家がある世界を考える。
そして本気でそれを信じるならば、それがたとえ
どんなものの混合物であれ、十分説得力は持つはずだ、
というのがわたしの主張だった。**

チャップリン以前の映画界では、「ドタバタ喜劇は笑いを創造するもの

であって、涙はいらない」という考えだったのでしょう。

どの世界にも「従来の形式にとらわれる」ことはよくあります。それに新しい形式を思いついても、上から「ダメだ」と言われたら、たちまち萎(しぼ)んでしまうこともよくあります。しかしチャップリンは自分が「これだ！」と思った形式については、信念をもって押し通します。創造性というのは「型破り」にこそ発揮されるものかもしれません。

また、チャップリンと言えば〝浮浪者チャーリー〟の姿を連想しますよね？　あのスタイルはボスに「なんでもいいから、何か喜劇の扮装をしてこい」と言われて、偶然思いついたそうです。こう述懐しています。

わたしはふとだぶだぶのズボン、大きなドタ靴、
それにステッキと山高帽という組合せを思いついた。
だぶだぶのズボンにきつすぎるほどの上着、
小さな帽子に大きすぎる靴という、
とにかくすべてにチグハグな対照というのが狙いだった。

これはウケました。そうなるとこのキャラを徹底的に使い倒すのが、チャップリンのすごいところ。大成功への足がかりをつかんだのでした。ビジネス書として読んでも、おもしろいと思いますよ。

DATA

作品―上巻では、極貧生活から身を興したチャップリンの若き日々が描かれる。また下巻では、映画人としての成功をおさめた彼の華麗なる社交生活や、奔放な女性関係、アメリカ国外追放など、栄光と波乱の日々が展開する。

著者―ロンドン生まれの「喜劇王」とも称される映画人。俳優、監督、脚本家、作曲家など、多彩な才能を発揮した。「街の灯」「黄金狂時代」「モダン・タイムス」「独裁者」「キッド」など、映画史に残る多くの作品を世に送り出した。

＼プラスα／

チャップリンは対独参戦を促す演説が曲解され、アメリカを追われた。本書は移住したスイスで、彼が自身の人生をありのままに語った作品である。

102
マイルス・デイビス自叙伝

マイルス・デイビス（1926〜91年）／
クインシー・トループ共著

音楽のスタイルは聴き手に
ある種の決まったフィーリングをもたらす。で、
誰かにあるフィーリングを感じさせたかったら、
それに合ったスタイルで演奏する。それだけの
ことだ。だから、いろいろ異なった人々のために
演奏するのは良いことなんだ。
そのためにオレ自身も、何を取り入れて
いくべきか学ぶことができる。

自分のスタイルを貫く

　マイルスはいわゆるジャズミュージシャンですが、ジャズというスタイルに頼っていたのではありません。ジャズを〝マイルス変換〟して独自のスタイルを確立したのです。その重要性を自覚したのは、高校生の頃にブキャナン先生から言われたこの言葉がきっかけでした。

ビブラートだらけの、ハリー・ジェームズみたいな

吹き方はやめるんだ。そんなに音を震えさせなくても、
年を取れば誰だって震えるようになるんだから。
ストレートに吹いて、自分だけのスタイルを作るんだ。
お前なら、できるはずだ。

一方で若いマイルスは、ニューヨークの「52丁目」や「ミントンズ」などのライブハウスで出会ったディズ（デイジー・ガレスピー）、バード（チャーリー・パーカー）らすごいミュージシャンたちの刺激を受けました。「一晩のセッションでジュリアード〔音楽院〕2年間分以上のことを学んでいた」と振り返っています。

実は私、次から次へと新しいことに挑戦するマイルスの音楽を、リアルタイムで聴いていたんですね。ただ一筋縄ではいかない。聴くほうに考えることを求めるのです。「これでどうだ！　お前たちにわかるか」というふうに。それがまたおもしろくて、マイルスに教えられながらセッションをした多くの若手ミュージシャン同様、私も「マイルス・デイビス大学に学んだ」一人だと自負しています。

本書はぜひ彼の音楽を聴きながら読んでください。盛り上がります。

DATA

作品― ジャズの草創期からその中核を担う一方で、常に変化を続け、ついにはジャズの範疇（はんちゅう）からも飛び出した天才ミュージシャンの唯一の自伝。ミュージシャン仲間との友情、仲違い、さまざまな女性たちとのドラマなど、波瀾万丈（はらんばんじょう）の人生が展開する。

著者― マイルス・デイビスはアメリカ・イリノイ州生まれのジャズミュージシャン、トランペット奏者。小学生のときにトランペットの演奏を始め、18歳で才能開花。NYに進出し、名プレイヤーたちとバンド、クインテットを結成。新しいジャズスタイルを模索し続けた。ロック、ファンク、R＆Bなど、さまざまなジャンルとの融合に挑戦した。代表作に「カインド・オブ・ブルー」「ビッチェズ・ブリュー」などがある。

＼プラスα／

自叙伝には、ドラッグや女性問題でさんざんだったどん底時代のエピソードも満載。迫力満点です。

103
ゴッホの手紙

ゴッホ（1853～90年）

われわれは実生活の画家であり、
息のあるあいだは喘いで
働かなければならない。

仕事と生活は「渾然一体」なるもの

なぜか私たちは仕事と生活を切り離して考えるきらいがあります。「オンとオフを切り換える」というような意識の持ち方が推奨されるせいでしょうか。しかしゴッホがフランス象徴主義を代表する画家ベルナールに宛てた手紙・第８信にあるこの言葉を読むと、「何もムリして分けなくてもいいな」と思えてきます。

実際、ゴッホは絵を〝メシの種〟とし、ふつうに生活をすることに、ある種の憧れを抱いていたようです。同じく第17信には、

立派な仕事をするには、よく食い、落着いた生活をして、
ときどき一発やって、パイプを燻らして
静かにコーヒーを飲む必要がある。

といった記述が見られます。ゴッホの一般的なイメージは非常にエキセ

ントリックで、およそ生活臭がなく、芸術一筋の人生を歩んだというものかもしれませんが、実は日々の営みを大事にしていたように思います。

それは、ゴッホが日本の浮世絵師の持つ職人気質に魅了されていたことでもわかります。日本の芸術家（浮世絵師）たちが互いに愛し合い、助け合いながら絵を描き、「極（ご）く僅（わず）かの金しか稼がず、普通の職人のような生活をした」（第18信）ことに心を寄せています。つまり生活と芸術の間に境目をつけない暮らしぶりを賞賛しているのです。

現実には、生活費もままならない貧窮ぶり。画商である弟のテオに宛てた手紙の多くが「百フランと手紙、ほんとうにありがとう」といった言葉で始まっています。そのテオに、ゴッホが南仏での仕事について書き送った手紙のなかから、印象的な言葉を一つ、紹介しましょう。

黄金色とか銀色に没頭して仕事するのは
僕の興味をひくことでもある。
黄色に関して以前《ひまわり》を描いたように、
オリーブの色を自分の思ったままに描いてみたい。

DATA

作品― 世の無理解や悪意と戦いながら、画家としての仕事に魂を燃焼しつくしたゴッホの「魂の記録」とも言うべき書簡集。上巻には親友の画家ベルナール宛の、中・下巻には弟テオドル宛の書簡を収録。

著者― オランダ南部の北ブラバント州で牧師の子として生まれる。画廊の店員、牧師見習い、寄宿学校の職員、書店員など職を転々とする。27歳で画家を志し、画商である弟のテオを頼ってパリに出て、印象派の画家たちと交流する。２年後に南仏のアルルに移住。やがてゴーガンと共同生活を始めるもうまくいかず、自分の耳を切り落とす事件を起こす。療養も空しく、自らの腹部に銃弾を打ち込み、37年の生涯を閉じる。

＼プラスα／

ゴッホの人生はアーヴィング・ストーンによる伝記『炎の人ゴッホ』に詳しい。

104

シャネル――人生を語る

ポール・モラン（1888～1976年）

わたしは偶然にクチュールにたずさわった。
偶然に香水をつくった。
今わたしは別のことをやりたい。
何を？　わからない。
今度も偶然が決めてくれると思う。
準備は万端よ。

四の五の言わずにとにかくやってみる

「やりたい仕事が見つからない」「やりたい仕事をさせてもらえない」「そもそもどんな仕事がやりたいのか、自分でもわからない」といった声をよく聞きます。将来に胸をふくらませる若い人たちが陥りがちな〝悩みの穴〞とも言えます。

そんなときはシャネルの人生を数々の名言とともにたどってみるといいでしょう。言うまでもなくシャネルは、世界に名高いファッションデザイナー。服をつくることが大好きで、大得意であったはずです。でも意外にも彼女は、「針で布を縫うのは嫌い」と公然と言い放っています。上の言

ココ・シャネル（1920年）

葉にあるように、クチュールにたずさわったのも、香水をつくったのも「偶然」だと言うのです。

「たしかに何を仕事にするかよりも、何であれ、たまたま自分にめぐってきた仕事に全力投球することのほうが大事だなぁ。その機が到来したときのために準備万端でないとね」——この本を読むと、そんな気持ちにさせられます。

また「やると決めたら、どんな困難に遭遇してもあきらめない」ことが大切であると、こんなふうに言っています。

わたしはひどく往生際が悪い。
いちど葬(ほうむ)られても、あがいて、もういちど地上にもどり、
やりなおすことしか考えていないわ。

「往生際が悪い」とは、なかなかの名訳！　挫(くじ)けそうになったときの心の支えになりそうです。

「偶然」に乗って、「往生際悪く」がんばり抜く——ビジネスで成功する極意の一つになりうるのではないでしょうか。

DATA

作品— 20世紀を代表するフランスのファッションデザイナーであり実業家のココ・シャネルの波瀾万丈(はらんばんじょう)の人生が、肉声で伝わってくるよう。「破壊と創造」をモットーに女性を自由にするファッションを次々と生み出していった彼女の名言がちりばめられた、生き方のヒントになる１冊だ。

著者— フランスの作家・外交官。外務省在職中にコスモポリタン小説『夜ひらく』がベストセラーになった。後年、スイスに亡命。本書はその間にココ・シャネルに会い、聞き書きでまとめた作品である。

＼プラスα／

若き日のシャネルは、映画「ココ・アヴァン・シャネル」（監督アンヌ・フォンテーヌ、2009年）に魅力的に描かれている。

105 風姿花伝（ふうしかでん）

世阿弥（ぜあみ）（1363?〜1443?年）

秘すれば花なり。
秘せずは花なるべからず。

ほかの人にはない強みにいっそうの磨きをかける

本書のキーワードの一つは「花」です。その「花」とは、ほかの人にはないめずらしさ、新しさ、自分だけが表現できる特別な美しさ、といったことを意味します。それを踏まえて上の引用を読むと、
「わが一族は、秘密を守り伝えながら『花』を維持し生き延びていくよ」という切実な思いがあふれているとわかりますよね？　ビジネスパーソンのみなさんは「人にはない強みを磨いて、生き残りを賭けた厳しい競争を勝ち抜く」というふうに読むといいでしょう。

また世阿弥は、「花は、年齢や状況によって変化する」と言います。たとえば12、3の頃はかわいらしい魅力があるけれど、「この花は、まことの花に非ず。ただ、時分の花」であると。いずれかわいさだけでは通用しなくなるから、一生懸命稽古を積みなさい、ということです。さらに「24、5になって上手に見えたとしても、まだ真の花ではない」と手厳しい。奢（おご）らずいっそうの稽古を積み、44、5になっても失せない花が「まことの花」であり、そこに至って初めて「花は残るべし」としています。そ

の「老こつにのこりし花の証拠」として、父観阿弥が亡くなるわずか15日前に舞い、絶賛されたことに触れています。

なお本書には、能楽師ならずとも、人生に生かせる名言がたくさん出てきます。訳とともに三つほど紹介しましょう。

上手は下手の手本、下手は上手の手本なりと工夫すべし。

（下手な人からも学べることはある。よく工夫しなさい）

●

初心を忘るべからず。

（とくに老いて後は、若く未熟だったころの時分を思い出し、油断してはいけませんよ）

●

わが眼の見るところは、我見なり。離見の見にはあらず。
離見の見にて見るところは、すなわち見所同心の見なり。

（離れたところから自分を見る、その目を自分のなかに持ちなさい。『花鏡』より）

DATA

作品—能の大成者、観阿弥が後継者である長男世阿弥に、自身が得た知見や経験を口述し、それに世阿弥が解釈を加えて書として残した芸道論。人生の本質を能の世界に凝縮し、さらに能という芸術を生業として一族が厳しい世を生き抜くための上達論を展開する。芸道を究めようとする人だけではなく、私たち市井の者にも「生きる知恵」を与えてくれる。

著者—室町時代の能役者・能作者。父につぎ3代将軍足利義満の同朋衆として庇護を受け、父の芸風に歌舞的要素と禅的幽玄美を加えて能を大成した。後に6代・義教に甥の音阿弥が登用されると、子の元雅とともに冷遇・圧迫されたが、その逆境のなかでさらに芸を深めた。

＼プラスα／

昭和の能の名人、観世寿夫さんは「世阿弥の再来」と言われた人。能の凄みに迫る著書『心より心に伝ふる花』は必読だ。

106

色(いろ)を奏(かな)でる

志村(しむら)ふくみ（1924年〜）文／井上隆雄(いのうえたかお)写真

どんな色が出るか、
それは草木まかせである。

自然の持つ「色の深み」を感じる

志村ふくみさんは植物から糸や布を染め上げることを「色をいただく」と表現します。たとえば本書の、その名も「色をいただく」という項では、ある人が「本を参考に草木をかけ合わせて色をつくろうとしたが、うまくいかなかった」と言ったことに対して、**「私は順序が逆だと思う。草木がすでに抱いている色を私たちはいただくのであるから」**としています。これが最初の引用の言葉につながります。

色をつくるなど、人間の傲慢(ごうまん)でしかない、ということでしょう。続くくだりで、色を混ぜることについて、こんなふうに書いています。

蕾(つぼみ)のびっしりついた早春の梅の枝の花になる命を
いただくのである。その梅が抱いている色は、
千、万の梅の一枝の色であり、主張である。
私たちは、どうかしてその色を生かしたい、その主張を
聞きとどけたいと思う。その色と他の色を交ぜることはできない。
梅と桜を交ぜて新しい色をつくることはできない。

それは梅や桜を犯すことである。

化学染料なら絵の具を混ぜるようにして新しい色をつくれますが、草木染めの場合、主体はあくまでも植物です。草木の持つ色をできる限り生かす、そこから「色をいただく」という表現が生まれるのです。

志村さんはまた、人生と織物の根源は一つだと語っています。

植物から色が抽出され、媒染（ばいせん）されるのも、
人間がさまざまの事象に出会い、苦しみを受け、
自身の色に染めあげられてゆくのも、
根源は一つであり、光の旅ではないだろうか。

離婚して何もかも失ったことが、志村さんの染織家人生のスタート地点。大変な苦労があったことは容易に推察されます。そんな彼女だからこそ紡ぐことのできる、含蓄（がんちく）ある文章ですね。実に味わい深い……。

DATA

作品— 離婚を契機に織物の修業を始めた志村氏による珠玉のエッセイ。彼女の内面から滲（にじ）み出る言葉も、また染め上げられた糸や織り上げられた布のみずみずしい色合いを再現している井上隆雄氏の写真も美しい。

著者— 志村ふくみは滋賀県近江八幡生まれ。文化学院卒業。31歳で織物を始めたその年に、日本伝統工芸展に初出品で入選。その後も数々の受賞を経て、1990年、重要無形文化財保持者（人間国宝）に認定された。
井上隆雄は滋賀県大津市生まれの写真家。京都市立美術大学卒業。おもに民族芸術、仏教美術、生活などを企画撮影する。主な著書に『チベット密教壁画』『パガンの仏教壁画』『現代の茶会』などがある。

＼プラスα／

2013年、志村氏は京都に娘・洋子、孫・昌司とともに芸術学校アルスシムラを開校。

107

なめくじ艦隊(かんたい)
志(し)ん生半生記(しょうはんせいき)

古今亭志ん生(ここんていししょう)（1890〜1973年）

あたしなんぞ、道楽大学の
優等卒業生なんだけれども、
月謝はずいぶん高くついてますよ。
何しろ在学期間が永かったんでネ。

落語に馴染む

私は20歳くらいのとき、落語の名人のテープを聞くことを、日々の慰めにしていました。ちょっと孤独で、寂しいようなとき、とても心が癒やされるのです。とりわけ志ん生は「うまい」だけではなく、気(き)っ風(ぷ)がよくて、おかしみがある、そんな人間味にあふれた人柄が声音に滲(にじ)み出ていて、いつの間にかその世界に引き込まれる感じでした。

本書は志ん生の落語を聞いているような心地になる半生記です。全篇おもしろいのですが、定番は〝貧乏話〟。上の引用にあるように、とにかく酒好き、女好き、遊び好きの道楽者で、財布はザルのようなもの。いまどきそういうヤンチャな生き方をする人が減っているせいか、エピソードの一つひとつがどこか懐かしく、ホッとする感じもします。

そんな志ん生が働くことを決意する場面がまたおもしろい。それは、あるお金持ちから子どもの着物を一包みもらったときのこと。なかに新品同様の絣（かすり）の着物があって、「こういう着物を早く子らに着せて喜ばせてやりたいなア」と思った。その気持ちをこう表現しています。

なんだかそのカスリの着物が、あたしの襟首（えりくび）をグッとつかまえて引き立ててくれるような気がした。ゆるんでるあたしの心に、この着物がガッチリとタガを入れてくれた。

表現がうまいですねぇ。それまで納豆売りをしていて、呼び声ができなくて売れなかった、なんてエピソードもあり、ぐっときます。

〝締め〟に、「落語のある暮らし」の良さを語ったくだりを一つ。

落語てえものは、聞いていて決して害になるもんじゃない。
落語ぐらいためになるものはありませんよ。
落語をきいていると、自然と人間のカドがとれて、
やわらかになってくる。やわらかになってくれば、
いうまでもなく人とのあたりがよくなって、
ものごとが丸くおさまる。夫婦の仲だってよくなるし、
家の中も明るくほがらかになる。
このせちがらい世の中をたのしく生きぬくためには、
もってこいのものなんですよ。

DATA

作品―「酒がいっぱいあるから満州行を決意した」という話など、五代目志ん生が酒、女、バクチ、芸をしみじみと語る。お弟子さんが口述筆記したこの半生記には、志ん生の人柄が滲み出ている。

著者―東京・神田の生まれ。昭和を代表する落語家。1939年、五代目志ん生を襲名。紫綬褒章受章。ほかに『びんぼう自慢』『志ん生長屋ばなし』などの著書がある。

＼プラスα／

何度も師匠替え・改名をしていることで有名。背景には、借金から逃げる目的と、いっこうに売れない状況を打破することを願う意味があったとか。

108 紫の履歴書

美輪明宏（1935年～）

**（私は何をしているのだろう。この人達の
命を削って得た金で、鼻歌を歌っているのだ）
私は、にわかに、自分の贅沢に着飾った
愚かな孔雀のような態が、
惨めで愚鈍な道化師のように思えた。**

全身全霊を打ち込む覚悟を決める

2015年の紅白歌合戦で、美輪明宏さんが「ヨイトマケの唄」を歌った、あの場面を見て感動に震えた人は多いかと思います。美輪さんがこの歌に込めた思いがヒシヒシと伝わってきましたよね。

上の引用は、美輪さんが自分で詞を書き、曲をつけるようになるきっかけとなった出来事を描写したくだりです。それは、筑豊の炭坑町でコンサートを開いたときのこと。美輪さんは穴ぼこだらけの舞台に辟易していたのですが、ふと「見てしまった」のです。**「すぐ足もとまで鈴なりになっている、老若男女の、顔、顔、顔の絵巻」**を。

**年寄り達の深いしわの間には、黒い石炭が光っており、
主婦達や男達のひび割れた手のしわも、**

どこもかしこも、苦渋に充ちた、石炭の嘆きがあった。
抱かれたり、背負われたりしている子供らは、皆瘦せていて、
子供のくせに、もう既に世間に疲れた瞳をしていた。

「ヨイトマケの唄」はきつい肉体労働で家族を支える母親を讃えた歌なのです。

また同性愛に目覚めた彼は、生まれついての美貌を生かし、ユニセックスな魅力を前面に打ち出しました。いまのヴィジュアル系の元祖ですよね。ただ当時、彼が女装して現れると、「シスターボーイ」「化け物」などと呼ばれたそうです。しかし差別にも蔑視にも萎縮せず、美輪さんは偏見にまみれた社会のほうを教育していったのです。

本書を読むと、美輪さんが通った後に、新しい道が開けていったことがよくわかります。現在の芸能界をちょっと見ただけでも、美輪明宏さんが切り拓いた道筋が何本も見えるでしょう。

DATA

作品― 歌手として、俳優として、独自のスタイルを築き上げた美輪明宏が、自らの半生を語った書。幼年時代を過ごした故郷・長崎の美しい記憶、原爆体験、同性愛の目覚め、上京して以降の辛酸……スターの座を獲得するまでの栄光の道のりが語られている。

著者― 長崎市生まれ。17歳で歌手デビュー。妖艶な美貌とスタイルで人気を博す。「メケメケ」「ヨイトマケの唄」が大ヒット。演劇では、寺山修司が主宰する演劇実験室天井桟敷の旗揚げ公演に主演したほか、1968年には三島由紀夫作品「黒蜥蜴」に主演した。

＼プラスα／

初版本には、三島由紀夫が「昭和有数の奇書として推す」という序文を寄せている。

109 レオナルド・ダ・ヴィンチの手記

レオナルド・ダ・ヴィンチ（1452〜1519年）

畫家は「自然」を師としなければならぬ
——畫家が手本として他人の繪を擇ぶならば、
かれは取柄の少い繪をつくるようになるだろう。
しかるに自然の對象をまなぶならば、
立派な成果をあげるであろう。

天才の「観察眼」「認識力」に触れる

レオナルド・ダ・ヴィンチは「モナ＝リザ」や「最後の晩餐」「聖アンナ聖母子」など、「不朽の名作」とされる絵画で有名です。上の引用は、精密な写実と深い精神性を備えた絵を描いた彼らしい言葉。別のところで**「畫家は自然を相手に論争し喧嘩する」**と言っていて、自然をじっくり観察し、本質を認識する姿勢で絵に取り組んでいたとわかります。

彼のこの観察眼・認識力のすばらしさは、他のあらゆる学問で発揮されました。たとえば物理分野では、後年ニュートンが確立した「運動の三法則」にも通じる、次のような記述があります。

運動はあらゆる生命の源（みなもと）である。

●

あらゆる運動は自己維持につとめる、
換言すれば動かされたあらゆる物体は、
彼の中に動かし手の力の印象が保存されるかぎり、
いつまでも動く。

ほかにも**「なぜその重さというものはそんなにごくたやすく地球の中心を発見することができるのか」**とか、**「生命のあるところに熱あり、生命の熱あるところに蒸気の運動あり」**など、鋭い観察眼・認識力には驚くばかりです。

数学者でないものには、私の原理は読めない。

という言葉にドキッとさせられつつ、大いに触発されます。

DATA

作品― レオナルド・ダ・ヴィンチが遺した膨大なノートから、わかりやすい文章を選び2冊に編集した。上巻には「人生論」「文学論」「絵画論」、下巻には「科学論」「技術論」のほか、手紙とメモを収録。人生に対する箴言（しんげん）や、寓話・笑話・文学に対する批評、名画「モナ・リザ」を生み出した陰影と遠近法の研究、解剖学などの記録も含まれる。

著者― イタリア・フィレンツェ近郊生まれ。幼少期に正式な教育を受けず、自由奔放に暮らす。14歳から画家を志し、フィレンツェの芸術家フェロッキオが運営する工房に弟子入り。独立してからは仕事を求めて各地を点々とする。絵画のほかにも彫刻、建築、科学、天文、物理、解剖などに通じ、「万能の天才」と称される。

＼プラスα／

ダ・ヴィンチは天才だが、外国語と暗算は苦手だったとか。

110
造形思考(ぞうけいしこう)

パウル・クレー（1879〜1940年）

点と点との緊張を結べば、線が生れる。

「わからない」ことにビビらない

「すべてのフォルム（形）は点から発生する」とクレーは言います。一枚の絵もそう。誕生の経緯を彼はざっくり、こんなふうに説明します。

「まず点が生まれ、そこから線が発生。面が形成され、面によって空間が立ち上がる。その空間がフォルムを宿し、フォルムは色を帯びながら、一枚の絵の可能性を広げる。そして絵は、見る人間を創造する」

……ちょっとわかったような気になるでしょうか。本書は天才芸術家の知性がほとばしるようで、読むのも要約するのも、本当に難しい。冒頭の「永遠の博物史」の「宇宙―カオス」からして頭を抱えます。

対立概念としてのカオスは、本来の、本当の真実のカオスではなく、宇宙という概念に対して区域的に規定された概念である。

ただクレーがフリーハンドで描いた絵や図形がふんだんに盛り込まれているからでしょうか。理解できなくても、ページをパラパラとめくっているだけで楽しくなるのです。ですからどうか、「わからない」ことにビビ

パウル・クレー

らないでください。20ページに一つくらいわかる言葉があればラッキー！　くらいに思って、読み進めていきましょう。わからないながらも楽しむことこそが、知的な作業なのです。

ちなみに岡田温司（あつし）氏（京都大学名誉教授、西洋美術史・思想史専攻）は文庫版の解説で、「『造形思考』には、美術史にかかわるさまざまな問題はもちろんのこと、自然の観察や実験、博物学、光学、解剖学、人間観などに至るまで、およそあらゆる分野における詩作の軌跡が盛り込まれている」と書いています。そしてクレーをルネサンスの万能の天才レオナルド・ダ・ヴィンチと並び称し、「両者にとっての絵画とは、そうした旺盛な好奇心とたゆまぬ探求の成果が発揮される恰好の媒体だった」と結論づけています。これで知的好奇心が刺激されなきゃウソですぞ。

DATA

作品―ドイツの建築・美術学校、バウハウスでの講義のためにまとめられたノートであり、同時にクレーの思考の軌跡がたどれる書。上巻ではクレーの遺した膨大なスケッチ、草稿が集成され、どのようにして彼の独創的な作品が生まれたのかを明らかにする。下巻では「見えないものに形を与え、目に見えるようにするのが芸術の本質だ」とする彼の思想に迫る。

著者―スイス・ベルン近郊生まれ。父は音楽教師、母は声楽家。小学校入学と同時にバイオリンを習い始め、11歳でベルンのオーケストラ・メンバーになるほどの腕前だった。高校卒業後、ドイツ・ミュンヘンへ。美術の道に進むと、1914年に北アフリカ・チュニジアを旅行したことを機に鮮やかな色彩に目覚め、作風が一変した。第一次世界大戦後にはバウハウスで教鞭を執るなど、活躍したが、ヒトラーによる前衛画家弾圧を受けて、スイスに亡命。やがて病魔に襲われ、60年の生涯を閉じた。

＼プラスα／

晩年、クレーは天上と地上の「中間領域」を飛び回る天使たちをよく描いた。デッサンや絵の数は60点を超えるそうだ。谷川俊太郎の『クレーの天使』もおすすめ。

111 フリーダ・カーロ
痛（いた）みこそ、わが真実（しんじつ）

クリスティーナ・ビュリュス

**私は夢なんて描いたことないわ。
私は自分自身の現実を描いてるだけよ。**

自分の内面を絵や言葉で表現する

フリーダ・カーロはメキシコ生まれの画家。多くの独創的な自画像を描いたことで知られています。その生涯をざっと紹介すると――

フリーダは幼い頃に小児麻痺（しょうにまひ）により、右足が不自由になりました。また彫刻家フェルナンデスの弟子をしていた17歳のときに、バスと路面電車が衝突する事故に遭い、瀕死の重傷を負いました。生涯、その後遺症に苦しんだのです。22歳で21歳年上の画家ディエゴ・リベラと結婚。夫の不貞に苦しむ一方で、イサム・ノグチ、トロツキーらと奔放な恋愛を繰り返しました。まさに波瀾万丈（はらんばんじょう）の人生です。

自画像のなかに**「ひび割れた背骨」**（1944年）という作品があります。地震でひび割れた大地を背景に、傷だらけの自分の体を描いたもの。鑑賞者を自らの苦しみに直面させるよう、視線はまっすぐ前を見据えています。開かれた体は手術を示唆するよう。スチール製のコルセットがなければ身も心もバラバラになってしまう、そんな彼女の気持ちが見て取れます。

また**「小鹿」（あるいは「傷ついた鹿」）**は、有名な作品。解説には**「（鹿の体を持つ）彼女の頭には若い鹿の角が生え、体には９本の矢が突き刺さり、彼女をゆっくり死にいたらしめようとしている。これは、ディエゴが大勢の女性と恋愛関係をもっていたときの、フリーダの精神的な苦しみを象徴している」**とあります。

このほか、ディエゴの顔が額に貼りついている**「ディエゴと私」**とか、流産したために血で赤く染まったシーツに横たわる裸婦を描いた**「ヘンリー・フォード病院」**など、彼女にしか描けない作品ばかりです。

教育の場ではいま、「表現活動」が重視されています。自分自身をどう表現するか、自分の考えをどう表現するかが大事なテーマです。その意味では、自分の姿を心の象徴として表現したフリーダは、非常に刺激的な存在だと思いますね。

「小鹿」（あるいは「傷ついた鹿」）。1946年制作

DATA

作品―メキシコで最も有名な画家の一人フリーダ・カーロ（1907〜54年）の生涯を、彼女が描いた自画像とともに綴（つづ）る。

プラスα

「青い家」と呼ばれる生家は、いま、フリーダ・カーロ博物館として公開されている。

Chapter 11

ノンフィクション

112
悲しき熱帯

レヴィ＝ストロース（1908~2009年）

**世界は人間なしに始まったし、
人間なしに終るだろう。**

文明とは何かを改めて考える

上は、最終章を飾る衝撃的なフレーズです。人類はこれまで文明の発展に腐心してきました。しかしその行為は、人間の思い上がりではないのか。本書を読むと、そう戒められているように感じます。

レヴィ＝ストロースはアマゾン奥地の、「未開」と決めつけられた民族に入り込み、フィールドワークを実施。**「野生の思考」**を復権させ、西洋中心主義的な考えを相対化しました。未開人とされる人々がありあわせの材料で必要なモノをつくっていることに着目し、彼らの文明は決して遅れているのではなく、地球環境や社会の安定を維持する、非常にすぐれた手段だと評価したのです。それが西洋の「文明の思考（科学的思考）」と対極にある考え方とし、「野生の思考」と呼びました。

本書は２巻にあるボロロ族の「生者と死者」の話から読み始めるのがおすすめです。著者とともに探検をしているような臨場感が得られて、盛り上がります。不思議なことに彼らには、「住民一人が死ぬと、村は集団で狩りを催す」という風習があります。それは「自然に向けての討伐行」。ジャガーを仕留めることが理想とされています。なぜでしょう？

死は同時に自然であってしかも反文化的である。
つまり、一人の原住民が死ぬ度に、彼の近親者だけでなく
社会全体が被害を受けることになるのである。
自然が社会に対して科(とが)を負うべきこの損害は、
自然の側に「負債」を生じさせることになる。

と考えるから。つまり死という損害を村に与えた自然に、借りを返してもらう、それが狩りだ、ということです。そして死者は、その〝相殺(そうさい)狩猟〟の後に、魂の世界に組み入れられるとされています。

科学的視点に慣れた現代人にとって、こういった彼らの暮らしは呪術的・魔術的に映るかもしれません。しかし彼らは、何万年にもわたって安定した社会を維持しています。近年よく言われる「持続性」という点において、現代社会よりむしろ安定性があるくらいです。

現実に地球との関係が危機的な状況にあるいま、本書をきっかけに、改めて文明とは何かを考えてみてはいかがでしょうか。

DATA

作品― アマゾンの未開民族に入り込み、フィールドワークを行ったときの記録。1930年代のアマゾン奥地の、まだ文明に汚されていない自然と、そこに生きるインディオ（先住民）たちの暮らしが描かれている。探検記のように読める。

著者― ベルギー・ブリュッセル生まれ。大学では法学と哲学を学んだが、ブラジル・サンパウロ大学の社会学教授に就任したことを機に、フィールドワークに取り組んだ。構造主義を代表する人類学者。代表的な著作に「人間の根源的な思考」を明らかにしようとした『野生の思考』がある。

＼プラスα／
構造主義を理解するには、『ソシュールの思想』がおすすめ（本書164頁、作品70参照）。

113

ソロモンの指環（ゆびわ）
動物行動学入門（どうぶつこうどうがくにゅうもん）

コンラート・ローレンツ（1903～89年）

ある動物の「語彙（ごい）」を理解することは、
けっしてむずかしいことではない。
われわれが動物たちに
話しかけることもできる。

動物と言葉と心を通わせる

動物たちは、人間が中心の世界の脇役として、生きているのではありません。私たちは何となく「言語によるコミュニケーションは人間にしかできない」と思い込んでいますが、引用にあるように、ローレンツは否定します。**動物たちにはそれぞれ言葉がある**、というのです。

たとえばガンたちは、これから飛び立ちたいときには「ガガ、ガガ」、歩きたいときには「ガギガ」と鳴くそうです。またコクマルガラスは、ちょっと遠出したい気分のときは「キャア」、巣に帰りたいときは「キュウー」と、気分を表現するといいます。さらにおもしろいことに、その気分は群れに伝染するとか。30分くらい〝キャア気分〟と〝キュウー気分〟の間をさまよい、〝キュウー気分〟が８割くらいに達すると、みんなでそろって家路につくそうです。それで人間も「カラスといっしょに帰りましょ」となる……なんてことは書いていませんが。

あとローレンツの業績に、**「刷りこみ」**という現象を発見したことがあります。「動物は生まれて初めて見たものをお母さんだと思ってしまう」って、聞いたことがありますよね？　あの理論です。しかも、

「刷りこみ」という過程には、やりなおしがきかないのだ。

とあり、「魚や鳥の性衝動は、最初に親だと思った存在に対して起こる」ことを発見しました。あるクジャクはいっしょに住んでいたゾウガメに求愛し、メスのクジャクには目もくれなかったそうです。

この本を読むと、「人間には人間の、動物には動物の世界があって、みんなが自然のなかで共存している」という感覚になります。つい笑ってしまうおもしろさがありますよ。

ちなみにタイトルの「ソロモンの指環」とは、ソロモン王が魔法の指環で獣たちと語ったという旧約聖書のエピソードに由来します。

DATA

作品— 動物たちにはそれぞれ、言葉がある――動物行動学を開拓したローレンツ博士が、あふれる愛情と共感をもって、動物たちの生態を描く。

著者— オーストリア・ハンガリー帝国のウィーン近郊生まれ。ウィーン大学で医学・哲学・動物学を学び、解剖学助手となる。1937年比較解剖学と動物心理学で博士号を取得。第二次世界大戦後、マックス・プランク行動生理学研究所を創設、所長となる。1973年、ノーベル生理学医学賞受賞。その後故国に帰り、オーストリア国立科学アカデミー比較行動学研究所長を務める。

＼プラスα／

著書にはほかに『攻撃――悪の自然誌』、『人イヌにあう』などがある。

114

ホモ・ルーデンス

文化のもつ遊びの要素についてのある定義づけの試み

ヨハン・ホイジンガ（1872～1945年）

**遊びが役立とうとしている目的は
その場で役立つ物質的利益や
個人的な生活上の必要を満足させるような
領域を越えているからだ。**

日常を「遊び化」する

人間は「ホモ・サピエンス」と呼ばれるせいか、私たちは何となく「知性があるから人間なんだ」というふうに思い込んでいる部分があります。しかしホイジンガは、本書のタイトルに「ホモ・ルーデンス（＝遊ぶ人）」とあるように、「遊ぶから人間だ」と明言しています。冒頭で、

遊びは文化より古い。

と言い切り、「人間文化は遊びのなかにおいて、遊びとして発生し、展開してきた」としているのです。幼い頃から「遊んでばかりいちゃダメよ」と叱られてきた身としては、それだけで溜飲が下がるのでは？

と言っても、単にふらふらと、不真面目に時を過ごすことは、ホイジンガの言う遊びではありません。引用にあるように、「利害の絡む目的なんかはなく、生活に役立つものでも、個人的な欲望を満たすものでもない」けれど、純粋に真面目に遊ぶ、そこに遊びの良さがあるとしています。私たちが人生に取り入れたいのは、まさにその感覚です。

たとえばスポーツや楽器の演奏、演技の世界では、遊びを意味する「play」という言葉を使います。名手になればなるほど、「一生懸命に取り組んでいるなかに遊びと美しさがある」と思いませんか？

日常的世界の外に出て、それを越える体験を味わいながら、
それでも彼の行為は遊び（演奏）であり続ける。
こうした遊びの性格は最も崇高（すうこう）な行為に固有なものとして
とどまりうるのだ。

つまり一生懸命、真面目にやるからこそ、人間が人間たるために必要な遊びなのです。私がおすすめしたいのは、この感覚を取り入れて、日常を「遊び化」すること。間違いなく、毎日が楽しくなります。

DATA

作品― 1冊丸ごと遊びの本。ホイジンガは世界中の歴史を検証しながら、「遊び」を探求。「人間は遊ぶ存在である」という結論を導き出した。「不真面目なのは遊びではない。真面目に取り組むからこそ遊びなのだ」といった主張に触れ、遊びの世界の深さにうならされる。

著者― オランダの文化史家、文明批評家。母校のフローニンゲン大学、ライデン大学で教授を務める。1932年、ライデン大学総長に就任。晩年、ナチズムを批判したとしてドイツ占領軍に捕らえられた。釈放されてのち、自伝『わが歴史への道』を著した。

プラスα

フランスの文学者・批評家ロジェ・カイヨワが本書に影響されて『遊びと人間』という本を執筆している。ホイジンガの論を補強するうえでも役立つ１冊だ。

115

整体入門

野口晴哉（1911～76年）

（活元運動も相互運動も）
行なう時に一番大切なことは、
やり方ではありません。
「天心」であること、——これが根本です。

「気」を意識して暮らす

私たちは挨拶がわりに「元気ですか？」という言葉を使います。ほかにも気力がある・ない、根気がある・ない、気分がいい・悪い……ふだんはあまり意識していないと思いますが、「気」というのは実は非常に身近な存在なのです。その気を研究し、体を整える独自の整体法をつくったのが、野口晴哉。私も若い頃、教室に通ったことがあります。

野口整体で最も重視されるのが**「活元運動」**。体のなかの元気を取り戻す方法で、まず邪気を吐きます。両手でみぞおちを押さえ、上体を屈めるようにして、体内の悪い気を全部吐き出すのです。その後、体の自発的な運動を誘導して、体の偏りを調整します。お手本はいつも動き回っている子どもです。大人はムダに動かないために体が固まってしまいがち。子どもは寝相が悪いと言われますが、あれも寝ている間の自然な調整機能です。

また**「合掌行気法」**もいいものです。合掌して指から手掌へ息を吸い込み、吐く――合掌した手で呼吸する感覚で行います。やっていると手掌がだんだん温かくなり、熱くなり、アリが這(は)っているようなむずむずした感じになります。そのまま続けると、手の先から呼吸しているイメージになって、「天地一指(てんちいっし)」のような境地に至ります。

ほかに**「愉気法(ゆきほう)」**という、体の本能的な力を使ったものがあります。私たちは疲れると自然と肩や腰に手を当てますよね？　あるいは誰かが気分が悪くなったら、背中をさすってあげますよね？　そういった行為はみな、体に気を送るものなのです。

ほかにもいろいろな運動が紹介されていますが、すべてに共通するのは冒頭の引用にあるように、**「天心」であること**。欲得のない、まっさらな心で行うことが大切だとしています。

本書を読めば、気の存在を意識して生活できるようになります。それが心身の調子を整えることにつながるので、実践してみてくださいね。

DATA

作品― 野口整体の創始者である野口晴哉が、初心者向けに野口整体のポイントをわかりやすく説いた本。「活元運動」、「体癖論」、「整体体操」、「愉気法」などのほか、風邪の活用法、飲み過ぎ食べ過ぎの体操など自分の力で自分の症状を癒す操法と原理が紹介されている。

著者― 東京・上野生まれ。古今東西の健康法や療術などを独自に探求し、15歳で入谷に道場を開く。愉気と活元運動を主体とする「自然健康保持会」を設立。しかし30代後半くらいに治療を捨てて、人間本来の力を引き出して健康に導くことに軸を置いた「体育」活動を始動。1956年、文部省体育局より認可を受け「社団法人整体協会」を設立。整体法に立脚した体育的教育活動に専念する。

＼プラスα／

12歳のときに関東大震災を体験し、焼け野原で苦しむ人たちに本能的に手をかざしたところ、多くが快復。これをきっかけに治療家を志したという。

116

記憶喪失になったぼくが見た世界

坪倉優介（1970年～）

目のまえにある物は、はじめて見る物ばかり。
なにかが、ぼくをひっぱった。
ひっぱられて、しばらくあるく。
すると、おされてやわらかい物にすわらされる。
ばたん、ばたんと音がする。
いろいろな物が見えるけれど、
それがなんなのか、わからない。
だからそのまま、やわらかい物の上に
すわっていると、とつぜん動きだした。

まっさらな目で世の中を見直す

ドラマや映画ではよく「記憶喪失」という設定が使われます。ドラマチックな展開を描きやすいからでしょうか。しかし、本書は正真正銘のノンフィクション。著者の坪倉さんは乗っていたスクーターがトラックに衝突し、重度の記憶喪失になったのです。冒頭の引用は、彼が退院して自分の家に帰るときに、〝初めて目に映じた世界〟を綴(つづ)った文章です。

また「お米の味を知る」という項目では、釜の中をのぞいて「光るつぶつぶがいっぱい入っている。きれい。でもこんなきれいな物をどうすればいいのだろう」と不思議がる場面が出てきます。お母さんに教わった通り食べ、「おいしい」の意味を理解します。**「そうなのか、あのぴかぴか光る物のことを『ごはん』というんだ。それに口の中で、こういうふうになることを、『おいしい』というのか」。**食べること自体がどういうことなのかも忘れていたわけです。記憶喪失がここまでとは……驚きながらも、彼の〝初めて物語〟を読むと、「まさに現象学的記述だ」と感じます。

現象学とは、思い込みや先入観を排除して、まっさらな目で丁寧に世界を見直してみよう、という学問です。その意味では、記憶喪失によって知識がすべて消えた坪倉さんの世界は、まさに現象学ですよね。

その後、染織の世界に入り、草木染めを手がけた彼は、梅の木で染めようとしたけれど、思い通りの色が出ずに苦労した末に気づきました。**「花を咲かせる前の枝と、咲かせ終わった枝とでは、染め上がった色がぜんぜん違うのだ。これが生命(いのち)の色なんだ」**と。

すべての記憶を失ったのに、むしろ自然を感じ取る力は高くなり、ものを見る目はこまやかになったようです。みなさんもときに思い込みを捨てましょう。感性がより鋭敏になりますよ。

DATA

作品― 交通事故で記憶喪失になった18歳のぼくは、食べる、眠るなどの感覚さえわからなくなった状態からしだいに記憶を再構築していく。そして「新しい自分」を生き始め、草木染め職人として独立。本書は、その間に「ぼくが見た世界」が生き生きと綴(つづ)られた感動的なドキュメント。

著者― 大阪府門真(かどま)市生まれ。大阪芸術大学芸術学部卒。記憶喪失になって5年後の1994年、京都の染工房「夢祐斎(ゆめゆうさい)」入社。染師・奥田裕斎に師事し、2001年に草木染め職人としてデビュー。2005年に独立し、「優介工房」を設立。さまざまな植物を使った草木染めはファンを魅了し続けている。

＼プラスα／

本書は2001年に刊行された『ぼくらはみんな生きている』を改題したもの。2003年にはオダギリジョーの主演でドラマ化された。

117

ぼくの命(いのち)は言葉(ことば)とともにある

福島智(ふくしまさとし)(1962年〜)

なぜ生きているのかわからないけれど、
自分を生かしている何ものかがいる。

読書が生きる力と勇気を与えてくれる

失明・失聴した18歳当時のことを、福島智さんはこう綴(つづ)っています。

私はいきなり自分が地球上から引きはがされ、
この空間に投げ込まれたように感じた。
自分一人が空間のすべてを覆い尽くしてしまうような、
狭くて暗く静かな「世界」。ここはどこだろう。(中略)
私は限定のない暗黒の真空中で呻吟(しんぎん)していた。

光と音の世界を持つ者には、そこは想像を絶する世界です。でも福島さんは呻吟しながらも、他者とのコミュニケーションと読書に救いを求めて、生きる意味や幸福を実感していきます。

コミュニケーションについては、「他者とのコミュニケーションにより自己を認識できる。と同時に、自己の存在も実感できる」と考察。それが自分が生きていることの証左であると気づきました。

読書については、冒頭の引用が象徴的です。ある本で読んだ「フランクルの公式」に衝撃を受けました。その公式とは、

「絶望＝苦悩マイナス意味」。

それは、第二次世界大戦中にユダヤ人のフランクルが、アウシュヴィッツで体験した極限の苦悩を分析することをテーマに、博士論文を書いていたときのこと。点字でこれを読んだ瞬間、指の動きが一瞬止まったそうです。「苦悩と絶望は違うものなんだ。苦悩には意味があるんだ」と知って、自分の受けた苦悩にも生きる意味があると考えたのです。

また芥川龍之介（あくたがわりゅうのすけ）の『杜子春（とししゅん）』では、「幸福というのは今、目の前にあるもの、すでに自分のそばにあるものだ」というメッセージを、作者から受け取ったといいます。ほかにも小松左京（こまつさきょう）、北方謙三（きたかたけんぞう）らの小説や谷川俊太郎（たにかわしゅんたろう）・吉野弘（よしのひろし）などの詩、ひいては落語まで、幅広いジャンルの読書が世界を広げてくれたそうです。

本書を読むと、生きる意味や幸福を考えるうえで、コミュニケーションと読書がいかに重要なものか、改めて気づかされるでしょう。

DATA

作品― 光と音の世界を喪失した著者が、いかにして他者とのコミュニケーションを復活させたかを語る。そこを端緒に生きる意味を問い、幸福の在所を探し求める。両親や友、師との交流、フランクル・芥川龍之介・小松左京・北方謙三らの著書との出会いなど、思考の足跡は広範囲におよぶ。

著者― 兵庫県神戸市生まれ。3歳で右目、9歳で左目を失明、18歳で失聴。全盲ろう者として初めて大学（東京都立大学人文学部）に進学。金沢大学教育学部助教授を経て、東京大学先端科学技術研究センター准教授・教授に就任。専門はバリアフリー教育、障害学、障害者福祉、アクセシビリティ。

＼プラスα／

18歳までの音の記憶が残っていて、口で発話することができる。

118

野口体操　からだに貞く

野口三千三（1914～98年）

自分自身のもつ重さがコトバになるわけです。
その重さというコトバによって、地球に、
あるいは重さの神に話しかけるわけです。
これがよくできるようになると、
自然にからだが上がっていきます。

新しい身体感覚に目覚める

体操というと、「イチ、ニ、サンッ…！」の号令の下、手足をキビキビ動かしたり、跳躍したりすることを思い浮かべるかもしれません。しかし野口三千三が創始した体操は、概念がまったく異なります。「こんにゃく体操」と呼ばれるように、体の中身を感じながら、ゆっくりと力を抜いて、コンニャクみたいに体をグニャグニャさせるものです。

上の引用は、階段を上がるときに、自分の体の重さによって「下」に話しかけることが大事だと説明しているところ。そうではなく上体や肩、上げる脚に力を入れて上がろう、上がろうと努力すると、自分の体の重さが負担になって疲れてしまうというのです。

「生きている人間のからだは、皮膚という生きた袋の中に液体的なものがいっぱい入っていて、その中に骨も内臓も浮かんでいる」と野口は言います。そしてその体は重力によって、地球の中心につながっている。そしてあらゆるものは重力の原理に従っているから、体も重力に任せることが大切である、というのが野口の考え。これを、

重さの神の声を貞(き)け。

と表現しています。実は私は野口体操の教室に通い、三千三先生から指導を受けたことがあります。かなりご高齢でしたが、180度に開脚して上体をぴたりと床面につけて見せてくれて、衝撃を受けたことを覚えています。**「からだが地球と一体になった気持ちになれる」**そうです。

本書にはまた、野口体操の方法だけではなく、漢字の成り立ちと体の動きを結びつけた考えも紹介されています。**「コトバというのは、からだの動きそのもの、あるいは、からだの動きの延長だと思っている」**と言い、言葉はすべて体の動きをイメージして生まれてきたのではないか。逆に言えば、体は言葉でイメージしたように変わることができる、とも述べています。このあたりも含めて本書は、新しい身体感覚に目覚めるきっかけになると思います。

DATA

作品― 野口体操の真髄は、体のなかの声に耳を傾けながら、「人間とは何か」を探求することにある。力を抜き、重さに任せて体を動かすと、全身の緊張がほぐれ、生命は本来の輝きを取り戻す。そんな野口体操の原理と、幼児から老人まで、誰にでも簡単にできる具体的な体操の方法が明かされる。

著者― 群馬県生まれ。群馬師範学校卒。「体操による人間変革は可能」という信念の下、野口体操を創始した。東京芸術大学教授時代には、野口体操を通して演劇・美術・音楽などの世界に多大な影響を与えた。

＼プラスα／

体を横たえて動くのを「寝にょろ」、腹筋に似た運動を「おへそのまたたき」と呼ぶなど、おもしろい表現がいっぱい。

119

いしぶみ
広島二中一年生全滅の記録

広島テレビ放送編

**桜美一郎くんが、広島二中一年生の
最後の死亡者でした。
本川土手に整列した広島二中一年生、
三百二十一人と四人の先生は、
こうしてひとり残らず全滅しました。**

全人類必読の書

私は本書以前に、井伏鱒二の『黒い雨』や大江健三郎の『ヒロシマ・ノート』など、原爆をテーマにした本を何冊か読んでいました。広島の原爆記念館を訪ねたこともあります。原爆の恐ろしさを痛感させられたことは、一度や二度ではありません。それでも本書を読んだときは、その壮絶さに震えが止まりませんでした。

爆撃を受けた広島二中一年生は、元気だった最後の43秒間をしっかりと記憶していたといいます。いくつかの証言を引用します。

河野幹雄くんは、ピカッと光ったなと思ったときから

目が見えなくなり、山田哲治（やまだてつじ）くんは、
数人の同級生が爆風で本川の中に吹きとばされるのを見ました。

●

（桑原幸則（くわばらゆきのり）くんは、船に乗せられて家に向かう途中で）
ぼくがなおったら、きっとかたきをとってやる、
とひと言いって死にました。

●

（山下明治（やましためいじ）くんは、お母さんに見とられて亡くなりました）
死期がせまり、わたしも思わず、
お母ちゃんもいっしょに行くからね、と申しましたら、
あとからでいいよ、と申しました。

●

（松井昇（まついのぼる）くんは「明日は水浴びに行く」と言っていたのに病状悪化）
進め、進め、やっつけろ、と手をしきりにふりまわし、
最後には、お母さん、おばあさん、とそれこそ声をかぎりに
肉親の名を呼びつづけて死にました。

戦後半世紀以上が過ぎましたが、核爆弾を保有する国はなくなりません。戦争もなくなりません。日本は唯一の被爆国として、世界に核爆弾の悲惨さを訴えていかねばなりません。本書にはそうした責任を果たし続けていく力があると、私は思います。

DATA

作品― 1945年8月6日、広島二中の一年生が一人残らず、原爆で殺された。その一人ひとりの最期を綴（つづ）ったのが本書である。落ちてくる原爆が爆発した瞬間から、逃げ惑う生徒たちの様子、その場で死んでしまった者、生き延びたが数日後に亡くなった者……壮絶な最期に胸がしめつけられる。

＼プラスα／
慰霊碑には「なぐさめの言葉しらねば　ただ泣かん　汝（な）がおもかげと　いさおしのびて」の歌が彫られている。

120

ヨガの喜び(よろこび)

心も体も、健康になる、美しくなる

沖正弘(おきまさひろ)(1919～85年)

不安定なことすべてが、
心と体に対する「無理」になる。
体は無理になることをいっさいゆるさないから、
それは「痛み」「疲れ」「しびれ」などに
なって現われてくる。

心身のメッセージを聞く

そもそもヨガ(ヨーガとも言います)は、自分の身体に耳を澄ませる方法として注目された技法です。無理を重ねれば、当然、身体も心も悲鳴をあげます。その声に耳を傾け、相応の養生をしなければ、健康を損ねて当然なのです。上に続くくだりで、「心も同じだ」とし、こう述べています。

不自然な考え方や、おかしな感じ方をするから「悩み」になる。
悩みも、心があなたに「いま、ちょっとへんですよ。」と
警告しているのだと考えてほしい。

現代人は自分の心身の声にやや鈍感になっているかもしれませんね。無理を重ねた末に病気になる人が多いように見受けます。

ヨガで大切なのは「呼吸法」です。たとえば完全呼吸法は、ゆったりと息を吐き、お腹を引っ込めるようにして完全に吐き切ったところで息を吸うもの。自分の身体全体が一つの呼吸器官になった感じがします。さらにいまここにいる自分をあるがままに肯定し、その状態を味わい尽くした気持ちになります。それこそが「足るを知る」境地です。

満足せよ。足ることを知れ。——宇宙や自然は、人間に対して必要なものだけを与えている。病気になるときには病気になればいい。今あなたに与えられているものが、今あなたにとっていちばん必要なもの、いちばん価値があるものである。

深い呼吸でこんな心境になれるなら、心が落ち着きますよね。

またヨガで特徴的なのは、自然に逆らわないところ。自然を「対抗するもの」ととらえる西洋と違って、人間は自然の一部であるとしています。沖は**「呼吸とは宇宙の『気』を食べることであり、宇宙の活動エネルギーを体内に入れることである」**とも言っています。

この基本を踏まえ、ヨガのいろんなポーズを学んでみてはいかがでしょうか。柔軟な心身を手に入れ、何があってもしなやかに生きていく身体性・精神性を養うことができると思います。

DATA

作品— ポーズから呼吸法、食事法、冥想法まで、ヨガの奥義をやさしく詳しく解説。心と体というのはどうなっていて、どんな栄養を欲しているのか。どうすれば強くなるのか、ポテンシャルを引き出せるのか。そういったことを理解しヨガに取り組むと、心と体は悩みから解放される。

著者— 広島県出身。沖ヨガの創始者。「生命即神（生命がすなわち神である）」と説き、日本はもとより世界に影響を与えた。

＼プラスα／

沖はヨガを探求するなか、インドではガーンディー師のもとで修行したという。

Chapter 12

世界の古典文学

121

ドン・キホーテ

セルバンテス（1547～1616年）

「あれはただの風車で巨人なんかじゃねえと、おいらが旦那様に言わなかっただかね。おまけに、頭のなかを風車がガラガラ回っているような人間でもねえかぎり、間違えようのねえことだによ。」

「黙れ、友のサンチョ。」

“妄想力”を行動のエネルギーにする

上は、従者サンチョ・パンサと旅に出たドン・キホーテが、風車を見て「巨人だ」と突進してはね飛ばされる、あの有名な場面です。騎士道物語の読みすぎで自分を伝説の騎士だと妄想するドン・キホーテと違って、サンチョは現実的で打算的な人間――考えていることも風貌も正反対の凸凹コンビが、ボケとツッコミの究極の形を見せてくれる、そこがこの小説の一番の魅力でしょう。

しかしドン・キホーテは、ただの“妄想老人”ではありません。妄想を行動のエネルギーにするのです。こういう妄想力は現代のビジネス社会においても、成功の重要な要素でもありますよね。それが証拠に、大ヒットした商品・サービスの多くは、周囲のみんなに「そんなこと、できるわけない」「売れるわけない」と言われたところから開発が始まっているではないですか。発想した人の「妄想力の賜」とも言えます。

一方、サンチョも〝ただ者〟ではありません。領地欲しさに従者になったようでいて、主人を敬う心と、妄想につき合う愛情を持っています。ドン・キホーテの妄想力をしっかり支えているのです。**「おいらの主人にはずる賢さなんぞこれっぽっちもねえんだ。それどころか、あの人は魂がまるで水瓶の水みたいに澄んでいるから、誰に対しても悪いことなんかできねえし、よいことばかりしようとなさる。（中略）おいらはあの人が自分の心の臓みたいに愛おしく思われて、いくらばかげたことをしなさっても、見捨ててしまおうなんて気にはとてもなれねえのよ」**。サンチョが主人について語るこの台詞を音読すると、私は泣けてしまいます。

もう１箇所、涙なくしては読めないのは、ドン・キホーテが最期に正気に戻ってしまうくだりです。**「どうか喜んでくだされ、わしはもうドン・キホーテ・デ・ラ・マンチャではありませんからな。日ごろの行ないのおかげで《善人》というあだ名をちょうだいしていた、あのアロンソ・キハーノに戻りましたのじゃ」**なんて言われたら、寂しくて、寂しくて……。妄想の切れ目が命の切れ目だったのでしょうか。「〝妄想パワー〟は生きるエネルギーそのものだ」と強く思います。

DATA

作品— 騎士道物語の読みすぎで妄想にとりつかれた主人公は、自らをドン・キホーテ・デ・ラ・マンチャと名乗り、従者サンチョ・パンサを連れて旅に出る。時代錯誤な出で立ちや、口ほどにもない弱っちさで、行く先々で物笑いの種になる。笑える話満載の世界的ベストセラーである。

著者— スペイン生まれ。下級貴族の次男。17歳で人文学者ロペス・デ・オヨスに師事。その後、スペイン海軍に入隊するが、レパントの海戦で負傷、さらに本国に帰る途中で海賊に捕らわれ、アフリカ・アルジェで５年間の虜囚生活を送る。38歳で最初の小説『ラ・ガラテーア』を出版するも、税金未納で投獄される。私生活もドン・キホーテさながら!?

＼プラスα／

本作品は虜囚として暮らした獄中で構想されたとか。

122 マクベス

シェイクスピア（1564〜1616年）

人の生涯は動きまわる影にすぎぬ。
あわれな役者だ、ほんの自分の出場（でば）のときだけ、
舞台の上で、みえを切ったり、喚（わめ）いたり、
そしてとどのつまりは消えてなくなる。

欲望と野心に取り憑（つ）かれた果てに…

物語は、三人の魔女たちのおかしなかけ合いから始まります。

きれいは穢（きた）ない、穢ないはきれい。
さあ、飛んで行こう、霧のなか、汚れた空気をかいくぐり。

いかにも演劇的で、音読がはまるシーンです。その魔女たちはマクベスに「お前が王になる」と予言します。悪い気はしませんよね。マクベスは大変な野心家ですから、すっかりその気になってしまいます。とはいえ、現在の王、ダンカンは国民に人気のある人格者ですし、マクベスを高く評価していますから、殺すに忍びない。一応、マクベスは苦悩するのです。そんな夫がじれったく、夫人はこんなふうになじります。

魚は食いたい、脚は濡らしたくないの猫そっくり。

すごい譬え（たとえ）ですね。「自分の手を汚さずに、おいしいところだけ取ろうなんて、ダメよ」というわけです。それでも迷う夫を、**「(私なら) その気になれば、笑みかけてくるその子〔自分の赤子〕の柔らかい歯ぐきから乳首を引ったくり、脳みそを抉り（えぐり）だしても見せましょう」**と一喝。夫人の気迫勝ちです。

この場面は音読すると、非常に盛り上がります。私は100回以上音読し、暗記してしまいました。

しかしマクベスは、王を殺し、王位を手に入れると、今度は失うことが怖くなり、殺戮（さつりく）を重ねます。亡き王の亡霊にも悩まされます。一方、夫人もまた恐怖と呵責（かしゃく）から精神を病み、狂死してしまいます。最初の引用は、妻の死を知り、さらに復讐（ふくしゅう）と義憤に駆られた大軍に攻め入られ、絶体絶命になったマクベスの台詞です。**「世界は一つの舞台、人はみな役者」**という名言のあるシェイクスピアらしい言い回しです。

欲望と野心に取り憑（つ）かれた人間の、絵に描いたような転落のドラマは、400年以上経たいまなお古い感じがしませんよね。自分の内側からの責め苦ほど大きいものはないと戒（いまし）められるようです。

DATA

作品— スコットランドの将軍マクベスは、荒野で出会った三人の魔女から「いずれ王になる」との予言を受ける。その予言に導かれ、また妻にそそのかされて、マクベスはダンカン王を暗殺し、王位を奪う。その後も王位を失うことを恐れ、殺戮を重ねる。しかしマクベスも妻も良心の呵責に苛（さいな）まれ……

著者— イギリスの劇作家、詩人。20歳頃にロンドンに出て役者になり、後に新進の作家として活躍した。50歳を前に引退して郷里に戻るまでの約20年間に、多くの傑作を残した。『ハムレット』『マクベス』『オセロ』『リア王』は四大悲劇とされる。

＼プラスα／

黒澤明の映画「蜘蛛巣城（くものすじょう）」は『マクベス』を原作とし、舞台を日本の戦国時代に置き換えたもの。名作の輝きはそのままだ。

123

オイディプス王

ソポクレス（紀元前496〜後406年頃）

ああ、なんと恐しいことか、
知って何の役にも立たぬのに、
それを知る智慧を持っているということは！

知らなくてすむことは、知らなくていい

上の引用にあるように、オイディプス王は「知らなくてすむことを知ってしまった」ばかりに、大変な苦悩を背負い込みました。

オイディプスの悲劇は、父王ライオスが「やがて生まれる子どもの手にかかって殺されるべき運命にある」と告げられたために、山奥に捨てられたことに始まります。死なずにすんだのは幸いでしたが、〝運命の子〟と言うべきか、十数年後、父とは知らずにライオスとはち合わせし殺害してしまいます。やがて祖国テバイの国王の座についたオイディプスは、実の母とは知らずに先王の王妃を娶ります。

こんな悲劇はあるのでしょうか。父を殺したことも、母と姦通したことも、そうとは知らずにやったこと。オイディプスには故意はなかったのですが、知ってしまったばかりに苦しむことになったのです。

真実を知ったオイディプスは絶望して両眼を突き、盲目になってしまいます。運命から逃れようにも逃れられずに深みにはまっていく彼の悲劇は、

涙なしには読めません。それでいい。大泣きするのが正しい読み方です。この悲劇の醍醐味は、まさにアリストテレスの言うカタルシス――「自分に起こるかもしれない悲劇を、オイディプスが背負ってくれた」ように感じ、心のしこりが涙とともに浄化されたと感じるところにあるのです。

物語の最後、合唱隊の歌の詩が、切なく胸に響きます。

おお、テバイの人々よ、見るがよい、これがあのオイディプス、
名高きスフィンクスの謎を解き、この国を禍(わざわ)いから救い、
人々を巧みに支配して来た最も偉大な男、一人として、
その幸運を羨(うらや)まぬ者がいたろうか？　よく見るがよい、それが今、
嵐の吹きすさぶ苦難の荒海に呑みこまれようとしているではないか！
人の運命は計りがたい、誰にせよ、最後の日を迎えるまでは、
それを幸福な男と言ってはならぬ、苦悩の巷(ちまた)を脱して、
黄泉(よみ)の国に赴くまでは。

DATA

作品―紀元前430年頃に古代ギリシアで上演された戯曲。テバイという国に疫病が広がり、苦しみ嘆く民のもとへ、のちにこの国の王になるオイディプスがやって来る。彼は「先王ライオスを殺害した下手人どもを罰せよ」というアポロンの神託に従い、犯人捜しに乗り出した。ところが真実を知る予言者から、「先王の殺害者はあなた自身だ」と言われる。オイディプスは実は先王の捨てられた息子だったのだ。彼自身はそんなことは露知らず……

著者―古代ギリシア・アテナイの作家。古代ギリシア三大悲劇詩人の一人。27歳のとき、大ディオニューシア祭での悲劇競演でアイスキュロスを破り、以後、優勝を24回重ねる。生涯123篇の悲劇を書いたと言われる。現存するものは7篇。なかでも『オイディプス王』は珠玉の悲劇とされる。

＼プラスα／

フロイトが提唱した「エディプス（＝オイディプス）コンプレックス」は、その名を本書に由来する。男児が無意識のうちに母を愛し、父に敵意を抱く複雑な感情を意味する。

124

バートン版 千夜一夜物語

リチャード・バートン（1821~90年）

女という者はいったんこうと思いつめると、男がどんなに拒もうと、思いをとげるものだ。

アラビアの香りを満喫する

『アラビアン・ナイト』と聞くと、「ああ、子どもの頃に読んだなぁ」と懐かしく思い出す人も多いでしょう。『シンドバッドの冒険』や『アラジンと魔法のランプ』『アリババと40人の盗賊』など、ワクワクしながら読みましたよね？

そんな思い出は思い出として、大人になったいまは、機会を見つけて、1001の物語を収録した長大なこの本を読んでいただきたい。男女の色欲を核に物語が展開するあたり、実に〝大人向け〟なのです。

そもそも物語の設定からして、〝色〟がらみ。事の発端は、妃が黒人の奴隷と不倫の交わりをするのを目撃した王が、絶望して女性不信に陥ったこと。「この大地の表面には、今も昔も貞節な女など一人もいない」と嘆いた王は、なんと、「夜毎、一人の処女と交わり、翌朝殺す」という暴挙に出たのです。これに心を痛めたシャハラザードは、自ら王のそばに上がり、一夜一話、おもしろい話を聞かせてさしあげることに。その話がことのほかおもしろく、王は彼女を殺すのも忘れて聞き入りました。そうして千一夜目、頑なだった王の心は温かく溶けたばかりか、その間、三人の子宝に恵まれたのでした。1001の物語はそんな「めでたし、めでたしの物語」の下で編まれているんですね。

特徴的なのは、妻に裏切られる男の話が多いこと。総じて登場する男たちは、女性に振り回されてばかりなのです。引用にあるように、当時の社会が必ずしも男性優位ではないことがわかります。

ほかにも、ひげの濃い男と肌すべすべの若い男のどちらが恋人としてステキかを二人の女が自慢し合う話や、美しい若者と少女が魔女と織りなす妖（あや）しい話、何百人もの人間や宮殿さえも呑み込む袋の話など、艶話（つやばなし）や奇想天外な物語がてんこ盛り。王様よろしく夜毎一つの物語を読み、アラビアの香りに包まれながら眠るのもまた格別かと思います。

王に物語を聞かせるシャハラザード

DATA

作品― 中東諸地方の物語集。初めパフラヴィー語で書かれ、8世紀後半頃アラビア語に訳された。18世紀にフランス語版が作られ世界的に知られるようになる。バートンは1885年から88年にかけて英訳・出版した。大臣の娘シャハラザードがシャハリヤール王に毎夜、毎夜、千一夜にわたって読み聞かせた1001の物語が収録されている。それぞれの物語の起源はさまざまで、地域も広範囲。シャハラザードが王に語る、という枠にはまって統一感を獲得した。

訳者― イギリス生まれ、探検家、人類学者、作家、言語学者、翻訳家、軍人、外交官等、多岐にわたる分野で活動。インドを皮切りに、中東では巡礼者に変装してメッカ巡礼を行ったり、東アフリカのナイル川の源流を求めて探検したり、北米大陸横断により前人未踏の地を調査したり、世界を飛び回った。『千夜一夜物語』の翻訳は晩年に手がけたもの。

＼プラスα／

この物語集は多くの芸術家にインスピレーションを与えた。ドラクロワ、ギュスターブ・モローらの絵画、リムスキー・コルサコフ、ストラビンスキーらの音楽に影響を及ぼしたほか、この物語集をモチーフにした映画も作られている。

125 ギルガメシュ王3部作

ルドミラ・ゼーマン(1947年?)文／絵

ギルガメシュよ。ここに、きみの求めた永遠の命がある。(中略)きみがきずいたウルクの都、きみがしめした勇気、きみがしてきたさまざまの良いこと。きみは、人びとの心のなかに、永遠に生きつづけるだろう。

善行こそ〝不老不死の妙薬〟

愛、友情、欲望、怒り……人類普遍のテーマを描くこの本は、5000年以上も前に生まれたとは思えません。しかも絵本ながら、大人の鑑賞に耐える作品ばかり。易しい言葉で力強いメッセージを伝えます。

ではギルガメシュはどんな王様だったのでしょう？　第1部『ギルガメシュ王ものがたり』では次のように描かれています。

ギルガメシュは、神でもあり、人間でもありました。
人間の姿をしていましたが、人間の心とはどのようなものかは、しりませんでした。ギルガメシュは、大きく、つよく、なんでももっていましたが、しあわせではありませんでした。
友だちがいなかったからです。

**ギルガメシュは、いつも、ひとりぼっちで、そのために、
だんだん気むずかしく、ざんこくになっていきました。**

ひとことで言えば「孤独な暴君」だとわかります。しかし王は、エンキドゥという親友を得て、しだいに人間らしい優しさに目覚めていきます。その後も紆余曲折(うよきょくせつ)あって、親友亡き後は不老不死の薬を求めるも、「何日も眠らずにいなければいけない」という試験をパスできず、かわりにもらった若さを保つ海草も奪われるなどして、悲嘆に暮れます。

そんなギルガメシュ王を救ったのが、鳥になったエンキドゥです。王を背中に乗せて都に帰り、上空から王の築いた美しい都を見せてやります。そうして告げたのが最初にあげた言葉です。

永遠の命などなくても、誇り高く生きれば、人々の心のなかにいつまでも生き続けることができる。エンキドゥの導きにより、この真理に到達したギルガメシュ王は、最後に神の祝福を受けたのです。

本書ではまた、絵がすばらしい！　物語が持つ神話的な世界が描き込まれていて、味わい深いものです。併せて鑑賞してくださいね。

DATA

作品— 世界最古の物語『ギルガメシュ』をもとに創作した３部作の絵本。１部『ギルガメシュ王ものがたり』では強大な権力を持つギルガメシュ王が太陽神の遣わしたエンキドゥによって友情に目覚めるまでを描く。２部『ギルガメシュ王のたたかい』は美しい都ウルクを攻撃する人達との戦い、３部『ギルガメシュ王さいごの旅』は永遠の命を求める旅が描かれる。冒頭の引用はこの第３部より。

著者— カナダの作家、イラストレーター、アニメ作家。『ギルガメシュ叙事詩』や『アラビアン・ナイト』などを題材に、美しい絵本を発表。著書に『シンドバッドの冒険』などがある。

＼プラスα／

『ギルガメシュ叙事詩』は5000年以上も前に発掘・解読されたもの。粘土板に楔形(くさびがた)文字で記されており、旧約聖書にある『ノアの方舟(はこぶね)』に似た大洪水の物語があることから、それより古い、世界最古であると認定された。

126 ルバイヤート

オマル・ハイヤーム（1048～1131年）

墓の中から酒の香が立ちのぼるほど、
そして墓場へやって来る酒のみがあっても
その香に酔い痴れて倒れるほど、
ああ、そんなにも酒をのみたいもの！

「一瞬」を楽しむ

「哲学的刹那主義」と言いますか、オマル・ハイヤームは詩を通して「命なんてごく短いもの。一瞬を楽しもうよ」と強調します。その大きな楽しみの一つが、上の引用にある「酒」です。イスラムには禁酒の戒がありますが、それに猛烈な反抗を示し、激しい口調で酒を讃えています。オマルにとってイスラム教は、異民族であるアラビア人の宗教ですから、そんな民族的な感情も入り交じり、無神論的な考えをとったのかもしれません。「酒」は刹那的快楽、この世の楽しみの象徴です。

酒をのめ、それこそ永遠の生命だ、
また青春の唯一の効果だ。
花と酒、君も浮かれる春の季節に、
たのしめ一瞬を、それこそ真の人生だ！

●

いつまで一生をうぬぼれておれよう、
有る無しの論議になどふけっておれよう？
酒をのめ、こう悲しみの多い人生は
眠るか酔うかしてすごしたがよかろう！

とにかく「酒を飲め」のオンパレード。私も大学生のとき、この詩集を片手にお酒を飲んだことを覚えています。酒飲みにとってはたまらない詩集でしょう。でも飲めない人も、一連の詩を読むと〝酒に酔う幸福感〟に浸れるかもしれません。

人生百年時代と言われるいま、**「世の中が思いのままに動いたとてなんになろう？／命の書を読みつくしたとてなんになろう？／心のままに百年を生きていたとて、／更(さら)に百年を生きていたとてなんになろう？」**という詩句も響きますね。短い人生、楽しまないともったいない、そんな気にさせられる詩集でもあります。

イギリスで出版された『ルバイヤート』の挿絵

DATA

作品— 書名は「四行詩」を意味する。過去を思わず、未来を憂えず、「ただこの一瞬を楽しめ」と強調する。生きることの嘆きや懐疑、苦悩、希望、憧憬(しょうけい)を、平明な言葉・流麗な文体で歌う。形式の簡潔な美しさと内容の豊かさからペルシア詩の最も美しい作品として広く愛読されている。

著者— ペルシアの詩人、科学者。セルジューク朝のマリク・シャーの保護を受け、天文観測で活躍。ジャラーリー暦の制定に参加した。またイスファハーンの天文台建設に関わった。

＼プラスα／

詩人として高く評価されるようになったきっかけは、19世紀の中頃にフィッツジェラルドによって英訳されたこと。世界で広く読まれるようになった。

127

タゴール詩集(ししゅう)

ギーターンジャリ

タゴール（1861〜1941年）

汝(なんじ)ら聞かずや　彼の足音
彼来たる　来たる　来たる
代代に　時なしに　昼も夜も
彼来たる　来たる　来たる
わが唄ふ歌は　みな
己(おの)が心の　狂ふに似たり
調べに鳴るはみな　彼を
迎ふる歌――
彼来たる　来たる　来たる

インドという異文化圏の感覚を味わう

岩波文庫版の解説に「『ギーターンジャリ』は何よりもまず吟誦(ぎんしょう)し、唄(うた)うべきものです」とあります。訳者の渡辺照宏氏は、「ベンガル語で書かれた原詩の形式をできるだけ保存し、行数や各行の長さもほぼ元の通りにし、原詩の曲のままで日本語でも歌えるように」と、文語体を選んだそうです。さぞ大変な作業だったことでしょう。

引用したのは、ベンガル語本による韻文訳の「六二」前半の詩。彼、つまり神の足音が聞こえてきて、心沸き立つ感じがします。切々たる思いを神に切々と訴える、そんな詩句なんですね。また「七」の前半の詩句——**「君　新た新たの相して　来ませ　生命に／来ませ　香に　色に来ませ　歌に／来ませ　身に　鼓動の触れあひに／来ませ　心の甘露の笑に／来ませ　見惚るる両の眼に／君　新た新たの相して／来ませ生命に」**からも神への思いが伝わってきます。

また「英語文による散文訳」の「一〇一」では、「歌によって神を求めてきた」ことが表現されています。**「私は生涯のあいだ自分の歌によってあなたを求めてきた。門口から門口へと私を導いてくれたのは歌であった。そして、歌によって手探りして私の世界を求め、かつそれに触れた」**というふうに。

インドの人の心には3000年来、『リグヴェーダ』や『ウパニシャッド』『マハーバーラタ』『ラーマーヤナ』などの文学が生きています。しかもそれらは口から口へ伝えられてきたもの。タゴールの詩にもそういった背景があることは言うまでもありません。この『ギーターンジャリ』も意味だけでなく、インド文化を味わうのがよいかと思います。

DATA

作品—「ギーターンジャリ」のギータは歌、アンジャリは合掌。インドの詩人タゴールが、切々たる思いを神に訴えかけるように歌う。美しく深い響きの詩句は、その魂の高貴と優美をそのままに伝える。ベンガル語本の韻文訳に英語本の散文訳を付す。

著者—インド生まれの詩人・思想家。1913年『ギーターンジャリ』の自身による英訳でアジア人として初のノーベル文学賞を受賞。ベンガル語文学に新気運を生み出し、インド諸国語の文学にも大きな刺激を与えた。インドおよびバングラデシュの国歌の作詞・作曲者としても知られる。

\プラスα/

1916年に来日。親交のあった岡倉天心の墓を訪れ、天心ゆかりの六角堂で詩を詠んだという。

Chapter 13

世界の近現代文学

128 孤独な散歩者の夢想

ルソー（1712〜78年）

ただあるのは、われわれの存在しているという感覚だけ、そして、この感覚が全存在を満たしうるような状態がつづくかぎり、そこに見いだされるものこそ、幸福と呼ばれうるのである。

孤独に魂の平安を見出す

晩年のルソーが、当時の思想界の主流と対立するなど、いかに孤独であったかは、本書の最初の一文に象徴されます。

僕は地上でただの一人きりになってしまった。
もはや、兄弟もなければ隣人もなく、
友人もなければ社会もなく、ただ自分一個があるのみだ。

ふつうなら孤独感に押しつぶされるところですが、さすがルソーは強い。社会から疎外されて、周囲から執拗な攻撃を受けるなか、「運命に甘んじよう。もう反抗はすまい」と決め、むしろ孤独でいることに魂の平安を見出したのです。それを示したのが最初にあげたくだりです。

現代社会にも孤独感に悩む人は少なくありません。そんなときはちょっ

晩年のルソー

と散歩をしてみるといい。そうルソーは教えてくれます。歩くと不思議と気持ちがすっきりして、孤独感がなくなりますよね。私も毎日1時間くらい、犬を連れて散歩をしています。自分が散歩好きというより、犬のため。「さぼりたい」と思うこともしばしばですが、そんな誘惑には負けません。なぜなら散歩すれば、犬も私も必ず気分が爽快になるとわかっているからです。しかも歩くことほど健康にいいものはありません。足腰の衰えを防げるし、ダイエット効果も期待できます。

ルソーはまた、散歩途上に自然と触れ合うなかで、植物学に傾倒しました。なんと65歳を過ぎてから、**「僕は草を自分の一切の糧とし、植物学を一切の仕事にするようになった」**というのです。

ルソーの生家（スイス・ジュネーブ）

何というすばらしい副産物！　散歩はともすれば単なる時間つぶし的な趣味のように思われがちですが、心身の健康にいいだけではなく、新しい挑戦に目覚める機会を与えてくれるものでもあるのです。恐るべし、散歩——大いに歩きましょう。

DATA

作品―晩年、日々散歩をしながら心に浮かんだ想念や印象をもとに、自身の人生を振り返りながら自己との対話を綴った哲学エッセイ。

著者―作品69『社会契約論』（本書163頁）参照。

＼プラスα／

ルソーの自伝『告白』と合わせて読むと、ルソーの陥った孤独感がより深く理解できます。

129
嵐(あらし)が丘(おか)

エミリー・ブロンテ（1818～48年）

わたしがヒースクリフを愛しているのは、ハンサムだからなんていう理由からじゃないのよ、ネリー。ヒースクリフがわたし以上にわたしだからなの。

情念を燃やせ

この小説は、お屋敷「嵐が丘」で家政婦を務めるネリーをおもな語り手に進んでいきます。お屋敷のキャサリン嬢と、お屋敷に引き取られたみなしごのヒースクリフをめぐる激しくも一途な愛憎の歴史が、ネリーによって語られていくのです。それにしても「わたし以上にわたし」とは言い得て妙。ある種の主従関係にあるキャサリンとヒースクリフは、磁石と違って「同質ゆえに惹(ひ)かれ合う」のです。

彼女はヒースクリフと結婚すれば落ちぶれてしまうと言いながらも、「魂が何でできているか知らないけど、ヒースクリフの魂とわたしの魂は同じ」と続け、さらに求婚してくれたエドガー・リントンの魂と比べ、「月光と稲妻、霜と火くらい掛け離れているのよ」と言います。好きなのはヒースクリフ、でも結婚はできない。エドガーと結婚すれば、その資産でヒースクリフを援助できる。

これを立ち聞きしたヒースクリフは、屋敷から失踪（しっそう）。そして３年後、大金持ちになって帰って来るのです。しかし時すでに遅し。キャサリンはエドガーと結婚していました。ヒースクリフの怒りは爆発。**「彼女が愛そうをつかしたとなったら、すぐにも心臓をえぐり出して、血をすすってやるけどな！」**——すごい表現！　しかし彼の激情は報われず、キャサリンは死んでしまいます。その死を嘆く言葉がまたすごい。

殺された者は殺したやつに取りつくものだ。
地上をさまよう亡霊がいるのは確かだよ。
いつもそばにいてくれ。どんな姿形でもいい。（中略）
おれの命なしで生きるなんてできない。
おれの魂なしで生きるなんて無理だ。

物語はまだ終わりません。ヒースクリフは最後、キャサリンの娘と自分の息子を結婚させようと画策します。これはうまくいかず、周囲のすべてを罵（ののし）りながら、人生と〝嵐が丘の悲劇〟の幕をおろしました。

本作品は「女子用名作」のイメージがありますが、何の何の……男性も十分に楽しめます。「恋愛格闘技」の迫力があります。とくにコロナ禍の昨今、湿りがちな情念に火をつけてくれること、間違いなしです。

DATA

作品—「嵐が丘」という名の屋敷のお嬢様キャサリンと、その父親に拾われた捨て子のヒースクリフを軸に展開する愛憎のドラマ。強烈に惹かれ合いながらも、結ばれることのない二人の激しすぎる情念に圧倒される。とりわけキャサリンの墓をあばくことまでするヒースクリフの執念には、度肝を抜かれる。

著者—イギリスの小説家。牧師の娘に生まれ、姉のシャーロット、妹のアンとともに、詩や空想的な物語をつくって楽しんだ。『嵐が丘』は唯一の作品。

＼プラスα／

三姉妹とも小説家で、姉シャーロットは『ジェーン・エア』、妹アンは『アグネス・グレイ』で知られる。三人とも夭折（ようせつ）したが、今日に至るまで姉妹が揃ってその名が知られているのは非常に稀。彼女たちの作品の質の高さを物語る。

130

存在の耐えられない軽さ

ミラン・クンデラ（1929年～）

**彼は女に夢中になるのではなく、
その女の一人一人の思いもよらないところに
ひかれるのだ。別なことばでいえば
一人一人の女を違ったものにする
百万分の一の差異に夢中になるのである。**

人生は重いのか、軽いのか……

この小説には、恋愛小説としてのおもしろさと、哲学書のような知的な魅力と、二つの側面があります。まず恋愛模様を見ると、主人公トマーシュの持つ女性観がユニークです。優秀な外科医である彼は「叙事的な女好き」。上の引用にあるように、好きになる女にタイプはなく、言ってみれば誰でもいい。なぜなら、誰一人同じ女性はいないからです。

トマーシュはおもに二人の女性の間で揺れ動きます。一人は旅先で出会ったテレザ。彼女はすぐにトマーシュを追ってプラハへ出奔（しゅっぽん）します。その情熱的な愛にほだされて、トマーシュは彼女と結婚します。重いか、軽いかで言えば、テレザは〝重い女〟と言えます。もう一人のサビナは、トマーシュのほかにも愛人がいるような〝軽い女〟。彼に執着せず、裏切られることで心の重荷を降ろし、ますます身軽になっていきます。

最終的にトマーシュは、独占欲の強いテレザに「あらゆる力」を吸い取られてしまいます。一方、サビナはアメリカに渡り、好きな絵を描いて自由に暮らします。**「テレザとトマーシュは重さの印の下で死んだ。彼女は軽さの印の下で死にたいのである」**というわけです。

もう一つの側面である「哲学的なおもしろさ」については、作品冒頭の以下の文章に象徴されます。

永劫回帰（えいごうかいき）という考えは秘密に包まれていて、
ニーチェはその考えで、自分以外の哲学者を困惑させた。
われわれがすでに一度経験したことが何もかも
もう一度繰り返され、そしてその繰り返しが
さらに際限なく繰り返されるであろうと考えるなんて！

ここは「知的な冒険」の始まりを宣言するよう。トマーシュは、同じことが何度も繰り返される永劫回帰には耐えがたい重さがあるが、我々の一度きりの人生は素晴らしい軽さと言える、と言うのです。人生は重いのか、軽いのか、また重さは恐ろしく、軽さはすばらしいのか。小説を楽しみながら、哲学的思索に耽（ふけ）る。そこに本書を読む醍醐味があります。

DATA

作品―「プラハの春」とその凋落（ちょうらく）の時代を背景に、優秀な外科医にしてドンファンのような男、トマーシュが田舎娘のテレザと、奔放な画家サビナの間で揺れる、鮮烈でエロチックな哲学的恋愛小説。文学や音楽などの教養的な話題も豊富に盛り込まれ、知的に楽しめる。

著者―チェコスロバキア生まれ。1967年に発表した長編小説『冗談』で作家としての地位を確立するが、翌年起きた「プラハの春」で改革を支持したことにより、全著作が発禁処分に。75年、フランスに移住し、6年後に市民権を獲得。本書をはじめ『可笑しい愛』『不滅』など著書多数。

＼プラスα／

本作品は1988年に、アメリカで映画化された。監督はフィリップ・カウフマン、主人公トマーシュはダニエル・デイ=ルイスが演じた。

131

百年(ひゃくねん)の孤独(こどく)

G・ガルシア=マルケス（1928～2014年）

**時間がひと回りして、
始めに戻ったような気がするよ。**

「堂々めぐり」の深みにはまる

上の引用は、この作品のエッセンスをズバリ言い当てたフレーズです。物語の舞台、マコンド村では「時は流れず、ただ堂々めぐり」するだけ。奇妙な人々との出会いや不思議なエピソードなどが折り重なって、時間が進んでいきます。

物語はほぼ要約不能。時間と空間が迷路のように入り組み、現実と魔術が入り交じったような混沌(こんとん)とした世界なのです。しかも同名の人物が何人も出てくるし、ストーリーはうねうねしているし……でもご安心を。笑えるエピソードが満載なので、解釈は二の次にして、異世界に遊ぶ感覚で読むといいでしょう。エピソードを四つほど紹介します。

●（飴細工(あめざいく)の）不眠症で緑色になったおいしい雌鶏、不眠症で薔薇(ばら)色になったみごとな魚、不眠症で黄色になったやさしい仔馬をしゃぶったために、町じゅうの者が起きたまま月曜日の朝を迎えることになった。

●「きんぬき鶏の話を聞きたいか」と尋ねて、「聞きたい」と答えが

あると、「聞きたいと答えてくれと頼んだおぼえはない」と返ってくる、そんな堂々巡りが幾晩も繰り広げられる。
●ある人物は魚の細工物を売って手に入れた金貨を、魚の細工物に換えるという堂々巡りをする。ある人物は孤独を保ち続けるために経帷子（きょうかたびら）を縫ってはほどくのを繰り返す。
●ジプシーが持ってきた氷を初めて見た父は、「こいつは、世界最大のダイヤモンドだ」と言い、子は手をのせて「煮えくり返ってるよ、これ」と驚きの声をあげる。

彼らはなぜ堂々巡りを繰り返すのか。それはどうやら「愛の欠如からくる孤独を紛らわせるため」らしい。次のくだりが一つのヒントです。

外の世界は皮膚の表面で終わり、
内面はいっさいの悩みから解放された。もっと早く、
何年も前に悟りを開いていたら、と彼女は悔んだ。

DATA

作品— コロンビアのあるコミュニティ出身のホセ・アルカディオ・ブエンディアとウルスラ・イグアランは、結婚を反対されたために村を出て、新しい土地を拓いた。マコンドと名づけたその村の隆盛と衰退の100年を描く。

著者— コロンビア生まれ。ボゴタ大学法学部中退。新聞記者として世界を転々とした後、映画の仕事や小説を手がけるようになる。1955年、処女作『落葉』を出版。59年、カストロ政権の機関誌の編集に携わる。67年、『百年の孤独』発表。82年度ノーベル文学賞を受賞。

＼プラスα／

マコンド村のモデルは、ガルシア＝マルケスが祖父母に預けられて子ども時代を過ごしたコロンビアの小都市アラカタカだそうだ。祖父が聞かせてくれた戦争体験が少年の空想力に火をつけ、祖母の語る土地や家にまつわる奇怪で怖い話が南米の土俗的な世界観に目を開かせたという。

132

変身・断食芸人

フランツ・カフカ（1883〜1924年）

なんて、ストレスのかさむ仕事を
選んじまったんだろう！
明けても暮れても出張、また出張。（中略）
ああ、何から何までうんざりだ！

「現代の寓話」として読む

この２作品は、いずれも短くて読みやすく、しかも現代社会への示唆に富んだ作品です。

『変身』は**「グレゴール・ザムザはある朝、なにか胸騒ぐ夢がつづいて目覚めると、ベッドの中の自分が一匹のばかでかい毒虫に変わっていることに気がついた」**という書き出しで有名。設定があまりにも突飛で、いきなり襟首をつかまれて、作品の世界に引きずり込まれる感じがします。それにしてもなぜ、変身したのか。なぜ虫だったのか。

それは本人にもよくわかりません。思い当たるのは「仕事のストレス」――現代で言うなら、「過重労働や人間関係によるストレスが原因でうつ病を発症する」といったところでしょうか。虫になったグレゴールは、当然、働けないし、金を稼ぐこともできません。しだいに居場所をなくし、疎外感に苦しめられます。

「聞こえてくる話題がこの金を稼ぐ必要性におよぶと、屈辱と悲しみのために全身が熱くなって、グレゴールはいつも、何はさておきドアから離れ、そばにある冷たい革張りのソファに身を投げかけた」

この一文は身につまされます。

またもう一つの『断食芸人』は、断食を芸にしているサーカス芸人の物語です。何とも地味な芸……何日も、何週間も断食している姿をずっと見ている観客にしか、芸のすごさはわかりませんからね。そんな観客はいません。

「彼だけが、完璧に彼の断食に満足させられる観客でもありえた」

仕事をする者として、これほどむなしいことはありません。どんなにすばらしい才能・特殊な技術を持っていても、時代のニーズに合わなければ、評価されないし、生活費を稼ぐこともできなくなるのです。

以上２作品に共通するのは、社会から疎外されて〝孤独地獄〟に堕(お)ちてしまった人間の苦悩を描いているところ。同時に、〝異質〟を安易に疎外する理不尽な社会への警鐘も込められているように思います。

DATA

作品― (変身) 突如巨大な害虫に変身した青年グレゴール・ザムザ。確たる理由もなく、状況の変化に襲われた彼の様子を、淡々と、即物的に描く。
(断食芸人) 周囲に理解されにくい「断食」を芸とする男の転落を描く。

著者― オーストリア＝ハンガリー帝国領当時のプラハで、ユダヤ人の商家に生まれる。プラハ大学で法学を修めた後、労働災害保険協会に勤務。そのときの経験が官僚機構の冷酷奇怪な幻像を生む土壌となる。生前発表された『変身』、死後注目された『審判』『城』など、人間の存在の不条理を主題とするシュルレアリスム風の作品群を残している。現代実存主義文学の先駆者。

＼プラスα／

実存主義とは、「いまここにいる私」を中心にして心理を追究しようとするもの。これを初めて提唱したキェルケゴールが「実存主義の祖」とされる。

133

赤（あか）と黒（くろ）

スタンダール（1783～1842年）

**おれは奴らより才智が優れているんだ。
現代流の軍服を選ぶことを
心得ているのだ。**

野心は激しくもはかないもの

本作品は時代背景が重要です。出版されたのが1830年。ナポレオンの時代が終わり、王政復古を経て、七月王政へと続く頃のことです。才智と美貌（びぼう）に恵まれながらも、しがない製材所のせがれにすぎない、でも野心家の青年ジュリアンは、ナポレオンの時代なら、赤い軍服を身につける道を選んだでしょう。武功によって出世ができますから。でも王政復古により、立身出世の道は閉ざされてしまったのです。

スタンダールは、貴族や僧侶などの上層階級が再びのさばり始めたことに怒り、舌鋒（ぜっぽう）鋭く立ち向かいます。そしてジュリアンを、黒い服を身につけた僧侶として出世に向かわせます。「赤」い軍服と「黒」い僧服、タイトルの『赤と黒』はここから来ているという説が有力です。

スタンダール（1840年）

それはさておき、ジュリアンは頭脳の明晰（めいせき）さを買われ、町長レナールの家の家庭教師に雇われます。そして夫人と不倫関係に。最初は「出世のため」くらいに思っていたけれど、やがて真剣にのめり込んでしまいました。

二人の関係はスキャンダルになり、ジュリアンは神学校へ。ただ聖職者に向いていないとされ、パリの大貴族、ラ・モール侯爵の秘書に抜擢されます。それでまた令嬢のマチルダと激しく愛し合うようになるんですね。

引用は、マチルダが上流階級の青年侯爵を差し置いて、自分への思いを打ち明けてくれたときの、ジュリアンの勝利の雄叫びです。階級闘争に勝った気分だったのでしょう。その後、物語は悲劇へと進んでいくのですが、「材木商のせがれが勝ったのだ」と興奮する彼を、誰が笑えるでしょうか。

「草食系」の若者が増える昨今、ジュリアンのような野心に燃えて行動する青年の魅力と切なさに触れてはどうでしょう？　いい刺激になるのではないかと思います。

DATA

作品── フランス東部の架空の町、ヴェリエールを舞台に、貧しい生まれの主人公ジュリアン・ソレルが強烈な野心と情熱と自尊心をエネルギーにのし上がろうとするが……。彼が野望のためにいかに戦い、そして恋をしたか。その物語を通して、貴族・僧侶・ブルジョアジーの三者が鎬を削るフランス政界と社会を、諷刺を込めて描き出した。

著者── フランス・グルノーブル生まれ。青年時代はナポレオン遠征軍に参加し、ヨーロッパを転戦。ナポレオン失脚とともに職を離れてミラノに住み、そこでの恋愛体験をもとに『恋愛論』を著した。5年後の1827年に『アルマンス』、30年に『赤と黒』を発表するが、あまり認められず、評価が高まったのは半世紀後のことだった。七月革命後は領事としてイタリアに駐在。自伝『エゴティズムの回想』や『パルムの僧院』などを発表した。

\プラスα/

墓碑銘は「生きた、書いた、愛した」──。

134

恋愛論

スタンダール（1783~1842年）

恋のいちばん大きな幸福は、
愛する女の手を初めて握ることである。

「初めて」を積み重ねて愛を深める

上の引用は、恋愛経験のある人なら、誰しも共感するところではないでしょうか。誰かを好きになると、「初めてのステップ」をいくつも積み重ねながら、愛を深めていく。そこに恋愛の一番の喜びがありますよね。初めてしゃべった、初めて二人きりで会った、初めていっしょに食事をした、初めて手をつないだ、初めてキスをした……そういった段階を、時間をかけて上がっていくのが「恋愛の醍醐味」と言ってもいいでしょう。

なかには「段階を踏まずに、初めて会ったその日に最後まで」なんて人もいるかもしれませんが、それでは「恋愛」の「初めて感の積み重ね」が味わえません。

本書は恋愛の名手・スタンダールの名言集的な側面があります。いくつかの言葉を若干の解説とともに紹介しましょう。

恋するとは、自分が愛し、愛してくれる人に、
できるだけ近く寄って、見たり触れたりあらゆる感覚をもって、
感じることに快楽を感じることである。

(完全に一体化するより、少し離れて、つかず離れずいるのがいい)

●

恋する技術とは結局その時々の陶酔の程度に応じて、
自分の気持を正確にいうことに尽きるようだ。

(言葉のやりとりこそが恋愛文化。恋人のひとことで心は浮き沈みする)

●

恋は甘い花である。
しかし恐ろしい断崖の縁まで行って
それを摘む勇気を持たなければならない。

(告白しても相手が受け止めてくれるかどうかはわからない。
拒絶されれば傷つくが、それでも勇気をもってアタックしなければならない)

●

恋が生れた証拠の一つは、
人間の他のあらゆる情熱、欲望が与える快楽や苦痛も、
たちまち彼を動かさなくなることである。

(恋をすると、もう何も手につかなくなる。それが恋愛のすごさだ)

このほか、まだまだたくさんの「名言」がたっぷりです。ぜひ本書を読んで、実践してみましょう！

DATA

作品— 古今東西、さまざまな恋愛論があるが、本書は歴史的、世界的名著。「恋の猟人」とも呼ばれる著者が、自らの豊富な体験をもとに、すべての恋愛を「情熱的恋愛」「趣味的恋愛」「肉体的恋愛」「虚栄恋愛」の四つに分類。恋の発生、男女における発生の違い、結晶作用、雷の一撃、羞恥心、嫉妬、闘争などのあらゆる様相を、挿話をまじえて描き出す。

\プラスα/

岩波文庫では2015年、56年ぶりの杉本圭子による新訳を刊行した。

135 八月の光

ウィリアム・フォークナー（1897〜1962年）

**自分の白い胸が肋骨の下で
ますます深く息を吸い込むのを感じ、
見まもりさえして、体内に黒い臭気を——
黒人の暗くて不可解な思想や存在を
吸いこもうと努め、同時に吐く息ごとに
体内から白い血や白い思想や白い存在を
追い出そうとしていた。**

「呼吸」に注目して読む

この本は読み進むのが難しいかもしれません。けれども「ここに注目しよう」とテーマを設定すると、意外と読みやすくなります。私がおすすめしたいテーマは「呼吸」です。

上の引用はまさに「呼吸」が感じられるところ。主人公の一人、ジョー・クリスマスは「見た目は白人だが、黒人の血を引いている」ために確たるアイデンティティを持てません。それで苦悩し、黒人としてのアイデンティティを持ちたいと、スラムで黒人たちと暮らし、呼吸をともにし、「黒いもの」を吸って、「白いもの」を吐くことに努めるのです。

しかし彼のアイデンティティは混乱する一方。しだいに自暴自棄になり、殺人を犯してしまいます。そして逃亡生活の末に、白人たちからリンチを受け、殺されたのです。その瞬間の描写がこれ。

溜まっていた黒い血が、太い溜息のように吐きだされた。
それは昇ってゆくロケットから出る閃光(せんこう)のように
その蒼(あお)ざめた体から噴出し、その黒い噴出に乗ってこの男は
彼らの記憶の中へ永久にいつまでも昇りつづけるようだった。

クリスマスの流した「黒い血」は、白人たちの記憶に「誇らしげに平静に」存在し続ける。そんなメッセージを感じます。

もう一人の主人公は、自分を捨てた男を探して旅をする、リーナという女性です。こちらは境遇としては不幸だけれど、明るく前向きな物語。おかげでこの作品は、単なる暗くて重い悲劇ではなく、陰陽両面から人間の生き様を描いた深みのある物語に仕上がっています。

また優れた文学には、人物の「肉体性」が感じられるものです。今回の「呼吸」はもとより、表情とか歩き方、しぐさなど、肉体性に注目すると、難しい作品でも登場人物が現実にここにいるかのように感じながら読むことができます。それが文学を読む醍醐味でもあります。

DATA

作品― アメリカ南部の架空の町ヨクナパトーファ郡ジェファスンを舞台に、そこに住む人々の生き様を描く。たとえば「アイデンティティ」というテーマでは、見た目は白人だが、黒人の血が流れているジョー・クリスマスの苦悩と、彼がたどった悲劇的運命を描く。

著者― 20世紀アメリカ文学の巨匠。ヘミングウェイと並び称される。代表作に『響きと怒り』『サンクチュアリ』などがある。

＼プラスα／

同じ町が舞台の一連の作品は「ヨクナパトーファ・サーガ」と呼ばれる。

136

ライ麦畑でつかまえて

J・D・サリンジャー（1919〜2010年）

ライ麦畑のつかまえ役、
そういったものに僕はなりたいんだよ。
馬鹿げてることは知ってるよ。
でも、ほんとうになりたいものといったら、
それしかないね。

少年時代の純粋・繊細な心を思い出す

魅力的な邦訳タイトルですね。原題の『The Catcher in the Rye』を日本語に直訳すると「ライ麦畑の捕まえ手」となるところですが、それだと青年の躍動する感じが伝わりませんから。

それにしてもホールデン少年の将来の夢である「ライ麦畑の捕まえ手」とは、どういう仕事でしょうか。前のくだりにこうあります。

（広いライ麦畑の、「僕」以外は大人が誰もいないところで、
何千もの子供たちが遊んでいる。）
僕はあぶない崖のふちに立っているんだ。
僕のやる仕事はね、誰でも崖から転がり落ちそうになったら、
その子をつかまえることなんだ——つまり、子供たちは

走ってるときにどこを通ってるかなんて見やしないだろう。
そんなときに僕は、どっからか、さっととび出して行って、
その子をつかまえてやらなきゃならないんだ。
一日じゅう、それだけをやればいいんだな。

なるほど、子どもたちを自由に遊ばせながら、でもしっかり見守り、危険から守ってあげる、という役回り。ホールデンが「気がやさしく、弱きを助ける強い」少年だとわかります。と同時に、それは彼が社会に求めていることでもあるのではないでしょうか。

彼にはまた、周りの大人の偽善を鋭く見抜く目があります。高校を退学処分になり、家に帰るに帰れないままニューヨークで過ごした３日間、彼は出会う人物のほとんどが大人の世界の「いんちき」に染まっていて絶望します。片田舎へ逃げ込もうとまで決意します。しかし幼い妹のフィービーの無邪気な愛に救われ、広い人間愛に目覚めたのです。

ホールデンの語り口に耳を傾けるような気持ちで、「うん、うん」とうなずきながら読んでみてください。少年時代の純粋な気持ちやナイーブな感覚がよみがえるようで、爽快(そうかい)な読後感が得られると思います。

DATA

作品 ― 成績不良で高校を退学処分となった17歳の少年ホールデン・コールフィールドが、ニューヨークに戻りながらも、家に帰れないまま過ごす3日間を描いた長編小説。物語は、ホールデンが西部の街の病院で療養中に、去年のクリスマスの出来事を語るという形式で進んでいく。

著者 ― アメリカ・ニューヨーク生まれの小説家。第二次世界大戦に志願して従軍した後、1951年、長編『ライ麦畑でつかまえて』を刊行。名声を得た。『九つの物語』『フラニーとゾーイ』などを発表したが、65年の『ハプワース16、1924年』以後は完全に沈黙。晩年はニューハンプシャーで隠遁(いんとん)生活を送った。

＼プラスα／
2003年、村上春樹による新訳『キャッチャー・イン・ザ・ライ』が刊行された。

137 悪童日記（あくどうにっき）

アゴタ・クリストフ（1935〜2011年）

ぼくらは裸だ。かわるがわるベルトで打ち合う。
打たれるたびに、言う。
「痛くないぞ」
もっと強く打つ。ますます強く打つ。

「ごまかさない生き方」を学ぶ

上の文章だけを読むと、何事かと思いますよね。時は第二次世界大戦中、双子の「ぼくら」が疎開先のおばあちゃんに殴（なぐ）られても平気なように、互いに殴り合い、痛みに耐える訓練をする一幕です。そんな訓練が必要になるくらい、おばあちゃんは人々から「魔女」と恐れられ、孫たちを「牝犬の子」と呼んで、動物のように扱う人なのです。現代なら「児童虐待」の罪に問われます。でも少年たちは、やがておばあちゃんにぶたれると「もっと、もっと」と催促するようになります。なんと歪（ゆが）んでいるのでしょう。

戦争が社会を覆い尽くし、国を出ようとすれば地雷で吹き飛ばされる、そんな過酷な状況に置かれているせいか、少年たちは環境に順応しながら、独自すぎるやり方で生き抜く力を身につけていきます。二人は学校に行かずに独力で勉強しようと、文房具屋で紙とノートと鉛筆を手に入れました。そして日記をつけ始めた、これが原題の『Le Grand Cahier（大きなノート）』につながるものです。おもしろいのは、記述にルールを設けたことです。たとえば

「おばあちゃんは魔女に似ている」と書くことは禁じられている。しかし、「人びとはおばあちゃんを〈魔女〉と呼ぶ」と書くことは許されている」とか、

「感情を定義する言葉は非常に漠然としている。その種の言葉の使用は避け、物象や人間や自分自身の描写、つまり事実の忠実な描写だけにとどめたほうがよい」

といった具合。事実でなければならないと規定しています。なぜでしょう？　それは、戦時下の理不尽な世界では、何があろうと感情を抑え、事実を淡々と受け入れなければ、生き延びられないからです。

大人というのは自分の都合のいいように事実をねじ曲げてしまいがち。少年たちが事実を真正面から受け止めて生き抜く姿――「ごまかさない生き方」に学ぶことは大きいのではないでしょうか。

DATA

作品― 語り手は双子の兄弟の「ぼくら」。第二次世界大戦の戦禍を逃れ、祖母に預けられた「ぼくら」は、体験したことを事実のみ、「日記」に記していく。それはまさに壮絶なサバイバル日記。肉親の死に直面しても動じず、時には殺人をも犯す「ぼくら」に「少年らしさ」はない。冷徹な文体と乾いたユーモアにより、戦争のもたらす狂気の本質が浮き彫りになる。

著者― ハンガリー生まれ。1956年のハンガリー動乱の際、西側に亡命。本書は86年に発表した、フランス語で書かれた処女小説。その後、続編として『ふたりの証拠』『第三の嘘』を発表し、作家としての地位を確立した。

＼プラスα／

ハンガリーのヤーノシュ・サース監督が、不可能と言われていた映画化を実現した。日本では2014年に公開された。

138

欲望(よくぼう)という名の電車(でんしゃ)

テネシー・ウィリアムズ（1911〜83年）

教養のある女性、
知性と育ちのよさをそなえている女は、
男の生活をゆたかなものにすることができるわ
——はかり知れないほど！

プライドも嘘も人間の弱さそのもの

ニューオーリンズの町には本当に、「欲望」と「墓場」という名の電車が走っているそうです。第一場に、没落農園の娘ブランチがユーニスという男とこんな会話を交わす場面があります。

ブランチ　「欲望」という名の電車に乗って、「墓場」という電車に乗りかえて、六つ目の角でおりるように言われたのだけど——「極楽」というところで。
ユーニス　そんならあんたの立っているところだよ。
ブランチ　「極楽」が？
ユーニス　そう、ここが「極楽」さ。

物語の展開を知る者としては、何とも皮肉なやりとりです。ブランチは没落してなお、裕福で美しい若い娘だった頃の自分が忘れられないのでしょう。そのプライドを失うまいと、つい妹の夫スタンリーに見栄を張ってしまいます。最初に引用した文章は、ブランチが「百万長者の恋人がいる」とでっちあげて、うそぶく場面の台詞です。

しかしスタンリーは、彼女の嘘や幻想を容赦なく暴くのです。「百万長者なんていねえんだ！」と一刀両断にして、こう言い放ちます。

「だいたいそのざまはなんだい！　一度見てみろよ、すりきれたカーニバルの衣裳を着こんだ自分の姿を。屑（くず）拾いに五十セントも出せば貸してくれるしろものだぜ！　それにそのみっともない冠！　どこの女王様だと思ってるんだ！」

そこまで言わなくても……ブランチのプライドはズタズタにされてしまいます。結局、ブランチはヒステリーを起こして、自我を崩壊させてしまうのですが、あまりにも哀れで、同情しかありません。

プライドを保ちたいのも、そのために嘘をつくのも、人間の弱さの裏返しだと気づかされます。

DATA

作品— 主人公のブランチは、南部の大農園の娘から身を持ち崩した女性。妹ステラの世話になろうと、「欲望」という名の電車に乗って、ニューオーリンズの下町にやって来る。過去の栄光を忘れられないブランチだが、彼女を待ち受けていたのは、ステラの夫スタンリーらの手厳しいもてなしだった。

著者— アメリカの劇作家。不幸な家庭環境の下で青春時代を送る。各地を放浪し、大学や職を変えながら創作していたが、1944年、自伝的作品『ガラスの動物園』がブロードウェイで大成功。『欲望という名の電車』『やけたトタン屋根の猫』で2度、ピューリッツァー賞に輝く。

＼プラスα／

1951年に公開された映画では、ブランチ役をビビアン・リー、スタンリー役をマーロン・ブランドが演じた。監督はエリア・カザン。

139

オー・ヘンリー傑作選

オー・ヘンリー（1862〜1910年）

**ぼくたちのクリスマス・プレゼントは
かたづけて、しばらくしまっておこう。
いま使うには立派すぎるよ。**

贈り物を輝かせるには思いを込めること

本書には有名な物語がたくさん収録されていますが、なかでも愛読されているのは『賢者の贈りもの』でしょう。

作品の主人公は、ジムとデラの若い夫婦です。愛し合う彼らは貧しく、クリスマスだというのに、プレゼントを買うお金がありませんでした。

そこで二人は、それぞれが一番大切にしているものをお金に換えて、プレゼントを買うことにしました。デラは膝の下まであった美しい髪の毛を、ジムは祖父から譲り受けた時計を売ってしまうのです。

そうしてジムがデラのために買ったのは、鼈甲の美しい櫛。一方、デラがジムのために買ったのは、時計につけるプラチナの鎖でした。何ということ！　髪を切ったデラにはもう櫛はいらないし、時計を売ったジムにとって鎖は何の役にも立ちません。

それでも二人は「何てことをしてくれたんだ！」なんて言い争いをしたりしません。デラは「私の髪の毛は伸びるのがすごく早いの」と言い、ジムの言葉は冒頭に引用した通り。プレゼントの価値は、役に立つ・立たないではありません。お互いに欲しいものがよくわかっていて、自分の大切なものを売ってでも相手に贈る、その気持ちが一番のプレゼントなのです。オー・ヘンリーは最後にこう述べています。

現代の賢明な人たちに一言言っておくと、
人にものを贈る人のなかで、
この二人こそもっとも賢明だったのだ。
(中略)彼らこそ東方の賢者なのである。

ここにある「東方の賢者」とは、キリスト降誕のときに贈りものを持ってきた東方の三人の賢者のこと。「クリスマスにプレゼントをする」ことを考え出した彼らが持参した贈りものよりも、ジムとデラの贈りもののほうがずっと価値のあるものだというわけです。まさに「技あり！」。贈りものは「大切な思いを込める」ことで輝きを増すのです。

本書は物語がどれも短く、結末に意表をつくオチがあるなど、とても読みやすいもの。あまり本を読み慣れていない人にもおすすめです。

DATA

作品― アメリカに暮らす小市民の哀歓を、絶妙なプロットと意外な結末で描いた珠玉の小品集。ペーソスとユーモア、ほのかなロマンスに彩られたストーリーは、どれも人間味にあふれ、心の温もりを感じさせてくれる。ほかにも『警官と讃美歌』『赤い酋長(しゅうちょう)の身代金』『最後の一葉』など、広く知られた物語も多い。

著者― アメリカのノース・カロライナ州生まれ。銀行の出納(すいとう)係を退職後、横領罪により服役。獄中で小説を書き始め、出獄後は「短編の名手」ともてはやされる流行作家になった。13の短編集、272の作品を遺した。

＼プラスα／

私は高校生のときに英語でこの話を読んで、すっかりオー・ヘンリーのファンになりました。英語の勉強をするときのテキストとしてもグッドです。

140

ペスト

アルベール・カミュ（1913〜60年）

**ペストと戦う唯一の方法は、
誠実さということです。（中略）
僕の場合には、つまり自分の職務を
果すことだと心得ています。**

「不条理」に対峙する

ペストはヨーロッパで何度か大流行を繰り返しました。でも血清や抗生物質ができたおかげもあって1880年代にインドや中国で流行したのを最後に、世界からほぼ駆逐されたと思われていました。その〝忘れられた疫病〟だったペストが1940年代、アルジェリアのオランという小都市に突然襲いかかる。そんな設定の下で物語が展開します。

感染者の拡大により死が日常化するなかで、行政の策は後手後手に回るとか、医療が崩壊の危機にさらされる、都市がロックダウンされるなど、ストーリーはまさに新型コロナによるパンデミックと重なるもの。どんな心構えが必要か、なすべ

『ペスト』初版本（1947年）

きことは何なのか……ヒントを求めて、改めて『ペスト』を読み直した人は相当数に上ったそうです。

引用した言葉が示すように、リウ医師は誠実さを唯一の武器に、ペストという「不条理」と真(ま)っ向(こう)から戦いました。そしてようやく感染が収束したとき、人々の歓喜する声に耳を傾けながら、彼はこう考えます。

ペスト菌は決して死ぬことも消滅することも
ないものであり、（中略）そしておそらくはいつか、
人間に不幸と教訓をもたらすために、
ペストが再びその鼠(ねずみ)どもを呼びさまし、
どこかの幸福な都市に彼らを死なせに
差し向ける日が来るであろう。

本書が刊行されて約80年後の世界で、人類が再び感染症という「不条理」と対峙していることを予言するかのようではありませんか。

私たちもリウ医師のように、新型コロナから得た知識と記憶を教訓として心に刻みつけ、万が一の再来に備えておかなければいけません。学ぶところの大きい１冊です。

DATA

作品— 物語はリウ医師がいくつかの鼠の死骸(しがい)を発見するところから始まる。ほどなく原因不明の熱病にかかる人が続出。ペストの発生だ。感染が拡大し外界から遮断されるなかで、その不条理と必死に戦うリウ医師をはじめとする人々の姿を描く。

著者— フランス領アルジェリア生まれ。第二次世界大戦時は新聞記者として活躍。1942年、『異邦人』で一躍脚光を浴び、さらに『ペスト』『カリギュラ』などで地位を固めた。1957年、ノーベル文学賞受賞。

＼プラスα／

『ペスト』はナチスドイツ占領下のヨーロッパで現実に起こったことの暗喩(あんゆ)とも言われる。

141

カラマーゾフの兄弟

ドストエフスキー（1821～81年）

カラマーゾフの力さ……
カラマーゾフ的な低俗の力だよ。

過剰なまでおしゃべりを楽しむ

この小説ほど「人の心」を深く掘り下げた作品はないでしょう。とくにいまは、SNSの発達を背景に、感情が水平方向にばかり広がり、垂直軸が非常に短い――言い換えれば、コミュニケーションが心の深度を問題にしない、表層的なものに終始している感じがします。だからこそ『カラマーゾフの兄弟』を読んだほうがいい。なぜなら人生の「深い」問題をテーマに、過剰なほどのおしゃべりが展開するからです。

さて本作品の登場人物は、非常に魅力的。好色な父親フョードルに、荒々しく情熱的な長男ドミートリイ、無政府論者の次男イワン、心清らかな三男アリョーシャ（主人公）。彼らカラマーゾフ家の男たちに、父と長男が取り合う魅力的な女性グルシェーニカや、父がよそで孕ませた下男スメルジャコフなどが絡み、壮絶なバトルを繰り広げます。

ドストエフスキー（1879年）

とにかく全員が饒舌なのですが、なかでも圧巻は、イワンがアリョーシャに語る物語「大審問官」でしょう。「イエスが生まれ変わって、この世に降りてきた」という設定で、老いた大審問官がイエスを相手に一方的にまくし立てるのです。人は「パンのみにて生きるにあらず」なんて嘘っぱちで、「自由なんかよりパンを求めている」と主張し、**「自由の身であり続けることになった人間にとって、ひれ伏すべき対象を一刻も早く探しだすことくらい、絶え間ない厄介な苦労はないからな」**と言いつのります。そしてイエスを「人間の心の王国に自由の苦痛という重荷を永久に背負わせてしまったのだ」と断罪します。たしかに人間は、個人の自由があるよりも、ひれ伏す対象にすべてを投げ出して楽になろうとする気持ちのほうが時に強くなるような……。弱さの裏返しですね。

ほかにも名場面はたくさんあるし、随所におもしろい挿話がちりばめられているので、読んでいて退屈することはありません。芥川龍之介の「蜘蛛の糸」にそっくりな話が出てきますが、切れるのはなんとネギです。

ちなみにロシア文学者の江川卓氏による『謎とき『カラマーゾフの兄弟』』によると、カラマーゾフとは「黒く塗られた欲望」を意味するとか。それを象徴するのが最初の引用。「どんなことにも堪(た)えられるのがカラマーゾフの力だ」と言っています。

DATA

作品— ドストエフスキーの最後の長編小説。ロシアの地主、カラマーゾフ家の人々をめぐる人間模様を軸とし、彼らが生とは何か、欲望とは何か、神は実在するのか、人間の良心とは何かなど、答えのない命題についてしゃべりまくる。また「カラマーゾフ家の好色な父フョードルを誰が殺したのか」という推理サスペンス的要素もある。

著者— ロシアの小説家、思想家。近代西洋文学史上の最重要人物で、「世界文学上で最も偉大な心理学者」と評される。ほかに『罪と罰』『白痴』『悪霊』などの代表作がある。

＼プラスα／

ドストエフスキーは続編の構想を持ちつつ、刊行の数ヵ月後に60歳で没した。『カラマーゾフの兄弟』は未完の遺作とも言える。

142

罪（つみ）と罰（ばつ）

ドストエフスキー（1821〜81年）

「お立ちなさい！（中略）いますぐ、すぐに行って、十字路に立つんです。おじきをして、まず、あなたが汚した大地に接吻（せっぷん）なさい。それから四方を向いて、全世界におじきをなさい。そしてみんなに聞こえるように、『私は人を殺しました』と言うんです」

"思考の罠"を知る

「自分ほどの優秀な人間が、世間から評価されないのはおかしい。なぜ自分は貧乏に苦しみ、高利貸しの強欲な老婆が裕福な暮らしをしているのか」――ラスコーリニコフはそんな考えにとらわれています。人間、暇だとろくなことを考えないものなのです。

そして、あろうことか老婆を殺して金を奪うことを計画します。思考をこねくり回して、それを正当化する理屈まで考えて。その理屈とは、

もしケプラーやニュートンの発見が、いろいろの事情のために、だれかひとり、ないし十人、百人の生命を犠牲にすることなしには

どうしても人類のものとならない、その連中によってこの発見が妨げられ、彼らが障害となっているという場合にはですね、ニュートンはその発見を全人類のものとするためにこの十人ないし百人を排除する権利を持つ……というよりその義務さえあると思うのです。

というもの。それが老婆を殺してもいい理由になるわけはありません。大上段に振りかぶって、自分の行為を煙(けむ)に巻こうとしているだけ。そんなことは子どもだってわかるのに、この〝ラスコーリニコフ的気分〟は時代を追うごとに色濃くなっているように思います。

ただラスコーリニコフは行きがかり上、老婆の妹まで殺してしまったことで、罪の意識に苛(さいな)まれるようになります。そんなときに出会ったのが、ソーニャという少女です。彼女は飲んだくれの父と半狂乱の継母、そしてまだ幼い妹たちのために身売りをしていました。自己犠牲に生きていたのです。彼女との交流のなかで、ラスコーリニコフはしだいに心を開き、ついに自首することを決意し、自らの罪を告白しました。最初の引用は、そのときにソーニャが発した言葉です。

信心深いソーニャは、罪を負わせるだけではなく、「いっしょに苦しみましょう。いっしょに十字架を負いましょうよ！」とまで言ってくれました。何と深い愛でしょうか。

並の小説を100冊読むより、この名作１冊を読むことを私はおすすめしたい。人間の心の動きや心の闇に対する理解が深まるはずです。

DATA

作品 ― 主人公ラスコーリニコフは学費を滞納し、大学から除籍処分を受けた青年。独自の犯罪理論を実証するために、強欲な金貸しの老婆を殺害する。ちょうどそこへやって来た老婆の義妹まで殺してしまう。罪の意識や幻覚に苦しめられたラスコーリニコフは自殺を考えるが……。

＼プラスα／

江川卓氏の『謎とき『罪と罰』』を併読すると、この小説の恐るべき深みとしかけがわかり、おもしろさが倍になる。

143 アンナ・カレーニナ

トルストイ（1828~1910年）

幸せな家族はどれもみな
同じように見えるが、不幸な家族には
それぞれの不幸の形がある。

育てると厄介!?
恋愛感情というモンスター

上は本作品冒頭の有名な一文です。たしかに幸せな家庭より不幸な家庭のほうが、バリエーションがありそう。トルストイは人類の教師たらんとした人なので、随所にためになる言葉がちりばめられています。

この作品がテーマとする「不倫（ふりん）」は、ヨーロッパの上流階級においてはかの石田純一さんではないけれど、ある種「文化」のようにとらえられていました。ただし「上手に、スマートにやりこなす」ことが前提です。

その点、主人公のアンナ・カレーニナはぶきっちょすぎると言っていいでしょう。ズブズブの泥沼にはまってしまったのですから。青年将校ヴロンスキーを好きになった瞬間が次のように描写されています。

突然胸の中に嬉しさと怖さの混じった
不思議な感情がうごめくのを覚えたのだった。

レフ・トルストイ（1876年）

この小さな気づきが、恋愛感情をどんどん肥大化させました。アンナは〝恋愛免疫〟のない真面目な女性だったこともあるのでしょう、ヴロンスキーに夢中になり、子を産み、駆け落ちするところまでいってしまいました。激情をコントロールできなかったわけです。

男にしてみれば、こういう女性は最初はともかく、だんだん重荷になってくるものです。「全体重を自分に乗せて愛されても……」と引いてしまうのです。ヴロンスキーもその例に洩れず、しだいにアンナをうとましく思うようになります。アンナはアンナで、自分の愛が理解されないことで不安に苛まれるようになります。

本作品はかなり長大なので、挫折する可能性が大。正直に白状すると、私も初めて読んだ10代の頃は読破できませんでした。その経験を踏まえ、長い小説が苦手な人には「メリハリ速読術」をおすすめします。具体的には、リョーヴィンという地方の地主と、アンナの兄オブロンスキーとその妻の妹キティが出てきたら飛ばす、という方法です。邪道読みですが、これなら大過なく２日で読めます。お試しあれ。

DATA

作品── 高級官僚の妻アンナと若い将校ヴロンスキーの不倫を描いた恋愛小説。アンナは夫と離婚できないまま、ヴロンスキーの子を産み、二人で海外に出奔する。その後、モスクワに戻ってきたものの、社交界からは締め出され、ヴロンスキーとの間にも溝ができ……。

著者── 19世紀ロシア文学を代表する文豪の一人。由緒ある伯爵家の四男。カザン大学法科を中退。1847年、若くして生地ヤースナヤ・ポリャーナを相続。24歳で『幼年時代』が雑誌に掲載され、新進作家として注目される。一方で、領地の農民の生活改善にも意欲を示す。本作のほか『戦争と平和』、『復活』、創作民話『イワンのばか』などの作品がある。

＼プラスα／

トルストイは82歳にして家出を決行し、寒村の駅舎で病死した。

144 緋文字

ホーソーン（1804~64年）

**過去はなくなったのです！
過去にこだわっていたところで、
なんになるでしょう？**

不名誉な烙印に屈しない

不倫の罪というのは、いまも重くとらえられ、程度の差こそあれ、周囲からこっぴどく非難されるものです。本作の主人公ヘスター・プリンは、「姦通」が死刑に匹敵する大罪であった時代に、その罪を犯し、子どもを産んだ女性です。彼女は死罪こそ免れたものの、罪を公衆の面前にさらすために、「A（Adultery＝姦通・不義）」という赤い文字――緋文字を大きく刺繡した上衣を常に身につけることを強制されました。

それは、いつまでたっても時効がなく、つねに有効でありつづける清教徒の法廷が下す判決によって巧妙にもくろまれたものであった。牧師が通りで戒めの言葉をかけるために足を止めると、このあわれで罪深い女のまわりを、嘲笑と顰蹙が入り交じった表情を浮かべた人たちが取りかこむのだった。

何と屈辱的なことでしょう。しかしヘスターはめげず、誰の助けも借りずに過酷な状況を生き抜こうとしました。しかも不倫相手の牧師の名は決して明かさず、孤独のなかで懸命に針仕事に励んだのです。

そうした努力が報われ、彼女はしだいに村の人たちから頼りにされる存在になっていきます。そしてついに、**「多くの人は緋色のＡの字をその元来の意味に解釈するのを拒んだ。そういう人たちは、それを『有能な』（Able）のＡであると言った」**とまで言われるようになりました。Aの意味が「姦通」から「有能」へと変わったのです。さらに疫病が流行したり災害が発生したりしたとき、彼女は献身的に奉仕して多くの人に安らぎをもたらし、「例の文字は彼女の天職の象徴であった」とまで言われるようになるのです。

最初の引用は、ヘスターが胸の緋文字を投げ捨てたときの言葉です。ホーソーンが描いて見せたこのドラマは、誹謗中傷（ひぼうちゅうしょう）の嵐を自力で晴らした先に広がる自由な世界を鮮やかに描き出しています。

いまはSNSが炎上するなど、誹謗中傷を受けやすい社会です。めげずに自分のやるべきことを続け、信用を積み重ねていったヘスターは、ある意味でよいロールモデルになるのではないでしょうか。

DATA

作品— ピューリタンの若い牧師と不倫をした人妻ヘスター・プリンが、姦通の罪を犯して子どもを産んだ見せしめに、さらし者の罰を受ける。胸には緋色に刺繍された「A」の文字。周囲から罪を糾弾（きゅうだん）され、徹底的に仲間はずれにされたが、その苦しみ・つらさのなかで一歩一歩、信用を取り戻し……。

著者— アメリカ生まれ。4歳で父を失い、母方の実家で育てられる。ボウデン大学在学中から創作活動を始動。45歳のときに発表した本作品が刊行され、大きな注目を集める。1853年には大学の同窓であるピアースが大統領になり、候補者略歴を執筆した縁で、リバプール領事に就任した。

＼プラスα／

8篇のエッセイを収録した『海辺の足跡　～ナサニエル・ホーソーン氏の平凡な日常～』には、文豪の素朴な素顔が描かれている。

145

魔(ま)の山(やま)

トーマス・マン（1875〜1955年）

人間世界と完全に隔絶している
危険の感覚が心をかすめる孤独。（中略）
自分自身の音も聞くまいと、
身じろぎもせずに立ちつくすとき、
静寂は絶対的で、完璧だった。

主人公とともに〝教養特訓〟を受ける

主人公のハンス青年は、いとこの見舞いで訪れたサナトリウムで7年もの歳月を過ごすことになります。自分も結核にかかってしまったからです。そして療養中、彼はここの入院患者たちにさまざまな思想教育を受けることになりました。先生になった彼らは国も思想もバラバラ。このサナトリウムはいわば「あらゆる思想の〝教育魔〟が住む山」なのです。ハンスは進んで教えを請い、どんどん知識を吸収しながら、自己を形成していきます。こうした小説のことをドイツ語で「ビルドゥングスロマン」といいます。日本語では「教養小説」や「自己形成小説」と訳されます。

教師のなかでも重要な人物が、セテムブリーニとナフタの二人。お互いが対立する主義主張をぶつけ合い、論争を繰り広げる場面（第六章）は一つのクライマックスで、ここを読むだけでも勉強になります。

「民主主義の意義は、すべての国家至上主義を個人主義の立場から補正するということにほかなりません。真理と正義は個人主義道徳の至宝です」とは、セテムブリーニが自らの思想の核心を語った言葉です。

一方、神秘主義者にして独裁主義者、虚無主義者、ニヒリストのナフタは、**「時代が必要とし、要求し、やがては手に入れるであろうところのもの、それは——テロリズムです」**などと言い切る危険人物です。

ハンス青年は彼らの論争に揉(も)まれ、また他の教師たちの教えを受けながら、精神的に精錬されます。そこで行き着いた一つの到達点が、最初の引用——ハンスが一面に広がる雪の世界を前に、心のなかでつぶやいたこの言葉に象徴されています。

さらにハンスは恋をしますが、彼女には恋人がいて、その彼が大変な人物であることに圧倒されます。言葉に拠(よ)らない、感覚的、本能的な人物であるところに、人間の大きさを感じたわけです。

小説は成長を遂げたハンスが、「第一次世界大戦に参加する」と言って、魔の山を出るところで終わります。彼の肉体と精神の冒険は、生きている限り、どこまでも続く。そんな余韻(よいん)を残して。

DATA

作品— 第一次世界大戦前、主人公の青年ハンス・カストルプは、スイス高原のサナトリウムで療養生活を送っていた。無垢な彼はロシア人のショーシャ夫人を愛し、進歩的合理主義者のイタリア人セテムブリーニや、熱狂的神秘主義者ナフタらと交流しながら、自己を形成していく。

著者— ドイツの小説家。1901年、『ブッデンブローク家の人々——ある家族の没落』で注目され、以後、『トニオ・クレーゲル』『ヴェニスに死す』など、話題作を次々と発表した。29年、ノーベル文学賞受賞。

プラスα

本作品は、マンの妻が療養していたサナトリウムに3週間滞在したときの見聞と経験をもとに書かれたという。

146

月(つき)と六(ろく)ペンス

サマセット・モーム（1874～1965年）

川に落ちれば、泳ぎのうまい下手は関係ない。
岸に上がれるか溺(おぼ)れるか、
ふたつにひとつだ。

人生のステージを変える

やりたいことがあっても、経済的なことや失敗確率など、うまくいかなかったときのリスクを考えると、なかなか挑戦に踏み切ることはできませんよね。この小説の主人公、40歳のストリックランドは、そういった将来への不安や心配をかなぐり捨てた男。ある日突然、「絵を描きたい」と、何不自由なく暮らしていたのに株式仲買人の仕事を辞め、家族も捨て、失踪してしまったのです。言ってみれば、俗世につながっていた鎖を自分の手で断ち切り、自由を手に入れた、ということです。

当然と言うべきか、奥さんは「絶対に女がいるはずだ」と疑い、語り部である作家の「私」に調査をし、連れ戻すよう依頼します。パリでストリックランドに会った「私」は、こう問い詰めます。

「かりにもあなたにまったく才能がないとして、それでもすべてを捨てる価値があるんですか？　ほかの仕事なら、多少出来が悪くてもかまわないでしょう。ほどほどにやっていれば、十分楽しく暮らしてい

けます。だけど、芸術家という職業はちがう」

いろんな意味で失礼な発言ですが、ストリックランドからは大ばか者呼ばわりされてしまいます。**「おれは、描かなくてはいけない、といっているんだ。描かずにはいられないんだ」**と。それに続くのが最初に引用した言葉。胸を打たれますよね。

ストリックランドを捕らえているのは、
美を生み出そうとする情熱です。
情熱が彼の心をかき乱し、彼をさまよわせる。
あの男は永遠の巡礼者です。

本作品は「転職小説」とでも称すべきもの。転職を考えるときなどに読むと、いいヒントが得られると思います。ただし川に飛び込んでも、経済的な幸せが保証されているわけではないことをお忘れなく。

DATA

作品― 主人公チャールズ・ストリックランドは、ある日、仕事も家も家族も捨てて、忽然(こつぜん)と姿を消した。失踪の理由は「絵を描く」ため。やがて彼は南洋のタヒチに移住し、情熱と狂気に突き動かされるように絵を描く。画家ポール・ゴーギャンをモデルに描いた、ある天才画家の生涯の物語。

著者― フランス生まれ。10歳で孤児となり、南イングランドに住む叔父に引き取られて育つ。医者になり、第一次世界大戦では軍医、諜報部員として従軍。ロシア革命時は、表向きは作家ながら、裏ではイギリス秘密情報部MI6に所属するスパイとして活動する。空前のベストセラーとなった本作品のほか、『人間の絆』『お菓子とビール』、短編の『雨』『赤毛』などの作品がある。

＼プラスα／

本作モデルのゴーギャンは南タヒチで多くの傑作を発表した。とりわけ絵画「我々はどこから来たのか、我々は何者か、我々はどこへ行くのか」は有名。

147

ファウスト

ゲーテ（1749～1832年）

知恵の最後の結論はこういうことになる、
自由も生活も、日毎（ひごと）にこれを闘い取ってこそ、
これを享受（きょうじゅ）するに価（あたい）する人間といえるのだ、と。

魂の壮大な旅に酔う

この戯曲は、**「ああ、これでおれは哲学も、法学も、医学も、また要（い）らんことに神学までも、容易ならぬ苦労をしてどん底まで研究してみた」**と言う主人公のファウスト博士の嘆きから始まります。

可哀そうにおれという阿呆（あほう）が。
昔よりちっとも利口になっていないじゃないか。

学問というのは、学べば学ぶほど「知らないこと」が増えていくもの。ファウスト博士ほどの学者も例外ではなく、彼は未知の世界を渇望しています。そこに登場するのが、悪魔メフィストフェレス。「すべての快楽を味わわせる」と提案し、ファウストは「自分は決して享楽（きょうらく）にたぶらかされたりはしない」と言って、一つの賭けを申し出ます。

私がある瞬間に対して、留（とど）まれ、お前はいかにも美しい、といった

ら、もう君は私を縛りあげてもよい、もう私はよろこんで滅びよう。

これにて契約成立。ファウスト博士は**「私は目もくらむほどの体験に身をゆだねたいのだ、悩みに満ちた享楽や、恋に盲（めし）いた憎悪や、気も晴れるほどの腹立などに」**と言って、壮大な旅に身を投じます。

その内容は本を読んでいただくとして、圧巻は、ファウスト博士が旅の終わりに何百万人が幸せに暮らせる土地を開拓しようと決意し、「どんな困難に遭遇しても、人は『協同の精神』によって助け合わなければならない」と気づくところ。最初の引用に続けて博士は、こう言います。

「従って、ここでは子供も大人も老人も、危険にとりまかれながら、有為な年月を送るのだ。おれもそのような群衆をながめ、自由な土地に自由な民と共に住みたい。そうなったら、瞬間に向ってこう呼びかけてもよかろう、留（と）まれ、お前はいかにも美しいと」

それはまさに、博士が人間の生きる意味を悟った瞬間です。ファウストとともに旅すると、人間の感情に対する理解が深まるでしょう。

DATA

作品― 60年の歳月を費やして完成させた作品。学問は無力であると絶望した大学者ファウストが、悪魔メフィストフェレスと契約。20代の青年に若返り、すべての快楽を味わおうとする。しかしそれは、清純な乙女グレートヒェンとの悲恋に終わる。やがて立ち直ったファウストは、美を追求し生の意義を得ようとして果たせず、最後に人類、社会のための創造的活動に身を投じる。

著者― ドイツ・フランクフルト生まれ。ライプツィヒ大学で法律を学び、弁護士を開業。1774年、『若きウェルテルの悩み』を発表。その後も詩集、戯曲、小説を精力的に発表。ワイマール公国の大公に信を得て、大臣、内務長官、宮廷劇場総監督として活躍した。

＼プラスα／

ゲーテは『ファウスト』の原稿を書くと、食後に『ゲーテとの対話』を著したエッカーマンや家族を前に朗読したという。何と贅沢な……！

148 失われた時を求めて

プルースト（1871~1922年）

**町も庭もともに、
私の一杯の紅茶から出てきたのである。**

「記憶」という財産の豊かさを思う

ふとしたことがきっかけで、昔の記憶が鮮烈によみがえることがあります。身体感覚をともなって思い出が湧き上がってくる、そんな〝記憶のスイッチ〟のようなものがあるのでしょう。

私の場合、それはキンモクセイの香り。高校生の頃、学校から自転車で帰るとき、わざわざ遠回りして、キンモクセイの咲く家々のそばを通ったものです。いまでもキンモクセイの香りをかぐと、高校生当時に考えていたことや友だちのことなどが思い出されます。

本作品の語り手である「私」にとっての〝記憶のスイッチ〟は、紅茶とマドレーヌでした。マドレーヌのひと切れを紅茶に浸しておいて、スプーンですくって口に運ぶと、とたんに**「人生の苦難などどうでもよくなり、災難などは無害なものにすぎず、人生の短さなど錯覚だと思われ」**るような快感が湧き上がり、思わず身震いするのです。

思い出というのははかないもので、たいていは時が経つにつれて、廃墟のように風化していきます。でもその思い出が感覚と結びついている場合は違います。はっきりと再現されるのです。

マルセル・プルースト（1895年）

　本作品では、「わたし」が少年時代を過ごしたコンブレーの村と、その周辺、ヴィヴォンヌ川の睡蓮（すいれん）、善良な村人など、思い出のすべてが「匂いと味のほとんど感知できないくらい小さな滴（しずく）の上」で支えられている。

　つまり紅茶の一滴が思い出という壮大なる建築物をしっかりと支えている、そんなふうに表現されています。

「記憶という財産は実に豊かなものだなあ」と気づかされるようです。

　長大な作品で、読破するのは大変ですが、そんなに難しいわけではありません。少しずつ読み進める感じで、ぜひトライしてみてください。読破したときの達成感は、なかなかのものですよ。

DATA

作品— 物語は「私」が少年時代を過ごしたコンブレーの村の回想から始まる。ブルジョワ社会と貴族社会——相容れないと思われた二つの世界が「時間」の流れのなかで交差・融合していく姿を、第一次世界大戦に至るまでの約15年間のフランスを背景に描きだす。プルーストの精神的な自伝とも言われる。「スワン家のほうへ」「花咲く乙女たちのかげに」「ゲルマントのほう」「ソドムとゴモラ」「囚われの女」「消え去ったアルベルチーヌ」「見出された時」の7篇から成る、フランス文学最高の長編ロマンである。

著者— フランスの作家。9歳から喘息（ぜんそく）に苦しめられる。パリ大学法科入学後、社交界や文学サロンに出入りし、叙情的な短文集『楽しみと日々』を出版したり、ラスキンを翻訳したりするなど、文学的模索を続ける。最愛の母の死が転機となって、本作品を構想。死の数日前まで執筆を続けた。

＼プラスα／

全7篇のうち第5篇以後は死後に刊行された。ほかに未完の自伝的小説『ジャン・サントゥイユ』がある。

149

老人と海

アーネスト・ヘミングウェイ（1889～1961年）

人間は負けるように
造られてはいないんだ。

勝ち負けは気にするな。
闘い続ける心意気を持て。

「勝ち続ける人生」も「負け続ける人生」もありえません。私たちは仕事でも何でもつい「勝ち負け」という結果にこだわりがちですが、本書を読むと、「大事なのは勝ち負けじゃあないよね」と実感します。

老漁師サンチャゴの闘いは、一人で漁に出るところから始まります。それまで彼はマノーリンという助手のような少年と漁に出ていました。ところが84日間も不漁が続いたこともあり、少年は親からほかの船に乗るように言われてしまったのです。だから〝一人漁〟。

孤独な漁を続けるサンチャゴでしたが、ついに巨大なマカジキに遭遇します。大きさは何と、18フィート（約5.5メートル）！　釣ったはいいけれど、船はマカジキにぐいぐい引っ張られます。「何としても仕留めたい」一心で、死闘を続けること3日間。ついにマカジキに留めをさすことができました。

アーネスト・ヘミングウェイ（1950年）

しかし一難去って、また一難。血の臭いをかぎつけたアオザメの群れに追い回されることに。彼の本当の闘いはここからだったのです。サメとの闘いにのぞんでのサンチャゴの心意気を描写したのが、最初の引用。

結局、せっかくの獲物はサメに食い尽くされます。マカジキとの闘いに勝ち、サメとの闘いに負け、でも命を燃焼させる闘いがあった。自分は前を向いて闘い続けたんだ、という誇りが全篇に満ちています。「勝ち負けではない。闘い続けることが大事である」と教えられるよう。

死力を尽くして闘ったサンチャゴは、さぞ満ち足りていたことでしょう。小屋に帰り、眠りについた彼の最後の場面がまたかっこいい！

老人がふたたび眠りに落ちていた。依然として俯伏(うつぶ)せのままだ。
少年がかたわらに坐(すわ)って、その寝姿をじっと見まもっている。
老人はライオンの夢を見ていた。

DATA

作品― 主人公の老漁師サンチャゴはあるとき、一人で小さな帆掛け船に乗って沖に出た。そこで巨大なマカジキを仕留めるが、サメの群れに襲われ、食い尽くされる。マカジキとの死闘は息を呑む迫力だ。

著者― アメリカ・イリノイ州に生まれる。アメリカを代表する小説家。第一次世界大戦に従軍、その後のスペイン内戦、第二次世界大戦では、従軍記者として参加。生涯を通じて釣りや狩猟に熱中し、戦争や狩猟で得た自らの体験を小説の題材にした。他の代表作に『日はまた昇る』『武器よさらば』などがある。1954年、ノーベル文学賞受賞。

＼プラスα／

ヘミングウェイは世界のあちこちに居を構えた。現在、アメリカ・イリノイ州の生家をはじめ、フロリダ州、キューバのサンチアーゴなどの家が公開されている。

Chapter 14

日本の古典文学

150

源氏物語

紫式部（生没年不詳）

いづれの御時にか、女御・更衣あまたさぶらひたまひけるなかに、いとやんごとなき際にはあらぬが、すぐれて時めきたまふありけり。はじめより我はと思ひ上がりたまへる御かたがた、めざましきものにおとしめ嫉みたまふ。同じほど、それより下臈の更衣たちは、ましてやすからず。

モテる男は辛い!?

作品の冒頭では光源氏の母・更衣が、桐壺帝の寵愛を受け、そのために周囲の嫉妬を買って辛い思いをする、そんな様子が描かれています。若くして亡くなったこの母に、光源氏は女性の理想像を見たのでしょう。その思いが義母の藤壺や紫上への恋慕につながります。

光源氏は非常にモテます。類い稀な容姿を持つ超イケメンですし、性格は優しく、男っぽいところもあって、女性扱いがスマート。しかも臣下に下ったとはいえ、帝の子ですから、身分は高貴。モテないわけはありません。男性はうらやましいですよね？　女性だって、次々と源氏に籠絡されていく女性たちの気持ちに共感を覚えるでしょう。

しかし源氏は、ハッピーなばかりではありません。むしろモテるがゆえに辛い思いをたくさんします。なかでも恐ろしいのは、六条御息所という高貴な婦人が源氏への恋におぼれ、嫉妬に狂って生き霊になってしまうところ。出産を迎えた源氏の正妻の葵上に取り憑くのです。

「嘆きわび空に乱るるわが魂を結びとどめよしたがひのつま」
とのたまふ声、けはひ、その人にもあらず、かはりたまへり。いとあやしとおぼしめぐらすに、ただかの御息所なりけり。

「体から抜け出て空に迷う私の魂を下前の褄を結んで（こうすることで体に魂が戻るとされた）つなぎ止めて欲しい」とは。モテる男は罪ですね。

また源氏はフラれることも多く、そこが憎めないところ。モテる男が女性を振り向かせるために駆使する手練手管は勉強になります。和歌を読み解く楽しさもあります。

全篇にはかなさの漂う、平安時代の恋愛絵巻——日本人として、『源氏物語』を知らない人生を歩むのは寂しいものですよ。

DATA

作品— 約1000年前、世界最古の恋愛小説。幼くして母を亡くした光源氏は、亡き母に生き写しの義母・藤壺を恋い慕う。後年、その藤壺に生き写しの少女を理想の妻・紫上に仕立て上げる。その連鎖を縦軸とするなら、横軸は幾多の恋愛。空蟬、夕顔、明石上、女三宮など、さまざまな恋愛模様が描かれる。源氏亡き後の「宇治十帖」では、柏木と源氏の正妻・女三宮との不義の子・薫を主人公に、暗い愛の世界が描かれる。

著者— 平安時代中期の物語作者・歌人。母を早く亡くし、漢学者の父・藤原為時の手で育てられた。藤原宣孝と結婚するも間もなく夫と死別。一条天皇の中宮彰子に仕え、この頃に源氏物語の執筆を開始したと伝えられる。中古三十六歌仙の一人でもある。ほかに『紫式部日記』『紫式部集』などの著作がある。

＼プラスα／

まず現代語訳や大和和紀さんの漫画『あさきゆめみし』などで筋をつかんでから、原文を味わうのがおすすめです。

151 枕草子（まくらのそうし）

清少納言（せいしょうなごん）（生没年不詳）

**人の容貌（かたち）は、をかしうこそあれ。
にくげなる調度（てうど）の中にも、
ひとつよき所のまもらるゝよ。
みにくきも、さこそはあらめと
思ふこそは、わびしけれ。**

「自己肯定感」を高める

『枕草子』は量が多いので、全篇を読破した人は少ないでしょう。でも冒頭の文章を知らない人はいないと言っても過言ではないと思います。

**春は曙（あけぼの）。やうやう白くな（り）ゆく、山ぎはすこし明（あか）りて、
紫だちたる雲の細くたなびきたる。**

というふうに、四季の移ろいが春、夏、秋、冬の順で描かれています。上は春のくだり。「春は明け方がすばらしい。空がだんだん白んでゆくうち、山際の空がほんのり明るくなり、紫がかった雲がたなびいている。そんな風情がいい」と言っています。

ここを皮切りに、清少納言はあらゆる物事を列挙し、それぞれを自分の

感性で好き、嫌い、風情がある、興ざめだ、などと一刀両断にしていきます。周囲がどう思うかなど気にしない、その迷いのなさが非常に小気味いい。どんどん読み進めるうちに、「自分の感性をここまで肯定していいんだな」と思えてくるでしょう。

最初の引用は、「人の容貌はおもしろいもの」としているくだり。ブサイクでも、何かよいところがあると、そこに魅入ってしまう。醜さにもそれなりに事情があると思えば辛くなる、と率直な感想を述べています。近年は容貌コンプレックスから自己肯定感を低下させている人が少なくないので、何となく慰められるのではないでしょうか。ほかにも〝ただならぬ感性〟とユーモアのセンスが光る文章がいっぱい。たとえば**「ありがたきもの。舅にほめらるる婿。また、姑に思はるる嫁の君。毛のよくぬくる銀の毛抜」**とか、**「うつくしきもの。瓜にかきたる乳児の顔。雀の子の鼠鳴きするにをどり来る」「ぬかづき虫、またあはれなり。さる心地に道心おこしてつきありくらんよ。思（ひ）かけず暗き所などに、ほとめきありきたるこそをかしけれ」**等々。

暇に飽かして少しずつ読みましょう。必ず「笑える」くだりに遭遇しますよ。

DATA

作品―著者が一条天皇の皇后、定子に仕えていた間に宮廷で見聞きし、感じたことを記した随筆。さまざまなテーマで類似するものを次々と列挙する「ものづくし」的なものや、出来事を日記風にまとめたものが交じった構成になっている。

著者―代々歌人の家系に生まれた、平安中期の女流歌人。父は歌人の清原元輔。橘則光と結婚し一男をもうけるが離婚。その後、宮中にあがり、10年ほど中宮定子に仕えた。才気あふれ、明晰な頭脳の持ち主である一方、性格は勝ち気で自己顕示欲が強かったとされる。

＼プラスα／

好対照とされる紫式部とは、後宮に入った時期が数年ズレており、二人が宮廷で顔を合わせたことはないとも言われる。

152 平家物語

与一、目をふさいで、「南無八幡大菩薩、
我国の神明、日光権現、宇都宮・那須の
ゆぜん大明神、願くはあの扇のまゝなか射させて
たばせ給へ。これを射そんずる物ならば、
弓きりをり自害して、人に二たび面をむかふ
べからず。いま一度本国へむかへんと
おぼしめさば、この矢はづさせ給ふな」
と、心のうちに祈念して（略）

自分に気合いを入れる

『平家物語』と聞けば、すぐに冒頭の言葉を思い浮かべるのでは？

祇園精舎の鐘の声、諸行無常の響あり。
娑羅双樹の花の色、盛者必衰のことわりをあらはす。

このフレーズに象徴されるように、『平家物語』の底流には日本人特有の「無常観」があります。日本人の精神が感じられるのです。

最初の引用は、那須与一（なすのよいち）が扇に矢を射る際、さまざまな神に「命中させてください」とお願いする場面。それも「もし射損じたら自害する」覚悟で挑むあたり、ぐっときます。同じ神様にお祈りするなら、このくらい肝が据（す）わっていなければいけませんよね。与一はまんまと成功したのですが、そのときの描写がまたすばらしい！

与一、鏑（かぶら）をとッてつがひ、よッぴいてひやうどはなつ。
小兵といふぢやう、十二束三（そくみつ）ぶせ、弓はつよし、
浦ひびく程ながなりして、あやまたず扇のかなめぎは一寸ばかり
おいて、ひィふつとぞ射きッたる。鏑は海へ入（いり）ければ、
扇は空へぞあがりける。しばしは虚空（こくう）にひらめきけるが、
春風に、一（ひと）もみ二（ふた）もみもまれて、海へさッとぞ散ッたりける。

促音の「ッ」や、係り結びの「ぞ……ける」が効いて、跳ねるようなリズムですよね。「戦いの美学」をも感じられるところです。

ほかにも、たとえば「敦盛（あつもり）の最期」では、麗しく高貴な青年・敦盛を敵だけれど殺すに忍びないと逡巡する熊谷次郎直実（くまがいじろうなおざね）の気持ちが描かれぐっときます。またラスト、「壇ノ浦（だんのうら）の戦い」で助けられて出家した建礼門院（けんれいもんいん）の庵（いおり）を、後白河法皇が訪ねる場面を描いた「大原御幸（おおはらごこう）」は、涙を禁じ得ません。とにかく全篇、情感あふれる名場面がいっぱい。声に出して読み進めていくうちに、自分に気合いが入るし、美しい日本語に触れながら豊かな時間を過ごせると思います。

DATA

作品― 大和（やまと）言葉と漢語がうまく入り交じった和漢混交文体の傑作にして、軍記文学の代表作。平家一族の栄華と没落を描く。合戦の躍動感あふれる描写に加えて、敵・味方を超えて交わされる「情」がきめ細かく描かれているところも魅力。もともとは琵琶（びわ）法師が琵琶をかき鳴らしながら語るもの。音読すると、いっそう心に沁（し）みる。

＼プラスα／

作者については諸説ある。有力なのは『徒然草』にある記述で、兼好法師は信濃前司（しなののぜんじ）行長（ゆきなが）が作者であり、生仏（しょうぶつ）という盲目の僧に教えて語り手にしたと伝えている。

153

徒然草（つれづれぐさ）

兼好法師（けんこうほうし）（1283年頃~1352年頃）

少しのことにも、先達（せんだつ）は
あらまほしき事なり。

学びは好奇心から始まる

子どもというのは新しいことを見聞きするたびに「何？」「どうして？」と、親を質問攻めにするものです。兼好法師も同じ。243段に、

八（や）つになりし年、父に問ひて云はく、
「仏（ほとけ）は如何（いか）なるものにか候（さうら）ふらん」と云ふ。
父が云はく、「仏には、人の成（な）りたるなり」と。
また問ふ、「人は何（なに）として仏には成り候ふやらん」と。
父また、「仏の教（をしへ）によりて成るなり」と答ふ。
また問ふ、「教へ候ひける仏をば、何が教へ候ひける」と。
また答ふ（略）

とあるように、兼好は、父が苦し紛れに絞り出した答えからまた問いを立て、延々、〝どうして問答〟を続ける子どもだったようです。父親はわが子のそんな探究心を喜び、会う人ごとに半ば自慢するように「答えられなくて参ったよ」と話していたそうです。学びは好奇心から始まる、とい

うことですね。

大人になってからも兼好法師は、**「わからないことは、その分野に通じている達人に聞く」**という姿勢を貫きました。『徒然草』には、彼がさまざまな名人から引き出した知恵がたくさん出てきます。たとえば木登り名人から「高いところは自分で用心するから大丈夫だが、低いところはつい油断するから危ない」と教えられたり、双六(すごろく)上手から「勝とうとして打ってはいけない。負けないように打て」と助言されたり。人生にとって大切なことが書かれています。

あと兼好法師に見習うべきは、新しいことに挑戦するときの心構え。未熟でも尻込みせず、恥ずかしがらず、下手なりに人前で腕を披露することを勧めています。たとえば150段では、こう言っています。

天下のものの上手といへども、始めは、
不堪(ふかん)の聞(きこ)えもあり、無下(むげ)の瑕瑾(かきん)もありき。

「天下に聞こえた上手でも、最初は下手だと言われることもある。ひどい侮辱を受けたことだってある」――手習いの本質をついていますね。

DATA

作品―「思索する読書人」として評価の高い兼好法師の随筆。生き方のヒントになる「いい話」が満載。ユーモラスなタッチで書かれた全244段の一段一段がおもしろく、ためになる。物事の本質を見抜く眼力に注目！

著者―俗名は卜部兼好(うらべかねよし)。宮廷に仕えたが、30歳前後で出家。兼好と名乗り、50歳頃までに『徒然草』を書き上げたとされる。その後は『源氏物語』などの古典籍を書写したり、歌人として歌会に出たりして過ごした。

＼プラスα／

『太平記』に、兼好法師が時の権力者のために恋文を代筆した話がある。

Chapter1 世界史
Chapter2 日本史
Chapter3 経済・社会
Chapter4 自伝
Chapter5 宗教
Chapter6 人生論
Chapter7 思想・哲学
Chapter8 科学・心理

154

方丈記(ほうじょうき)

鴨長明(かものちょうめい)（1155?〜1216年）

行(ゆ)く河の流れは絶えずして、
しかも、もとの水にあらず。
よどみに浮(うか)ぶうたかたは、
かつ消え、かつ結びて、
久しくとどまりたる例(ためし)なし。

災害時のヒントとする

上は有名な冒頭のくだりです。「川は絶えず流れているけれど、水は元の水とは違っている。淀みに浮かぶ水の泡も、消えてはまたできて長くそのままの状態に留まってはいない」という意味です。ひとことで言えば「人生なんて、水の泡のように、はかないものよ」です。

長明がこんな気持ちになったのは、さまざまな天変地異を経験したからです。『方丈記』に多く見られる災害の記述は、いまも多発する災害に苦しめられる私たちにとって、身近に感じられます。

たとえば「養和の飢饉(ききん)」の話では、「道端で餓死(がし)する人がたくさんいて、目も当てられない惨状である」ことを述べた後に、こんな記述が続きます。

**去り難き妻、夫持ちたる者は、その思ひまさりて深き者、必ず、
先立ちて死ぬ。その故は、わが身は次にして、人をいたはしく
思ふ間に、まれまれ得たる食ひ物をも、彼に譲るによりてなり。
されば、親子ある者は、定まれる事にて、親ぞ先立ちける。
また、母の命尽きたるを知らずして、いとけなき子の、
なほ、乳を吸ひつつ臥せるなどもありけり。**

大変なことが起きても、やさしさを失わない、そんな人々の様子に胸を打たれます。また「災害に遭っても、数年経つと、あまり振り返らず、元の生活に戻っていった」というあたり、日本人らしい感じもします。

そんなふうに災害時のヒントになることに加えて、長明が山の草庵暮らしについて綴るくだりは、いまでいうミニマリスト的な暮らしに通じるもの。小さな住まいで心静かに暮らす心地よさが身に沁みます。

今、さびしき住まひ、一間の庵、自らこれを愛す。

DATA

作品— 大火事、竜巻、遷都、飢饉、大地震などの厄災を経て、人の世の無常を感じ出家遁世した長明。都から離れた山中に、一丈四方の草庵を構えた。その心の声を綴った、長明の自分史とも言える作品。

著者— 鎌倉前期の歌人。京都下鴨神社の禰宜、鴨長継の子。和歌を源俊恵に学び、その派の頭領となった。管弦の道にも通じる。後鳥羽院に召されて和歌所寄人となったが、のちに出家隠遁し、著述の生活を送った。

＼プラスα／

現存する最古の写本は、京都府京丹波町の大福光寺が所蔵するもの。これを自筆本とするか否かは、見解が分かれている。

155

一茶俳句集

小林一茶（1763～1827年）

空腹に雷ひびく夏野哉

軽やかに日常を楽しむ

一茶の俳句の魅力の一つは、日常にささやかなおかしみを見出しているところにあります。それも共感できるものが多く、「わかる、わかる、あるよねぇ、そういうこと」と膝を打ちたくなるくらい。

上に引用した句もそう。クスリと笑えるうえに、〝替え歌〟をつくるおもしろさがあるのです。たとえば「ランチ抜きでがんばったのに、凡ミスをやらかして、上司から大目玉を食った。その怒声のすごいことったら……空腹に雷響く職場かな、の心境だよ」というふうに。

おそらく一茶は貧しく、過酷な人生を生きていたからこそ、それを笑いに変えて、軽やかに生きていこうと思ったのでしょう。ほかにも、

年よりや月を見るにもナムアミダ

昼飯をぶらさげて居るかがし哉

など、親しみやすい句が満載。ちょっと川柳のような気安さがありますよね。

もう一つ特徴的なのは、虫のような小さな生き物に自分自身を重ね合わせて、自然を愛でるところ。７句ほど紹介しましょう。

小便の身ぶるひ笑へきりぎりす

ゆうぜんとして山を見る蛙哉

どこを押せばそんな音(ね)が出ル時鳥(ほととぎす)

車坐(くるまざ)に居直りて鳴く蛙(かはづ)哉

むらの蚊の大寄合(おおよりあひ)や軒(のき)の月

一(ひとつ)星見つけたやうにきじの鳴(なく)

わんぱくや縛(しば)られながらよぶ蛍

小林一茶寄寓の地、一茶双樹館（千葉県流山市）

DATA

作品—一茶は晩年に至るまで作句力の衰えを知らず、生涯に約２万句の俳句を残した。本書はその中から2000句を選び、制作年代順に配列。脚注を付している。順をおって句を味わうことで、一茶の生涯をたどることができる。一茶の苛酷な人生を反映した、個性的な「人生詩」となっている。

著者—長野県生まれ。３歳で母を亡くし、祖母に愛育された。後に迎えられた継母と対立し、15歳で江戸へ。転々と渡り奉公をし、大変な辛酸をなめる。やがて俳諧を習い覚え、頭角を現す。私生活にあっては、子どもが次々と夭死(ようし)したあげく、妻には死なれ、再婚にも失敗。一方、実家とは遺産相続でもめるなど、苦労続きの生涯だった。

＼プラスα／

一茶のドラマチックな人生を知るには、自伝『おらが春』をはじめ、田辺聖子の『ひねくれ一茶』、藤沢周平の『一茶』などがおすすめ。

156

おくのほそ道

松尾芭蕉（?～1694年）

月日は百代の過客にして、
行きかふ年もまた旅人なり。
舟の上に生涯を浮かべ、
馬の口とらへて老いを迎ふる者は、
日々旅にして、旅を栖とす。

旅とともにある俳句のおもしろさを味わう

上は有名すぎる冒頭のくだり。学生の頃に覚え、数十年経ったいまも暗誦できる、という人も多いでしょう。ここで「月も日も年も、留まることなく歩み続ける旅人のようなもの。人生は旅そのものだ」と言っているように、芭蕉は旅を人生に重ね合わせています。

旅の目的の一つは、名所旧跡をたどること。たとえば黒羽では、

与市扇の的を射し時、「別してはわが国の氏神正八幡」と誓ひしも、この神社にてはべると聞けば、感応殊にしきりにおぼえらる。

といった記述が見られるし、敬愛する西行ゆかりの柳（遊行柳。現在の栃木県那須町）に立ち寄ったときはしばし感慨にふけり、田一枚を植える奉仕をしています。

旅のもう一つの目的は、行く先々で待っている俳諧の友たちと句会を催

し、交流をすることでした。これは一つの場を共有する者が句を継いでいく「座」という日本独特の文芸の型式。芭蕉は自らの足で歩いて、〝座の言語空間〟をつくりあげたと言えます。

有名な句を５つほど、紹介しておきましょう。

夏草や兵(つわもの)どもが夢の跡（平泉）

閑(しずか)さや岩にしみ入蟬(いるせみ)の声（立石寺(りっしゃくじ)）

暑き日を海に入れたり最上川(もがみがわ)（酒田）

荒海(あらうみ)や佐渡に横たふ天の河（越後路）

蛤(はまぐり)のふたみに別れ行(ゆ)く秋ぞ（大垣）

DATA

作品― 旅に生きた俳聖芭蕉による奥羽・北陸の旅日記。門弟曾良(そら)を伴って江戸を出発し、名所・旧跡を巡りながら大垣へ。５ヵ月にわたる旅は、真の俳諧の道を実践し続けた魂の記録でもある。

著者― 伊賀国(いがのくに)（現在の三重県）の生まれ。もと藤堂(とうどう)藩士。武士身分を捨てて、町人の世界に入る。江戸で談林派などの俳諧を学ぶ。その後、「さび」「しおり」「細み」などを根本理論とする蕉風を開拓。俳諧を芸術として確立させた。各地を旅し、名句と紀行文を残す。

＼プラスα／

移動スピードがあまりに速いことから、「芭蕉は特訓を積んだ忍者に違いない」という説がある。『ちはやふる奥の細道』（小林信彦）は、この説をもとにした小説。俳聖・芭蕉の違った一面が楽しめる。

157

東海道中膝栗毛

十返舎一九（1765～1831年）

借金は富士の山ほどあるゆへに
そこで夜逃を駿河ものかな

ヤなことは笑い飛ばして厄落とし

私の実家は旧東海道沿い駿河、現在の静岡県中部地方にあったので、この小説にはとても馴染みやすいものがあります。著者の十返舎一九も静岡生まれですし、親近感を覚えます。

さて上の歌は、冒頭で駿河出身の弥次さんが江戸に夜逃げした経緯をおもしろおかしく述べ、その締めくくりに詠まれたものです。どうやら弥次さん、そこそこお金持ちだったのに、色酒にはまり、役者にはまり……身代を潰してしまったようです。

この後、〝弥次喜多の珍道中〟が繰り広げられるのですが、とにかく二人のテンポのいい会話がおもしろい。江戸時代の文章とは思えない読みやすさです。たとえば喜多さんが白い手拭いでほおかぶりし、色男を気取る場面。すれ違ったお女中衆に笑われます。

十返舎一九

北八「ナントどふだ。今の女どもが、おいらが顔を見て、うれしそふに笑つていつたハ。どふでも色男はちがつたもんだ
弥二「わらつたはづだ。 手めへの手拭を見や、 木綿さなだのひもが、さがつていらア
北八「ヤアヤア、 こりやア手拭じやアねへ。 ゑつちうふんどしであつた
弥二「手めへゆふべ、ふろへはいるとき、ふんどしを袂へいれて、それなりにわすれたはおかしい。大かた、けさ手水をつかつて、顔もそれでふいたろふ。きたねへおとこだ
北八「そふよ。どうりこそわるぐさい手ぬぐひだとおもつた

ふんどしを手拭いと間違えるとは……まるでコントのようです。ほかにも「五右衛門風呂の入り方がわからず、下駄をはいて湯のなかに入り、底をぶち抜いた話」とか、「桑名名物の焼き蛤をへそにのせて火傷をする話」など、おもしろい話が満載です。

ぜひ音読し、「ワハハハハ」と大笑いしましょう。弥次喜多道中に参加して、伊勢神宮で厄落としする気分になれますよ。

DATA

作品—「膝栗毛」とは「膝を栗毛の馬の代用とする」ことで、徒歩旅行を意味する。江戸神田八丁堀に住む栃面屋弥次郎兵衛と、居候の喜多八は、厄落としにお伊勢参りをしようと思いつき、旅に出る。それが文字通りの珍道中。行く先々で失敗や騒動を惹き起す。1802年に刊行されるや大ヒット。21年にわたりシリーズ化された。

著者—静岡生まれ。江戸時代後期の戯作者、浮世絵師。31歳のときに黄表紙（大人向けの草双紙）を出版したのを機に、作家生活に入る。本作品で一躍ベストセラー作家になる。洒落本、人情本、読本、狂歌集なども手がける。

\プラスα/

「此世をばどりやおいとまにせん香の煙ともに灰左様なら」——辞世の句も洒落ている。

Chapter 15
日本の近現代文学

158 夢十夜

夏目漱石（1867～1916年）

**「死んだら、埋めて下さい。
大きな真珠貝で穴を掘って。
そうして天から落ちて来る星の破片を
墓標に置いて下さい。
そうして墓の傍に待っていて下さい。
また逢いに来ますから」**

不思議な世界に惑溺する

十の夢はどれも幻想的で、読む者を「夢か現か幻か」的な世界へ誘います。上の文章は、「第一夜」からの引用。自分の死を主人公の男に告げた女が、「死んだら墓に埋めて、そばで待っていて欲しい」と頼む場面です。自分が「いつ逢いに来るかね」と聞くと、女は「日が出るでしょう。それから日が沈むでしょう。それからまた出るでしょう、そうしてまた沈むでしょう」などとはぐらかしながら、最後にこう言います。**「百年待っていて下さい」**と。

ここで突然、ドキリとさせられます。その直後、女は死に、男は言われた通り土を掘り、女を埋めて、ただひたすら待ち続けます。その様子が何とも幻想的です。そして最後、女は百合の花に姿を変えて逢いに来たのでした。このラストシーンが官能的。

すらりと揺ぐ茎の頂(いただき)に、心持首を傾(かたぶ)けていた
細長い一輪の蕾(つぼみ)が、ふっくらと弁(はなびら)を開いた。
真白な百合が鼻の先で骨に徹(こた)えるほど匂った。(中略)
自分は首を前へ出して冷たい露の滴(したた)る、白い花弁(はなびら)に接吻(せっぷん)した。

五感が刺激されるよう。花の香りや色を想像しながら読むと、気持ちがより高ぶります。ほかにも三つほどあらすじを紹介しておきますね。

●第三夜——私は6歳のわが子をおぶって森を歩いていたが、なぜか子がいつの間にか眼のつぶれた青坊主になっている。やがてその子は自分が100年前に殺した盲人であることに気づかされ……。

●第五夜——神代に近い大昔、私は戦に敗れ、生け捕りされた。降伏するか、死ぬかを迫られた私は、「死ぬけれど、その前に恋人に会いたい」と申し出る。恋人は私に会うために、馬を走らせるが……。

●第六夜——仏師の運慶が護国寺の山門で仁王を彫っていると聞き、行ってみるとすごい人だかり。「いまは明治の世なのに、なぜ鎌倉時代の運慶が?」と不思議に思ったが……。

いずれも、読み手を幻想的な世界へ誘う珠玉の小品です。ぜひ味わってみてください。

DATA

作品—「第一夜」から「第十夜」まで、10の夢が幻想的に詩的に語られる。内4篇は「こんな夢を見た」と、目覚めた視点から夢の記憶を語り始める。漱石が「夢」という形式を借りて、自身の深奥にある罪の意識や不安に現実感を与えた小説だとされる。

著者— 作品52の『私の個人主義』(本書127頁)参照。

\プラスα|

2007年、本作品を原作とするオムニバス映画『ユメ十夜』が製作された。監督は、実相寺昭雄、市川崑、清水崇ら10人の天才・異才たちだ。

159

草枕(くさまくら)

夏目漱石(なつめそうせき)（1867～1916年）

分別(ふんべつ)の錠前を開けて、執着(しゅうじゃく)の栓張(しんば)りをはずす。どうともせよと、湯泉(ゆ)のなかで、湯泉(ゆ)と同化してしまう。流れるもの程(ほど)生きるに苦は入(い)らぬ。流れるもののなかに、魂まで流していれば、基督(キリスト)の御弟子になったより難有(ありがた)い。成程(なるほど)この調子で考えると、土左衛門(どざえもん)は風流である。

うんざりする日常から解放される

上は〝温泉効果〟を述べたところ。「この世は生きにくい」と思っている主人公が、山奥の温泉に行き、湯治場(とうじば)の空気に親しむなかで自らを解放していく。そのときの心持ちが生き生きと描かれています。この前段にある、湯につかるときの様子がまたいい。

「余は湯槽(ゆぶね)のふちに仰向(あおむけ)の頭を支えて、透(す)き徹(とお)る湯のなかの軽(かろ)き身体(からだ)を、出来るだけ抵抗力なきあたりへ漂わして見た。ふわり、ふわりと魂がくらげの様に浮いている。世の中もこんな気になれば楽なものだ」

主人公といっしょに湯につかっているような気分になれます。それにしても彼はなぜ憂鬱だったのか。答えは冒頭の有名なフレーズ――。**「山路を登りながら、こう考えた。智に働けば角が立つ。情に棹させば流される。意地を通せば窮屈だ。兎角に人の世は住みにくい」**にあります。共感する人は多いのではないでしょうか。

また本作で特徴的なのは、全篇に教養が満ちあふれていることです。先の引用にしても、「土左衛門が風流だ」というのは、「スウィンバーンのなんとか云う詩に、女が水の底で往生して嬉しがっている感じを書いてあった」ことや、「ミレーの〔川に浮かぶ〕オフェリヤ」が根拠になっています。漱石らしい言い回しですね。ほかにも、**「(湯壺に) 這入る度に考え出すのは、白楽天の温泉水滑洗凝脂と云う句だけである。温泉と云う名を聞けば必ずこの句にあらわれた様な愉快な気持になる」**とか、**「芭蕉と云う男は枕元へ馬が尿するのをさえ雅な事と見立てて発句にした。余もこれから逢う人物を――百姓も、町人も、村役場の書記も、爺さんも婆さんも――悉く大自然の点景として描き出されたものと仮定して取こなして見よう」**など、知的な文章が豊富です。

那美さんというちょっと不思議な女が登場します。彼女から自分の絵を描いて欲しいと頼まれるが、主人公は「どうも、あなたの顔はそれだけじゃ画にならない」と言う。ところが、汽車を茫然と見送る彼女の表情を見て、こう言うのです。「それだ！　それだ！　それが出れば画になりますよ」と。ラストシーンのこの「画になる」というフレーズは、心を躍らせる一つのキーワードと言えそうです。

DATA

作品― 住みにくい人の世を芸術の力で打破できぬか。そんな思案をする青年画家が山奥の湯治場へ行き、宿の出戻り娘で、才知あふれる那美という女性との出会いをきっかけに、浪漫美の世界を見出していく。豊かな語彙と達意の文章で芸術美の尊さを描く漱石初期の代表作。

プラスα

主人公の独白を通して、漱石自身の芸術論が語られているところに注目！

160

鼻（はな）

芥川龍之介（あくたがわりゅうのすけ）（1892～1927年）

**人間の心には互に矛盾（むじゅん）した二つの感情がある。
勿論（もちろん）、誰でも他人の不幸に同情しない者はない。
ところがその人がその不幸を、どうにかして
切りぬける事が出来ると、今度はこっちで
何となく物足りないような心もちがする。
少し誇張していえば、もう一度その人を、
同じ不幸に陥（おとしい）れて見たいような気にさえなる。**

コンプレックスはないと思えばない

現代人のなかにも、コンプレックスに苦しめられている人は少なくないでしょう。とくに近年の若者は、〝容貌（ようぼう）コンプレックス〟に悩む傾向が強いように感じます。本作品はそんな人に必読の書です。

主人公の禅智内供（ぜんちないぐ）という僧は、巨大な鼻を持つことで有名でした。長年、その大きな鼻をコンプレックスに感じ、苦しんでいました。表面的には気にしない風を装っていましたが、みんなが陰で笑っていることに傷ついていたのです。

そんなある日、弟子が京の医者から鼻を短くする方法を教わってきたの

芥川龍之介

です。その方法は、**「湯で鼻を茹でて、その鼻を人に踏ませるという、極めて簡単なもの」**。さっそく試したところ、なんと顎下まであった鼻が嘘のように萎縮し、ふつうの人のサイズと同じくらいになりました。

「こうなれば、もう誰も哂うものはないのにちがいない」と安堵した内供ですが、2、3日すると、意外なことが起こります。鼻が短くなった彼を見て、人々が前にもまして笑うのです。彼は再び塞ぎ込み、かつての長い鼻を恋しがるようになりました。そのときの気分を表したのが最初の引用。よく言われるように、「人の不幸は蜜の味」なんですね。

その後、ある朝目覚めると、内供の鼻は元の大きさに戻っていたのです。「これでもう誰にも笑われない」と、清々しい気分になったそうです。

この話を読むと、「コンプレックスというのは、人の目を気にするから生じるものなんだなぁ」と思わせられます。「気にするほどのことはない」と思った瞬間、コンプレックスがコンプレックスでなくなり、晴れやかな心持ちになる。そんなことを教えてくれます。

DATA

作品 ― 高僧・禅智内供は巨大な鼻がコンプレックス。周囲から嘲笑されているとも感じ、何とか短くできないかと悩んでいた。そこへ弟子が秘法を聞き出してきた。試してみると、大成功！　しかし人々は、以前にも増して内供の鼻を笑いものにする。その後、鼻は元の大きさに戻り、内供は清々しい気持ちになるのだった。

著者 ― 東京生まれ。東京帝大英文科卒業。在学中から創作を始め、短編「鼻」が夏目漱石に賞賛される。その後、「今昔物語集」などを素材として『羅生門』『芋粥』『藪の中』、中国の説話による『杜子春』などを次々と発表。文壇の寵児となる。

＼プラスα／

1925年頃より体調がすぐれず、「唯ぼんやりした不安」のなか、服毒自殺する。

161 無恒債者無恒心(むこうさいしゃむこうしん) ほか

内田百閒(うちだひゃっけん)(1889～1971年)

**小生の収入は、月給と借金とによりて成立する。
二者の内、月給は上述のごとく小生を苦しめ、
借金は月給のために苦しめられている
小生を救ってくれるのである。**

懐は寂しいが心は豊か

内田百閒の随筆には、貧乏や借金にからむ話がよく出てきます。上の「無恒債者無恒心」という随筆にある引用もそう。前段で、百閒先生は「今日は23日ですよ」と言われると、「目の前が真っ暗になる」と言っていて、その理由は25日の給料日になると、たくさんの借金取りがやって来る、それを思うと憂鬱(ゆううつ)になるから。その後に続くのが引用した一文で、さらに百閒先生はこんなことを言います。

**学校が月給と云うものを出さなかったら、
どんなに愉快に育英のことに従事することが出来るだろう。
そうして、お金のいる時は、一切これを借金によって
弁ずるとしたら、こんなに愉快な生活はないのである。**

「月給をくれるからお金を使ってしまうんだ」と言わんばかりの屁理屈で、思わず笑ってしまいます。

またどの随筆も、〝百閒先生の屁理屈〟が楽しめるのですが、私は「特別阿房列車」が好き。**「なんにも用事がないけれど、汽車に乗って大阪へ行って来ようと思う」**と、冒頭からして笑えます。ただ「用事がないのに出かけるのだから、三等や二等には乗りたくない」とか「どっちつかずの曖昧な二等には乗りたくない。二等に乗っている人の顔付きは嫌いである」「必ず帰って来なければならないから、（中略）三等で帰って来ようと思う」などと言う、その理屈がよくわかりません。

こういったとぼけた話がただただおもしろく、また時代風景が描写されているあたりに随筆ならではの魅力があって、はまります。私などは「毎夜、内田百閒を眠り薬に、豊かな〝随筆睡眠〟を享受する」ことを老後の楽しみにしたいと、秘かに思っています。

DATA

作品―内田百閒は、独特のユーモアと風刺に富む数多くの随筆を残している。1933年の作品集『百鬼園随筆』は、昭和初期の随筆ブームのさきがけとなったと言われる。著者自身のふんわかしたキャラに加えて、俳諧的な風刺とユーモアのなかに人生の深遠をのぞかせる独特の作風が魅力。

著者―岡山県岡山市生まれ。酒造家の一人息子。旧制六高を経て、東京帝大独文科に入学。漱石門下の一員となり芥川龍之介、鈴木三重吉らと親交を結ぶ。卒業後は陸軍士官学校、海軍機関学校、法政大学のドイツ語教授を歴任し、1934年、文筆家の生活に入る。初期の小説には『冥途』『旅順入城式』などの秀作があり、『百鬼園随筆』で独自の文学的世界を確立した。

＼プラスα／

黒澤明監督の映画「まあだだよ」は、内田百閒の随筆を原案とする作品。実際、法政の教え子たちが百閒の誕生日を祝う「摩阿陀会」というパーティーを開いたとか。会の名は「還暦を祝ったが、百閒先生はまだ死なないの？」「まあだだよ」に由来するらしい。

162

陰翳礼讃（いんえいらいさん）

谷崎潤一郎（たにざきじゅんいちろう）（1886～1965年）

**われわれ東洋人は何でもないところに
陰翳（いんえい）を生ぜしめて、
美を創造するのである。**

日本古来の美意識に目覚める

本書は、日本文化を「陰翳」の観点からとらえ直した名著です。谷崎の言う「翳（かげ）りに美意識を感じる」とはどういうことでしょう。わかりやすい例の一つに「厠（かわや）」、つまりトイレをあげています。「京都や奈良の寺院へ行って、昔風の、うすぐらい、そうしてしかも掃除の行き届いた厠へ案内されるごとに、つくづく日本建築の有り難みを感じる」と言い、次のように続けています。

〔厠は〕必ず母屋（おもや）から離れて、青葉の匂いや苔の匂いのして来るような植え込みの蔭に設けてあり、廊下を伝わって行くのであるが、そのうすぐらい光線の中にうずくまって、ほんのり明るい障子の反射を受けながら瞑想に耽り、または窓外の庭のけしきを眺める気持ちは、何ともいえない。

一定年齢以上の方には懐かしいかもしれませんね。いまは寺院などのトイレも多くが〝洋式化〟した明るい空間になっていますが。

あと、椀と羊羹(ようかん)について述べたくだりがおもしろい。

日本の料理は食うものでなくて見るものだといわれるが、
こういう場合、私は見るものである以上に瞑想するものであると
いおう。そうしてそれは、闇にまたたく蠟燭(ろうそく)の灯と漆の器とが
合奏する無言の音楽の作用なのである。
かつて漱石先生は「草枕」の中で羊羹の色を讃美しておられたこと
があったが、そういえばあの色などはやはり瞑想的ではないか。
玉(ぎょく)のように半透明に曇った肌が、奥の方まで日の光を吸い取って
夢みるごときほの明るさを啣(ふく)んでいる感じ、あの色あいの深さ、
複雑さは、西洋の菓子には絶対に見られない。

こうして谷崎が畳みかけるように陰翳を讃美する文章を読むと、西洋的な明るさのなかで現代日本人が忘れかけていた古来の美意識に目覚めるよう。「翳り」のすばらしさを堪能しましょう。

DATA

作品—「陰翳によって生かされる美こそ、日本の伝統美である」と説く。日本人特有の芸術感性を建築や食、衣服、文学、旅など、テーマ別に論じた随筆集。

著者—東京生まれ。東京帝大国文科中退。在学中より創作を始め、同人雑誌『新思潮』(第二次)を創刊。『刺青(しせい)』などが高く評価された。当初は西欧的なスタイルを好んだが、しだいに純日本的なものへ傾倒。伝統的な日本語による美しい文体を確立した。主な作品はほかに『痴人(ちじん)の愛』『春琴抄』『卍(まんじ)』『細雪(ささめゆき)』など。

\プラスα/

谷崎は美食家としても知られている。独特な感性で日本料理を記述するあたりに、そんな谷崎らしさがうかがえる。

163

山月記（さんげつき）

中島敦（なかじまあつし）（1909～42年）

**人生は何事をもなさぬにはあまりに長いが、
何事かをなすにはあまりに短いなどと
口先ばかりの警句を弄（ろう）しながら、事実は、
才能の不足を暴露するかも知れないとの
卑怯（ひきょう）な危惧（きぐ）と、刻苦を厭（いと）う怠惰（たいだ）とが
己（おれ）のすべてだったのだ。**

プライドが可能性を狭めることもある

プライドというのはとても厄介です。なければ人としての尊厳（そんげん）を保ちにくいし、ありすぎると生きるのが辛くなります。

本作品の主人公李徴（りちょう）は後者。子どもの頃から秀才の誉（ほま）れ高く、長じて超難関の科挙（官僚登用試験）に合格するも、一介の役人で終わるもんかと、あっさり役人を辞めてしまいます。

彼が目指したのは詩人。歴史に残るような詩をつくろうとしたのですが、事はそう

臆病な自尊心を飼いふとらせた結果、李徴は虎になってしまった

簡単に運びません。李徴はしだいに自分の才能を評価しない世の中を恨み、生活のために小役人に身を落とした自分を許せず、ついには発狂。日に日に〝虎化〟が進んでいくその過程で、「プライドが高いだけで内実のともなわない自分」に対して、李徴の述べた反省の弁が、最初に引用したくだりです。

何とも切ない話ですよね。私自身、高校の頃に宮本武蔵にあこがれて、孤高の人を目指すあまり、孤独感に苦しんだ経験があるので、身につまされます。最後にもう一つ、李徴の言葉を紹介しておきましょう。

己(おれ)は次第に世を離れ、人と遠ざかり、
憤悶(ふんもん)と慙恚(ざんい)とによってますます己(おの)れの内なる
臆病な自尊心を飼いふとらせる結果になった。
人間は誰でも猛獣使いであり、その猛獣に当たるのが、
各人の性情だという。
己の場合、この尊大な羞恥心が猛獣だった。
虎だったのだ。

DATA

作品── 中国は唐の時代。故郷切っての俊才だった李徴は、役人の身分に飽き足らず、仕事を辞めて詩人を目指す。しかし名を成すことができないまま、再び小役人に。屈辱に耐えきれず発狂し、山へと消え、人虎と化す。旧友の袁傪(えんさん)は高位の役人となり、ある日、山中で虎になった李徴に出会い……。

著者── 東京生まれ。東京帝国大学国文科卒業。横浜高女で教壇に立つ。持病の喘息と闘いながら習作を続ける。1941年、パラオ南洋庁に赴任中に本作を収めた『古譚』を刊行。次いで『光と風と夢』が芥川賞候補になる。

\プラスα/

中国では、虎は「百獣の王」とされている。李徴が虎になったのも、ある意味で自分の理想とする強さへのあこがれが具象化された、とも言える。

164 桜の森の満開の下

坂口安吾（1906～55年）

**桜の森の満開の下の秘密は
誰にも今も分りません。
あるいは「孤独」というものであった
かも知れません。なぜなら、男はもはや
孤独を怖れる必要がなかったのです。
彼自らが孤独自体でありました。**

孤独とは何か、を考える

まず「桜の森の満開の下」というタイトルに、妖しさや狂気のようなものを感じますよね？　日本人は桜を愛でるお花見が大好きですが、一方で桜に「死」のイメージを重ね合わせる部分もあるからでしょう。「桜の樹の下には死体が埋まっている」とも言われます。

そんな日本人の精神が投影されたこの小説は、鈴鹿峠に棲みついた山賊が主人公。都からやって来る旅人を襲い、所持品を巻き上げて斬り殺し、同行の女を略奪して自分の女房にする、という蛮行を繰り返していました。ただ８人目の女房がとんでもなく残酷な女でした。なんと、ほかの７人

坂口安吾

の女房を次々と殺させたのです。加えて男を手下のように使い、やがて都に出ると「首を取ってこい」と命令するように……。

男は夜毎に女の命じる邸宅（ていたく）へ忍び入りました。着物や宝石や装身具も持ちだしましたが、それのみが女の心を充たす物ではありませんでした。女の何より欲しがるものは、その家に住む人の首でした。

姫君の首、大納言の首、坊主の首……女は人形遊びをするかのように、〝首遊び〟に興じたのでした。さすがに「今夜は白拍子（しらびょうし）の首を持ってきておくれ」と命じられて、「俺は厭（いや）だよ」と拒みましたが。

そんなこんなで二人は山に帰ることに。その道すがら、満開に咲く桜の森を女を背負って通るところから、平安絵巻のような美しいラストシーンを迎えます。男の背にいたのは醜い鬼でした。鬼に姿を変えた女を絞（し）め殺すが、気づいたら元の美しい女になっていたのです——最初の引用は、山賊が突如、天涯孤独の境地に陥るくだりです。

何とも残酷で血なまぐさいけれど、不思議と美しく幻想的な物語。もともと孤独だった男が、底知れぬ魔性をもった女との恋愛を経て、異次元の孤独を知ってしまった、という見方もできます。

本作にはまた、安吾自身の女性に対する憧れや畏（おそ）れ、恋愛の狂気などが描かれています。〝安吾ワールド〟に耽溺（たんでき）する1冊です。

DATA

作品— 1947年に雑誌『肉体』に発表された短編小説。峠の山賊と美しくも残酷な女が織りなす幻想的な世界が描かれる。

著者— 新潟県生まれ。東洋大学文学部印度哲学倫理学科卒業後、同人誌『言葉』を創刊。『青い馬』に発表した短編「風博士」が牧野信一に激賞され、新進作家として認められる。戦後、『堕落論』『白痴』などで新文学の旗手として脚光を浴びる。無頼派（ぶらいは）の代表作家。

＼プラスα／

安吾は色紙を求められると「あちらこちら命がけ」と書いた。仕事も遊びも女も、何にでも命がけ、ということか。なかなかいいフレーズだ。

165

五重塔（ごじゅうのとう）

幸田露伴（こうだろはん）（1867～1947年）

**何所（どこ）から何所まで一寸たりとも
人の指揮（さしず）は決して受けぬ、
善いも悪いも一人で背負（しょ）つて立つ。**

「職人気質（かたぎ）」に感服

主人公の大工・十兵衛（じゅうべえ）に学ぶべきは、「職人気質」というものでしょう。ふだんはやや〝ぼんやりさん〟ですが、仕事となると別人のよう。感応寺の五重塔の建設に関われたのも、「自分にやらせてくれ」と我を通し、先輩の源太から半ば奪い取るようにして譲ってもらえたからです。職人としてどうしてもやりたかったのでしょう。しかも十兵衛は「人と一緒じゃいやだ、自分一人でやりたい」と、上のように言ったのでした。「あっぱれ、職人気質！」と応援したくなるくらいです。この心意気、ビジネスパーソンとして学ぶべき点が多々ありそうです。

また本作品で注目していただきたいのは、幸田露伴の日本語力です。明治維新の直前に生まれた露伴は、漢文学や古典などに造詣（ぞうけい）が深いうえに、江戸時代から使われてきた大和（やまと）言葉と、明治の時代から存在感を増してきた漢語を自在に使い分けることのできる〝言葉の魔術師〟。音読するとそのリズムに高揚し、心を落ち着けて精読していくと、日本語の奥深さにしみじみする。そういう良さがあります。

とりわけしゃれているのは、ルビの振り方でしょう。源太がいかに優秀かを描く場面に、こんな文章があります。

腹に十分(じゆうぶ)の強みを抱きて、背をも屈(ま)げねば肩をも歪(ゆが)めず、すつきり端然(しやん)と構へたる風姿(ようだい)

「端然(たんぜん)」を「しやん（しゃん）」、「風姿(ふうし)」を「ようだい」と読ませることで、どっしり腹が据(す)わっていて、背筋がピンと立ち、居ずまいがきちんとしている源太の様子が、よりリアルに伝わってきます。ほかにも「蹲踞」を「しゃが（む）」、「衣服」を「なり」、「職業」を「しょうばい」とするなど、漢字のイメージを読み方で増幅させる感じ。言葉に対する感度の高い人にしか、とてもこんな芸当はできません。

文語体で難しいかもしれませんが、日本語の多彩さ、奥深さに感じ入りながら味わってください。日本語能力を強化することも可能です。

DATA

作品— 主人公は愚鈍な性格から世間で「のっそり十兵衛」などと呼ばれる大工。しかし腕は確か。谷中感応寺に五重塔が新しく建設される計画があると耳にするや、棟梁(とうりょう)として取り組みたいと熱望する。そしてさまざまな妨害を乗り越え、建造を成し遂げる。

著者— 東京生まれ。電信修技学校を卒業し、電信技師として北海道へ赴任するが、文学に目覚めて帰京。文筆生活に入る。1889年、『露団々』が山田美妙に評価され、続いて『風流仏』『五重塔』などで小説家としての地位を不動のものとする。漢文学・日本古典に通じ、多くの史伝、考証、随筆を残した。

＼プラスα／

ともに「紅露時代」を築いた尾崎紅葉とは、東京府立第一中学（現在の都立日比谷高校）時代の同級生だった。

166

渋江抽斎

森鷗外（1862〜1922年）

五百は僅に腰巻一つ身に著けたばかりの
裸体であった。口には懐剣を銜えていた。
そして閾際に身を屈めて、（中略）沸き返る
あがり湯を盛った小桶を、右左の二人の客に
投げ附け、銜えていた懐剣を把って鞘を払った。
そして床の間を背にして立った一人の客を
睨んで、「どろぼう」と一声叫んだ。

市井の人の生き方に触れる

本作品は鷗外文学のなかではマイナーですが、私の大好きな作品です。というのも鷗外が書かなければ、渋江抽斎と彼を取り巻く市井の人々のすばらしい生き方が、歴史に埋もれていたと思うからです。

事の発端は、鷗外自身が古い地図や武鑑（江戸時代の大名・旗本の氏名・系譜・紋・格式・石高・職務・所領などが一覧できる書物の総称）などをコレクションしていて、そのなかにどうも同一人物らしい人の蔵書印がいくつもあると発見したこと。何とか正体をたしかめようと聞き回り、渋江抽斎に行き着きます。そこから鷗外は渋江のことを細かく調べ上げ、生き生き

と描き出したのです。NHKの「ファミリー・ヒストリー」のように。

読んでみると、たまらないエピソードが満載です。とりわけ妻の五百は、興味引かれる人物です。たとえば三人の侍が屋敷に押し入り、金を要求したときの話。冒頭に引用したように、五百は体を張って彼らを撃退しました。腰巻き1枚で……ということは上半身裸ですよね。すごい女丈夫！　私はこういう話がけっこう好きです。

一方で五百は、大変な勉強家だった様子。こんなくだりがあります。

奇とすべきは、五百が六十歳を踰えてから英文を読みはじめた事である。五百は頗る早く西洋の学術に注意した。（中略）ほどなくウィルソンの読本に移り、一年ばかり立つうちに、パアレエの『万国史』、カッケンボスの『米国史』、ホオセット夫人の『経済論』等をぽつぽつ読むようになった。

60を超えて英語の本を読むようになったとは……幕末から明治の初期に、こんなすごい女性がいたのかと驚くばかりです。

この本にはほかに、どうしようもない放蕩者とか、芝居好きが高じて舞台に立ち武士をクビになった人とか、いわゆる〝ダメ人間〟もたくさん登場します。彼らを含めて、市井の人たちの生き方にふれると、いろいろ考えさせられことが多いのではないかと思います。

DATA

作品―渋江抽斎（1805～58年）は弘前出身の医官で考証学者。鷗外はその性格から履歴、交友、趣味、子孫、親戚にいたるまで多方面にわたり調査し、伝記を編んだ。

著者―石見国（現島根県）生まれ。東大医学部卒業後、陸軍軍医に。1884年から4年間ドイツへ留学。帰国後、処女小説『舞姫』を執筆。軍人としては軍医総監へと昇進する一方で、多数の小説・随想を発表。主な作品に『阿部一族』『山椒大夫』『高瀬舟』『ヰタ・セクスアリス』などがある。

＼プラスα／

娘は小説家・エッセイストの森茉莉。

167 老妓抄

岡本かの子（1889～1939年）

**「陰の電気と陽の電気が合体すると、
そこにいろいろの働きを起して来る。
ふーむ、こりゃ人間の相性とそっくりだねえ」
彼女の文化に対する驚異は一層深くなった。**

好奇心と若々しさは比例する

上は、主人公の老妓、つまり年老いた芸妓の小そのが、当時の最先端技術を駆使した電化製品に触れ、驚嘆するくだりです。電気の陰陽を人間の相性になぞらえるあたり、センスがあるなぁと感じます。この前段に**「彼女はメートルの費用の嵩むのに少なからず辟易しながら、電気装置をいじるのを楽しみに、しばらくは毎朝こどものように早起した」**とあり、彼女がいかに好奇心旺盛であるかがうかがわれます。

年を取ると、どうしても好奇心が萎えていくものですが、小そのはまったく逆。加えて、「若い才能を育てる」ことに情熱を燃やし始めました。こちらは高齢者らしい欲望かもしれませんね。多くの人が引退を意識し始めると、「後進を育てる」

岡本かの子

ことに使命を見出すものです。

小そのが出入りの電気器具商の青年・柚木(ゆき)に目をかけるようになったとき、こんな会話を交わしています。

「柚木君の仕事はチャチだね。一週間と保(も)った試しはないぜ」
(中略)「そりゃそうさ、こんなつまらない仕事は。
パッションが起らないからねえ」
「パッションって何だい」
「パッションかい。ははは、そうさなあ、君たちの社会の言葉でいうなら、うん、そうだ、いろ気(け)が起らないということだ」
ふと、老妓は自分の生涯に憐(あわれ)みの心が起った。
パッションとやらが起らずに、ほとんど生涯勤めて来た
座敷の数々、相手の数々が思い泛(うか)べられた。

小そのは〝芸妓人生〟で得られなかったパッションを若い柚木に託したのかもしれません。本作品を締めくくる和歌がまた心に沁みます。

年々にわが悲しみは深くして
いよよ華やぐいのちなりけり

DATA

作品― 老妓の小そのは一通りの財産もできたが、現状に安住しない。新しい稽古事に励み、家には電化装置を取り入れるなどつねに好奇心旺盛。出入りの電気器具商の青年に目をかけ、発明家として育てようとする。青年は彼女の期待に応えかねて、逃げ出しては連れ戻され……。

著者― 東京・青山生まれ。跡見女学校卒業。与謝野晶子に師事し『明星』に投稿。のちに『スバル』同人として活躍した。1936年、芥川龍之介をモデルとした『鶴は病みき』で作家デビュー。以来、『母子叙情』『老妓抄』など、短編を中心に多くのすぐれた作品を残した。

\プラスα/

夫は漫画家の岡本一平、息子は芸術家の岡本太郎。

Chapter1 世界史
Chapter2 日本史
Chapter3 経済・社会
Chapter4 自伝
Chapter5 宗教
Chapter6 人生論
Chapter7 思想・哲学
Chapter8 科学・心理

168

檸檬（れもん）

梶井基次郎（かじいもとじろう）（1901〜32年）

やっとそれは出来上がった。（中略）
そしてそれは上出来だった。
見わたすと、その檸檬の色彩はガチャガチャした
色の諧調をひっそりと紡錘形（ぼうすいけい）の身体の中へ
吸収してしまって、カーンと冴（さ）えかえっていた。
私は埃（ほこり）っぽい丸善の中の空気が、
その檸檬の周囲だけ変に
緊張しているような気がした。

心の憂鬱（ゆううつ）を「美」で晴らす

「えたいの知れない不吉な塊（かたまり）が私の心を始終圧（おさ）えつけていた」で始まるこの作品は、青年が心に抱える憂鬱に苛立（いらだ）ち、京都の町をあてもなくふらふらとさまよう場面から始まります。

そんな彼が強く心を惹きつけられるのは、たとえば裏通りにある向日葵（ひまわり）のような「見すぼらしくて美しいもの」。ある日、果物屋の前でそれを見つけます。檸檬です。

一体私はあの檸檬が好きだ。レモンエロウの絵具をチューブから搾(しぼ)り出して固めたようなあの単純な色も、それからあの丈(たけ)の詰まった紡錘形(ぼうすいけい)の恰好(かっこう)も。（中略）始終私の心を圧(おさ)えつけていた不吉な塊(かたまり)がそれ〔檸檬〕を握った瞬間からいくらか弛(ゆる)んで来たと見えて、私は街の上で非常に幸福であった。あんなに執拗(しつこ)かった憂鬱(ゆううつ)が、そんなものの一顆(いっか)で紛らされる——あるいは不審なことが、逆説的な本当であった。それにしても心というやつは何という不可思議なやつだろう。

ちょっとしたことで心の憂鬱が晴れることはありますよね。彼の場合、それは檸檬の美しさだったのです。その檸檬を彼は、ふと立ち寄った本屋の丸善で、画集を何冊も積み上げてつくった城の上にのせてみました。それが、最初にある引用のくだりです。

彼はこの〝オブジェ〟をそのままにして丸善を後にします。憂鬱を晴らす第二のアイデアと言っていいでしょう。読む者の心の憂鬱もともに溶かしてしまうような結末です。すばらしい日本語とともに味わってください。

DATA

作品— 主人公の男子学生は、持病の肺尖(はいせん)カタルや精神疾患があり、借金取りから追われる身。日常に心が押しつぶされそうになっている。ある日、果物屋で檸檬を一つ買った彼は、ふと立ち寄った丸善で、画集の上に檸檬をのせてみることを思いつき……。

著者— 大阪生まれ。1919年、エンジニアを目指して三高理科に入学するが、次第に文学に傾倒。24年、東京帝大英文科に入学。同人誌『青空』で積極的に活動する。少年時代からの肺結核が悪化、療養のために伊豆の湯ヶ島温泉へ。そこで川端康成、広津和郎と親交し創作を続けた。しかし初めての創作集『檸檬』刊行の翌年、郷里大阪にて逝去。享年31。

＼プラスα／

さだまさしの楽曲「檸檬」は本作品をベースに、舞台を御茶の水に置き換えた歌。「聖橋から檸檬を投げる」というフレーズに憂さ晴らし感がある？

169

病牀六尺（びょうしょうろくしゃく）

正岡子規（まさおかしき）（1867〜1902年）

病牀（びょうしょう）六尺、これが我（わが）世界である。
しかもこの六尺の病牀が
余には広過ぎるのである。

病苦にも折れない知的好奇心を持つ

上は冒頭部分です。正岡子規の晩年は、病苦との戦いでした。結核菌が脊髄（せきずい）に入り、脊髄カリエスを発症。最後は背中や尻に穴があき、膿（うみ）がこぼれるという不治の病です。30歳の頃から、ほぼ寝たきり。文字通り、六尺（約180㎝）の狭い世界で、それすら広過ぎるというのです。苦痛で体を動かすことができないからでしょう。

その病苦の凄（すさ）まじさを、次のように描いています。

頭がムシヤムシヤとなる。もはやたまらんので、
こらへにこらへた袋の緒は切れて、遂に破裂する。
もうかうなると駄目である。絶叫。号泣。益〻（ますます）絶叫する、
益〻号泣する。（中略）誰かこの苦を助けて呉れるものはあるまいか。

明治の男が絶叫するほどの痛みとは……！　想像を絶するものがありま

すね。しかし子規は、そんな苦しみのなかでも、好奇心を失うことはありませんでした。「十四話」では、見てみたいものを列挙しています。「活動写真」「自転車の競争及び曲乗」「動物園の獅子及び駝鳥（だちょう）」「浅草水族館」「浅草花屋敷の狒々（ひひ）及び獺（かわうそ）」「自働電話及び紅色郵便箱」「ビヤホール」といった具合に。あと二十一話のくだりがおもしろい。

余は今迄禅宗の所謂（いわゆる）悟りといふ事を誤解して居た。
悟りといふ事は如何（いか）なる場合にも平気で死ぬる事か
と思つて居たのは間違ひで、悟りといふ事は
如何なる場合にも平気で生きて居る事であつた。

最後に、「絶筆三句」として知られる3句を紹介しましょう。胸に沁みます。

糸瓜（へちま）咲て痰のつまりし仏かな
痰一斗糸瓜の水も間にあはず
をとゝひのへちまの水も取らざりき

DATA

作品―『墨汁一滴（ぼくじゅういってき）』に続いて1901年、新聞『日本』に連載し、死の2日前まで書き続けた随筆集。全127回。文学論はもとより歌川広重（うたがわひろしげ）の絵画論、能や狂言と西洋の芝居の比較、教育異論など、内容は多岐にわたる。一方で壮絶な病苦がリアルに伝わってくる回もあり、身につまされる。

著者―愛媛県松山市生まれの俳人、歌人。帝国大学文科大学を中退し、1892年に日本新聞社に入社。新聞『日本』を中心に文学活動を行い、俳句、短歌の革新運動を展開。日清戦争従軍後に喀血（かっけつ）し病床生活を送るなか、『俳諧大要』を著し、俳誌『ホトトギス』を指導。98年には「歌よみに与ふる書」を連載して短歌革新に着手。著作に句集『寒山落木（かんざんらくぼく）』、歌集『竹の里歌』など。門下に高浜虚子（たかはまきょし）、伊藤左千夫（いとうさちお）らがいる。

＼プラスα／

東大予備門（現・東大教養学部）では夏目漱石や南方熊楠（みなかたくまぐす）らと同期だった。

170

金閣寺（きんかくじ）

三島由紀夫（みしまゆきお）（1925～70年）

柏木のあの酷薄な促し、
「吃れ！　吃れ！」というあの無遠慮な叫びは、
私の耳に蘇（よみがえ）って、私を鼓舞した。
……私はようやく手を女の裾（すそ）のほうへ辷（すべ）らせた。

そのとき金閣が現われたのである。

美しい日本語を堪能する

主人公の溝口養賢（みぞぐちようけん）は、幼い頃から父親に「金閣ほど美しいものは地上にない」と教えられてきました。やがて心に金閣の美しさを思い描き、**「遠い田の面（も）が日にきらめいているのを見たりすれば、それを見えざる金閣の投影だと思った」**し、**「現実の京都とは反対の方角であるのに、私は山あいの朝陽の中から、金閣が朝空へ聳（そび）えているのを見た」**というふうに、「金閣はいたるところに現われ」たのです。

また吃音（きつおん）があって、見た目もよくない養賢は、有為子（ういこ）という美しい女性にあこがれますが、いまふうに言うなら「キモイ」と拒絶されます。その有為子が脱走兵をかくまって憲兵に捕まり、彼の居場所を吐いてしまったとき、溝口は有為子の美しい顔を見ながら、こう思います。

「裏切ることによって、とうとう彼女は、俺をも受け容れたんだ。彼女は今こそ俺のものなんだ」と。

歪(ゆが)んでますよね。そんな養賢はやがて修行僧として金閣寺に入寺し、老師の計らいでで大学に通うようになります。そこで出会ったのが柏木(かしわぎ)。彼は足が不自由で、養賢とは「世間からズレている」という共通点があります。童貞の養賢は、柏木の手引きで女をあてがわれ、彼女に手を辷らせる、そのときの描写が、最初の引用です。

このとき養賢は、金閣が「女が欲しい、お金が欲しいというような欲望に振り回される人生はつまらない」と知らせに来たように感じました。以来、女性といい雰囲気になっても、金閣寺に邪魔されるようになり、養賢は**「金閣を焼かねばならぬ」**と決意します。そして**「別誂(べつあつら)えの、私特製の、未聞(みもん)の生がそのときはじまるだろう」**と期待するのでした。

本作を読むと、人生が違ったように見えてきます。「自分にとっての金閣って何だろう？」と考えたくもなるでしょう。しかも日本語がすばらしい！　ぜひ音読して、美しい日本語を堪能しましょう。

DATA

作品— 1950年に起きた金閣寺放火事件を題材にした作品。引っ込み思案で吃音のある、コンプレックスを抱えた青年僧が金閣寺の美しさに魅せられる。その美への復讐と独占のために火を放つまでの心理的葛藤が、告白体で描かれる。

著者— 東京生まれの作家、政治活動家。1947年、東大法学部を卒業後、大蔵省に勤務。９ヵ月で退職し、執筆生活に入る。1949年、最初の書き下ろし長編『仮面の告白』を刊行。作家としての地位を確立する。『豊饒(ほうじょう)の海』第４巻「天人五衰」の最終回原稿を書き上げた後、自衛隊市ヶ谷駐屯地で自決。ミシマ文学は諸外国語に翻訳され、全世界で愛読されている。

＼プラスα／

現実に燃やされた金閣寺は、再建に５年かかったという。

171 伊豆の踊り子

川端康成（1899〜1972年）

道がつづら折りになって、
いよいよ天城峠に近づいたと思うころ、
雨脚が杉の密林を白く染めながら、
すさまじい早さでふもとから私を追って来た。

新しい活力は旅から生まれる

名作というのは例外なく、冒頭がすばらしいものです。この『伊豆の踊り子』もそう。絵画を見るように、文字から風景が浮き上がってくるし、音楽的なリズムが感じられます。これから始まる物語に、スーッと吸い込まれていきますよね。

さて、本作の主人公は一高（東京大学の前身）に通う20歳の「私」。ふらりと伊豆へ旅に出て、旅芸人の踊り子たちと道連れに。あるとき彼女たちが「私」についてうわさ話をしているのを耳にします。

「ほんとうにいい人ね。いい人はいいね。」
この物言いは単純で明けっ放しな響きを持っていた。
感情の傾きをぽいと幼く投げ出して見せた声だった。（中略）
二十歳の私は自分の性質が孤児根性でゆがんでいるときびしい

反省を重ね、その息苦しい憂鬱（ゆううつ）に堪え切れないで伊豆の旅に出て来ているのだった。だから、世間尋常の意味で自分がいい人に見えることは、言いようもなくありがたいのだった。

自分ではひねくれた人間だと思っていたのに、踊り子たちは「いい人」とうわさしている。そりゃあ、うれしかったでしょう。

そして「私」は、決して楽ではない人生を純粋に生きようとする踊り子たちと接するうちに、自分の悩みなど取るに足りないものだと思うようになります。同級生たちといっしょにいても悩みは深まる一方だったのに、まったく価値観の異なる人たちと交流することで、心にかかる霧が晴れていったのです。それはまさに旅のいいところ。日常をふらりと離れるだけで、張り詰めたものが緩み、心が活力を取り戻すのです。

しかしやがて別れはやって来ます。「私」は船の中で知り合った少年のぬくもりを感じながら、涙をこぼします。そのラストシーンは実に甘美です。

まっ暗ななかで少年の体温に温まりながら、私は涙を出まかせにしていた。頭が澄んだ水になってしまっていて、それがぽろぽろこぼれ、そのあとには何も残らないような甘い快さだった。

DATA

作品— 一高生の「私」は、孤独に悩み、旅に出る。途中、大島から来た旅芸人の一座と出会う。「私」は彼らと下田まで同行。心温まる交流に癒やされる一方で、一人の踊り子に心惹かれるが……。川端康成26歳の青春短編小説。

著者— 大阪生まれ。近代日本文学の頂点に立つ作家の一人。東京帝国大学国文科卒業。在学中に菊池寛（きくちかん）に認められ、文芸時評などで頭角を現す。『雪国』『禽獣（きんじゅう）』『千羽鶴』『山の音』など多くの名作を残す。1968年には日本人初のノーベル文学賞を受賞。逗子の仕事部屋でガス自殺。享年72歳。

プラスα

川端は古美術品の収集家としても有名だ。

172

放浪記

林芙美子（1903～51年）

**町の灯がふっと切れて暗くなると、
活動小屋の壁に歪（ゆが）んだ顔をくっつけて、
荒（すさ）んだ顔を見ていると、
あああすから私は勉強をしようと思う。**

向上心をもってタフに生きる

上の引用は、男にふられた「私」が浅草で酔っ払い、それでも荒んだ自分の顔を見て「明日から勉強をしよう」と前向きに立ち上がる場面。向上心とタフな生き方が感じ取れます。前段の文章がまたすばらしい。

**浅草はいつ来てもよいところだ……。テンポの早い灯の中を
グルリ、グルリ、私は放浪のカチュウシャです。
長いことクリームを塗らない顔は瀬戸物のように固くなって、
安酒に酔った私は誰もおそろしいものがない。
ああ一人の酔いどれ女でございます。**

やけ酒飲んで、千鳥足でふらふらと酒場街を歩く「私」の姿が目に浮かぶようです。「私は放浪のカチュウシャです」という表現は、自身をトル

林芙美子

ストイの『復活』に出てくる薄幸の少女カチューシャに重ね合わせたものでしょう。知性がキラリと光ります。

また「宿命の放浪者」であると述べる冒頭のくだりも秀逸です。

私は北九州の或(あ)る小学校で、こんな歌を習った事があった。

更(ふ)けゆく秋の夜　旅の空の
侘(わび)しき思いに　一人なやむ
恋いしや古里　なつかし父母

私は宿命的に放浪者である。私は古里を持たない。（中略）
故郷に入れられなかった両親を持つ私は、
したがって旅が古里であった。それ故(ゆえ)、
宿命的に旅人である私は、この恋いしや古里の歌を、
随分侘しい気持ちで習ったものであった。

DATA

作品― 第一次世界大戦後の東京で、貧困と飢えにあえぎ、下女、女中、カフェーの女給と職を転々として、たくましく生きる一人の女性の姿を描く。1928年から『女人藝術』に連載された。日記体で綴(つづ)られた自伝的小説。

著者― 福岡県生まれ。尾道高等女学校を卒業し、愛人を追って単身上京。さまざまな職を転々としながら詩や童謡を書く。1930年、『放浪記』が出版されベストセラーとなる。他に『稲妻』『浮雲』などがあり、庶民の生活を共感を込めて書き続けた。

＼プラスα／

1961年10月の初演から森光子が主演を務めた舞台『放浪記』は、2009年5月9日には2000回を数えるロングランになった。29日の2017回が最後。2015年10月には仲間由紀恵主演で復活している。

173

死者の書

折口信夫（1887~1953年）

おれは活きた。
闇い空間は、明りのやうなものを漂してゐた。
併し其は、蒼黒い靄の如く、
たなびくものであった。（中略）
唯けはひ——彼の人の探り歩くらしい空気の
微動があつた。
思ひ出したぞ。おれが誰だつたか、——
訣つたぞ。
おれだ。此おれだ。大津の宮に仕へ、飛鳥の宮に
呼び戻されたおれ。滋賀津彦。
其が、おれだつたのだ。

「幽玄の世界」に遊ぶ

主人公は天武天皇の子、滋賀津彦こと大津皇子。謀反の嫌疑をかけられ、処刑された人物です。『万葉集』に彼の歌があります。

「ももづたふ　磐余の池に鳴く鴨を　今日のみ見てや、雲隠りなむ」

処刑を前に「磐余の池で鳴く鴨を見るのも今日限り。私は死んでゆくのだなあ」と詠んだものです。

大津皇子はなぜ処刑されたのか。ひとことで言うと、天武天皇の後継者としてライバル関係にあった草壁皇子(くさかべのみこ)の母、鸕野讃良皇女(うののさららのひめみこ)による陰謀です。わが子を即位させたい彼女にとって、大津皇子は邪魔ものだったのです。また大津皇子は頭脳明晰、性格もよく、イケメンと、非の打ちどころのない好青年で、嫉妬(しっと)を買ったとも言われています。

この物語は大津皇子が死んで約100年後、その霊が墳墓の中で目覚める、という設定。最初の引用は、滋賀津彦が自分は何者かを思い出す場面です。その後展開する死者の魂の交感、亡霊を慰めるために蓮糸で織った布に曼荼羅(まんだら)を描く美しい郎女(いらつめ)……白日夢を見ているような気持ちにさせられます。また「した　した　した」という水の音や、「こう　こう　こう」という修道者が魂を呼ぶ声、「つた　つた　つた」という足音など、擬音語が舞台の効果音のように響くのが不気味でゾクゾクします。本を通して芝居のような「幽玄の世界」に遊ぶ、そんなおもしろさがあります。

DATA

作品―折口の言語感覚と幻想世界が交錯する傑作小説。死者の滋賀津彦（大津皇子）が闇の中で目覚める。一方、藤原南家豊成(ふじわらのなんけとよなり)の娘・郎女(いらつめ)は写経中のある日、二上山(にじょうさん)に見た俤(おもかげ)に誘われ、女人禁制の万法蔵院に足を踏み入れる。罪をあがなう間、郎女は「滋賀津彦と彼が恋する耳面刀自(みみのもとじ)の物語」を聞かされる。そこに滋賀津彦の亡霊が訪れ……。

著者―大阪生まれ。国文学者、民族学者。歌人、詩人としての号は釈迢空。国学院大学卒業。柳田國男に師事し、日本民俗学の開拓に努めた。国文学に民俗学的研究を導入し、古代生活の再現を企図。芸能史研究にも新しい道を開く。和歌については、はじめ『アララギ』の同人となり、北原白秋らと『日光』を創刊。後に自由律の詩をつくっている。著作はほかに歌集『海やまのあひだ』、詩集『古代感愛集』、論書『古代研究』などがある。

＼プラスα／

角川ソフィア文庫版には、折口の弟子で折口学の研究者として著名な池田彌三郎(やさぶろう)による詳細な補注がある。また作品執筆のきっかけとなった「山越阿弥陀図(やまごしあみだず)」および「當麻曼陀羅(たいままんだら)」がカラー口絵に収録されている。

174

銀(ぎん)の匙(さじ)

◇◇◇◇◇◇◇◇◇◇◇◇◇◇◇◇◇◇◇◇◇◇◇

中勘助(なかかんすけ)（1885〜1965年）

しなやかな腕が蠟石(ろうせき)みたいにみえる。
二人はそれを不思議がって二の腕から脛(はぎ)、
脛から胸と、ひやひやする夜気に肌をさらし
ながら時のたつのも忘れて驚嘆をつづけた。

子どもの頃の瑞々(みずみず)しい感性を思い出す

上の引用の前段に、主人公の「私」と隣に引っ越して来て仲良くなったお蕙(けい)ちゃんが驚嘆した、その経緯がこう書かれています。

ある晩私たちは肘(ひじ)かけ窓のところに並んで
百日紅(さるすべり)の葉ごしにさす月の光をあびながら歌をうたっていた。
そのときなにげなく窓から垂れてる自分の腕をみたところ
我ながら見とれるほど美しく、透きとおるように蒼白くみえた。
それはお月様のほんの一時のいたずらだったが、
もしこれがほんとならば　と頼もしいような気がして
「こら、こんなに綺麗にみえる」
といってお蕙ちゃんのまえへ腕をだした。
「まあ」

そういいながら恋人は袖をまくって
「あたしだって」
といって見せた。

不思議と「自分の子どもの頃、似たようなことがあったなあ」と思える、そんな少年時代の一コマが描かれています。

物語は「私」が茶簞笥(ちゃだんす)の引き出しの中から、銀の匙を見つけたことに始まります。その匙から、伯母の愛情に包まれて過ごした少年時代の思い出が、鮮やかによみがえったのです。

一つの挿話は3ページくらい。少年の日常の風景やお蕙ちゃんをはじめ級友たちとの交わりが、瑞々しい感性で描かれています。その日本語の豊かさたるや……！　文字から色・音・香りがにおい立つようです。

最近は若者を中心に、たとえば美しいものを見たときに、「映(ば)える」とか「かわいい」といった表現ばかり使う、といった傾向が見られます。本作を読むと、自分の語彙があまりにも貧困であることが恥ずかしくなるかもしれませんね。でも、そこに気づくのはいいこと。本作を通して、五感が刺激されるたくさんの言葉を味わいましょう。

DATA

作品　明治時代の東京の下町を舞台に、成長していく少年の日々を描いた自伝的小説。病弱で人見知りで臆病な私と、そんな私を愛し大切に育ててくれた伯母、隣に引っ越してきたお蕙ちゃんらとの交流の一つひとつに、美しい日本語の醸す情緒が感じられる。

著者　東京生まれ。東京帝国大学国文科を卒業後、家計を助けるために本作品を書き上げた。これが処女作にして出世作となる。その後、仏教説話に取材した『提婆達多(だいばだった)』などを出したが、やがて小説を離れて童話や詩を書いた。

プラスα

夏目漱石が「きれいだ、描写が細かく、独創がある」と称賛。彼の推薦で、東京朝日新聞に連載された。

175 人間失格（にんげんしっかく）

太宰治（だざいおさむ）（1909〜48年）

恥の多い生涯を送って来ました。
自分には、人間の生活というものが、
見当つかないのです。

自意識過剰の世界から脱出する

上は「第一の手記」の冒頭の文章。本作のテーマが明確に打ち出されています。太宰自身が投影された主人公は自意識過剰で〝人間嫌い〞。生き方がぶきっちょです。そこで考え出したのが〝道化作戦〞です。

それは、自分の、人間に対する最後の求愛でした。（中略）
おもてでは、絶えず笑顔をつくりながらも、内心は必死の、
それこそ千番に一番の兼ね合いとでもいうべき危機一髪の、
油汗流してのサーヴィスでした。

「道化になる」ことは、ある種のコミュニケーションスキルかもしれません。素の自分をさらけ出さなくても、人と関わっていけますからね。結局は級友に見破られて、人間恐怖症がぶり返してしまいましたが。

その後、上京して絵を学び、画塾で知り合った堀木のせいで、生活がどんどん荒んでいきます。**「酒と煙草と淫売婦と質屋と左翼思想とを知らされ」**たのです。しかも厄介なことに、彼はモテる。「女達者」の匂いがつきまとうくらい遊び、心中未遂事件まで起こしました。しかしふと気づきます。**「世間というものは、個人ではなかろうか」**と。「自分は世間を気にしていたが、自分の考えを世間に置き換えていただけじゃないか」と思ったのです。それで幸せになれると思いきや……

人間、失格。
もはや、自分は、完全に、人間で無くなりました。

何とも救いようのない結末ですが、不思議と読後感は悪くありません。主人公に感化されて、「死にたくなる」こともありません。逆に彼の苦しみに共感し、「生きる勇気」が湧いてくるくらい。太宰が最悪のケースを見せることで、読む人の抱える苦悩が浄化されるのです。

DATA

作品―主人公は幼い頃から「人間が理解できない」。世間との間にズレがあるとも感じている。それでも周囲とうまくやっていくために、「道化」になることを思いついた。やがて上京した彼は絵を学び、堀木というろくでなしの画学生と遊び、カフェの女と心中事件を起こすなど、転落の人生を歩む。そこへヨシ子という〝救いの神〟が現れたが……。

著者―青森県生まれ。東京帝国大学仏文科中退。在学中、非合法運動に関係するが、脱落。酒場の女性と鎌倉で心中をはかり、一人助かる。1936年、第一創作集『晩年』を刊行。この頃、パビナール中毒に悩む。39年、井伏鱒二の世話で結婚。平静を得て『富嶽百景』など多くの佳作を書く。戦後、『斜陽』などで流行作家となるが、『人間失格』を残し山崎富栄と玉川上水で入水自殺。

＼プラスα／

太宰の命日は、遺体が発見された6月19日。『桜桃』という作品に因み「桜桃忌」と呼ばれ、墓のある東京都三鷹市の禅林寺で法要が行われる。

176

恩讐の彼方に

菊池寛（1888〜1948年）

積むべき贖罪の余りに小さかった彼は、自分が精進勇猛の気を試すべき難業に逢うことを祈っていた。今目前に行人が艱難し、一年に十に近い人の命を奪う難所を見た時、（中略）二百余間に余る絶壁を刳貫いて道を通じようと云う、不敵な誓願が、彼の心に浮んで来たのである。

生涯を懸けたミッションを持つ

上は、出家して了海と名を改め、全国行脚をする主人公が、かつて主人を殺めたことの贖罪の気持ちから、残りの人生を「トンネルを掘る」ことに懸けようと決意した場面です。そこは年に10人近い人が命を奪われる難所。絶壁を掘削すれば、10年に100人、100年、1000年と経つうちには1000万の人の命を救うことができると思ったのです。

しかし穴を掘り始めて19年の歳月が流れた頃、自分の殺した主人の息子・実之助が仇討ちに現れました。了海は石工らとともに「完成まで待ってくれ」と頼み、実之助は本懐を遂げる日を早めるべく、掘削を手伝います。そして掘り始めてから21年目、ついにトンネルが開通したのです。そのときの了海の言葉がかっこいい！　引用しましょう。

「いざ、実之助殿、約束の日じゃ。お斬りなされい。かかる法悦の真中に往生致すなれば、極楽浄土に生るること、必定疑いなしじゃ。いざお斬りなされい（後略）」と、彼のしわがれた声が洞窟の夜の空気に響いた。

結末を言うと、命を懸けて自らに課したミッションを21年がかりでやり遂げた了海を前に、実之助は〝仇討ちのこぶし〟を下ろしました。

「敵を打つなどと云う心よりも、この羸弱(かよわ)い人間の双の腕(かいな)に依(よ)って成し遂げられた偉業に対する驚異と感激の心とで、胸が一杯であった」

からです。ミッションを持ち、生涯を懸けて一心にやり抜く、その情熱は自分を含む周りの人たちの心を浄化するのかもしれません。読むうちにミッションに対する感受性が敏感になる、そんな作品です。私は高校生のときに読んで、大変感動したことを覚えています。

DATA

作品―旗本に仕える主人公・市九郎は、主人の愛妾(あいしょう)と通じたことを見とがめられ、その主人を斬って逃走する。強盗をして生計を立てる毎日だったが、やがて出家して全国を行脚する。途中、豊前(ぶぜん)・耶馬溪(やばけい)の山越えの難所で人が毎年死ぬことを知り、懺悔(さんげ)として断崖にトンネルを掘り始める。そんなある日、自分の斬った主人の息子が父の仇を探して、市九郎の前に現れ……。

著者―香川県生まれ。京都帝国大学を卒業後、記者として「時事新報」に勤める。本作をはじめとする短編小説を発表して、新進作家としての地位を確立した。さらに新聞小説『真珠夫人』で、一躍流行作家になった。その一方、鋭いジャーナリスト感覚から1923年、『文藝春秋』を創刊。日本文藝家協会会長等を務め、「文壇の大御所」と呼ばれた。

＼プラスα／

『こころの王国　菊池寛と文藝春秋の誕生』（猪瀬直樹著）は、菊池寛と周囲の人々の人間模様を描いた作品。2008年には本作を原作とした映画「丘を越えて」が公開された。

177

破戒

島崎藤村（1872〜1943年）

たといだれがなんと言おうと、
今はその戒を破り捨てる気でいる。
「おとっさん、堪忍してください。」
とわび入るように繰り返した。

差別問題に正面から向き合う

教師の瀬川丑松は被差別部落の出身。父からずっと「出自を隠す」よう戒められていました。上は、その戒めを破り、学校関係者や生徒たちにカミングアウトすることを決意した場面です。父の戒めとは、「たとえいかなる目を見ようと、いかなる人にめぐりあおうと決してそれとは自白けるな、いったんの憤怒悲哀にこの戒を忘れたら、その時こそ社会から捨てられたものと思え」というものでした。

いまなら、誰もがこの戒めはおかしいとわかります。出自がどうであるかは問題ではなく、その出自を隠さなければならない社会のほうが間違っているからです。しかし明治後半のこの時代、差別されることを思うと、隠さざるをえないのが現実でした。丑松も被差別部落出身であると噂され、大変に苦悩します。一方で、自身の出自を公表して部落解放運動に身を投じた猪子蓮太郎に傾倒。隠すべきか、公表すべきか、揺れました。その内面的相克に、読む者も胸が苦しくなってきます。

それに本来、隠していたからといって、みんなに謝る必要はありませんよね。何も悪いことなどしていないのですから。しかし丑松は謝り、学校を去ります。救いは生徒たちが先生を引き止めようと、校長に談判すると決めたことです。そのくだりを引用しましょう。

まだ初心で複雑った社会のことはいっこうわからないものばかりの
集まりではあるが、さすが正直なは少年の心、
鋭い神経に丑松の心情をくみ取って、なんとかして引き止める
くふうをしたいと考えたのである。黙って見ている時ではない、
一同そろって校長のところへ嘆願に行こう、と、
こう十六ばかりの級長が言い出した。賛成の声が起こる。
「さあ、行かざあ。」
と農夫の子らしい生徒が叫んだ。

いまの時代にも人種差別やLGBTなど、苦悩している人たちはたくさんいます。決して過去のテーマではないのです。

DATA

作品― 部落出身の教員、瀬川丑松は、身分を隠すよう、父から堅く戒められていた。しかし解放運動家・猪子蓮太郎の壮烈な死に心を動かされ、自身の出自を明かす。結果、丑松は社会から追放される。被差別部落の現実を扱った、日本文学における記念碑的な作品だ。

著者― 岐阜県生まれ。明治学院（現・明治学院大学）卒業。1893年、北村透谷らと『文学界』を創刊し、教師のかたわら詩を発表。処女詩集『若菜集』を刊行。1906年、7年がかりで完成させた最初の長編『破戒』を自費出版するや、自然主義文学の旗手として注目された。以降、『家』『新生』『夜明け前』など、次々と発表した。

＼プラスα／

長野県小諸市の懐古園内の「小諸市立藤村記念館」には、藤村が教師として過ごした小諸時代を中心とする作品・資料・遺品が多数展示されている。

178

砂の女

安部公房（1924〜93年）

けっきょく世界は砂みたいなものじゃないか……
砂ってやつは、静止している状態じゃ、
なかなかその本質はつかめない……
砂が流動しているのではなく、
実は流動そのものが砂なのだという（略）

人間の存在は本質的に「反復」であると悟る

砂に埋もれそうな民家に閉じ込められる、そんな設定自体はありえません。でも同じ営みが繰り返されるそこでの暮らしには、妙にリアリティがあります。誰もが身に覚えがあるからかもしれません。

もともと男は教師の日常が「反復」であることに虚しさを覚え、昆虫採集で新種の昆虫を見つけることに生きがいを見出しました。

教師くらい妬みの虫にとりつかれた存在も珍らしい……生徒たちは、年々、川の水のように自分たちを乗りこえ、流れ去って行くのに、その流れの底で、教師だけが、深く埋もれた石のように、いつも取り残されていなければならないのだ。

というふうに、男は学生たちがどんどん成長し、新しいステージに旅立っていくのに自分は同じような毎日を送っていることに虚しさを覚えていたのです。この気持ちはけっこう共感できますよね？

砂の家での暮らしもまた「反復」でした。最初は脱出を望んでいた男も、「外に出たって同じだよな」みたいな気持ちになっていくのです。

けいれん……同じことの繰返し……いつも、別なことを
夢みながら、身を投げ入れる相も変らぬ反復……食うこと、
歩くこと、寝ること、しゃっくりすること、わめくこと、交ること……

男は〝大いなる「反復」〟に身を委(ゆだ)ねました。「交る」とあるように、寡婦との肉体関係もまた日常に埋もれたのです。やがて**「べつに、あわてて逃げだしたりする必要はないのだ」**とさえ思うようになりました。そのなかで悟ったことが、最初の引用で表現されています。

たしかに人間も人生も本質的に「反復」の上に成り立っています。その土台があればこそ、やりがいが見つかるものです。男が脱出よりも、留水装置の修理と改善のほうが大事になったように。この本を読むと、「同じことを繰り返す日常もいいものだな」と思えてくるでしょう。

DATA

作品―砂丘の村に昆虫採集に来た男が、蟻地獄(ありじごく)のような砂の家に閉じ込められる。そこは寡婦が一人で暮らす民家で、家が埋もれないよう、毎日砂をかき出さなければならない。男は女と同居し、その仕事をさせられるハメになる。男は何度も脱出を試みるが……

著者―東京・滝野川生まれの作家。東京大学医学部卒業。1951年、『壁』で芥川賞受賞。シュルレアリスムを取り入れたアバンギャルドな作風で、特異な地位を確立する。73年より演劇集団「安部公房スタジオ」を結成。演劇活動にも注力し、国際的な評価を受ける。

＼プラスα／

晩年はノーベル賞候補として注目された。

179

死の棘

島尾敏雄（1917〜86年）

妻は奇声をあげて出口の階段のほうに駈け出した。
まるで自分ひとりで駈けているようで、
こみ合っているひとにぶつかって頓着がない。
私も人々にぶつかりながら、
追いすがって妻をつかまえた。
「あいつがいた、あいつがいた」
と目を据えて妻は叫んだ。

不倫は狂気を招く

「不倫」は人倫の道にはずれる行為ですから、うっかりその世界に足を踏み入れないよう、用心するに越したことはありません。ヤボを言うようですが、不倫はだいたいバレるし、バレれば、妻（または夫）とも不倫相手とも、壮絶なまでのバトルに追いつめられるに決まっているからです。本書を読むと、その怖さに身も縮む思いがするでしょう。

上に引用したのは、主人公トシオに愛人のいたことを知った妻ミホが、日夜夫を責め立てるうちに精神がだんだんおかしくなり、異常行動をきたした場面です。そのくらい夫の浮気が妻の心に与えたダメージは大きかったのです。もし「浮気くらいでそんな……」なんて軽く考えている人がいたなら、本書を読んで考えを改めるべきでしょう。

夫としては、ここで妻を見捨てるわけにはいきませんよね。妻をケアすることに膨大なエネルギーを注ぎ、あげくの果てに自分も精神がおかしくなってしまいます。なにしろトシオは妻の命令のままに、愛人の前で奥さんのほうが好きだと言わされたうえに、愛人を殴(なぐ)る、平手打ちにする、そんな修羅場にまでなったのですから……！

冒頭の文章が結末を暗示していて、一瞬にして作品世界に引き込まれるよう。紹介しておきましょう。

私たちはその晩からかやをつるのをやめた。
どうしてか蚊(か)がいなくなった。妻もぼくも三晩も眠っていない。
そんなことが可能かどうかわからない。
少しは気がつかずに眠ったのかもしれないが眠った記憶はない。
十一月には家を出て十二月には自殺する。
それがあなたの運命だったと妻はへんな確信を持っている。
「あなたは必ずそうなりました」と妻は言う。
でもそれよりいくらか早く、審(さば)きは夏の日の終わりにやってきた。

DATA

作品— 夫トシオの日記を見た妻のミホは、彼が浮気をしていることを知る。ミホは精神のバランスを失い、夫をなじる。やがて夫の浮気相手から電報が届き始め、ミホはますます狂乱していく。追いつめられた夫と妻の姿を生々しく描き、夫婦の絆(きずな)とは何か、愛とは何かを見据える。

著者— 神奈川県横浜生まれ。作家。九州帝国大学卒業。1944年、第18震洋隊（特攻隊）の指揮官として奄美群島加計呂麻島(あまみぐんとうかけろまじま)に赴任。発進命令がないままに敗戦を迎える。1948年、『単独旅行者』を刊行し、新進作家として注目を集める。代表作にはほかに『魚雷艇学生(ぎょらいていがくせい)』などがある。

＼プラスα／

小栗康平(おぐりこうへい)監督により映画化され、カンヌ国際映画祭グランプリを受賞した。

180
1Q84（イチ キュウ ハチ ヨン）

村上春樹（むらかみはるき）（1949年～）

「私が求めているのは、ある日どこかで偶然
彼と出会うこと。たとえば道ですれ違うとか、
同じバスに乗り合わせるとか」
「運命の邂逅（かいこう）」「まあ、そんなところ」
と青豆は言って、ワインを一口飲んだ。
「そのとき、彼にはっきり打ち明けるの。
私がこの人生で愛した相手は
あなた一人しかいないって」

至高のラブストーリーを味わう

主人公の青豆と天吾は、10歳のときに手を握って以来、互いに強烈に惹（ひ）かれ合います。しかし二人の人生は、ずっと交わることなく続きます。上の引用は、青豆が長年、天吾のことを思い続けてきたことを示すものです。それは天吾も同じ。青豆との運命的な結びつきをこう語っています。

彼女は放課後にやってきて、おれの手を握った。そのあいだ一言
も口をきかなかった。それだけのことだ。でも青豆はそのとき、

彼の一部を持って行ってしまったみたいに思える。心か身体の一部を。そしてそのかわりに、彼女の心か身体の一部を、彼の中に残していった。ほんの短い時間に、そういう大事なやりとりがなされたのだ。

ストーリー展開はさておき、二人が迷い込んだ「1Q84年」について触れたくだりを紹介しておきましょう。

1Q84年――私はこの新しい世界をそのように呼ぶことにしよう、青豆はそう決めた。Qはquestion markのQだ。疑問を背負ったもの。彼女は歩きながら一人で肯(うなず)いた。好もうが好むまいが、私は今この「1Q84年」に身を置いている。私の知っていた1984年はもうどこにも存在しない。今は1Q84年だ。空気が変わり、風景が変わった。

私のなかで本作の世界は、井上陽水(いのうえようすい)の「とまどうペリカン」という曲の世界とシンクロします。いずれも至高のラブストーリーです。ぜひ聴きながら読んでみてください。

DATA

作品― 10歳のときに出会って、離ればなれになった青豆と天吾。互いの消息が知れないままに歳月は流れ。そして1984年4月、二人はそれぞれ、「1Q84年」という現実とは微妙に異なる不可思議な世界に迷い込む。再び接近する二人だが……2009年から1984年を見た近過去小説。

著者― 京都府生まれ。早稲田大学文学部卒業。79年、『風の歌を聴け』で作家デビュー。主著に『羊をめぐる冒険』『世界の終りとハードボイルド・ワンダーランド』『ねじまき鳥クロニクル』『ノルウェイの森』『アンダーグラウンド』『海辺のカフカ』などがある。翻訳書も多数。

＼プラスα／

本作執筆の背景には1995年のオウム真理教による地下鉄サリン事件や、2001年のアメリカ同時多発テロがあると、著者自身が明かしている。

おわりに

10年ほど前でしょうか、かつては高校生の９割が履修していた「物理」が選択制に移行されました。現在は２割を切っています。また2022年４月に入学した高校１年生から、国語の教科書に「論理国語」と「文学国語」が登場し、選択制になりました。これは大問題だと、私は思っています。

なぜなら物理でも、文学国語でも、「選択しない」と決めた時点で、その教科の知識がゼロになり、その学問分野が内包する価値や魅力に触れる機会が奪われてしまうからです。

本書のタイトルを「高校生からの」とした理由の一つは、選択科目化の流れのなかで教養がスポイルされそうな現状に危機感を覚えたこともあります。学ぶチャンスを逃したとしても、読書をすることで救うことができる。そう思ったのです。

もちろん大学生を含む大人たちにも、学び足りないことや、新たに学びたいことはたくさんあるはず。本書はそういった〝大人の知識欲〟に応える読書案内にすることを目指しました。

総じてチョイスした本は「知性と教養に溢れた人生を歩むための180冊」。歴史、経済、自伝、宗教、思想・哲学、科学、文化・芸術・芸能、文学……あらゆるジャンルで、「この本と出会えば、一生の宝になる」と太鼓判を押す、私にとっての〝マイ古典〟を紹介しています。

思い起こせば、私は小学校、中学校、高校と、読書の世界を開いてくれる、良き先生方に恵まれました。

小学校のときは週に最低１冊の課題図書を与えられ、たくさんの感想文を書きました。ジュール・ヴェルヌの『八十日間世界一周』や『月世界旅行』

『海底2万マイル』などを読んで空想の世界に遊んだり、良寛（りょうかん）さんの伝記を読んで「こういう大人になりたいなぁ」とあこがれたりしたことを覚えています。

また中学校の国語の白石先生は、授業の最初の5分間を使って、先生自身が読んで感動した本を週に3冊ほど紹介してくれました。さらに高校では、地理の鈴木先生が「3学期は読書の時間にしましょう」とはからってくれたおかげで、たくさんの本を読むことができました。加えて国語の先生は、名文を「声に出して読む」すばらしさを教えてくれました。

先生方に導かれて、私は「読書をする人生」を拓（ひら）き、世界をどんどん広げていくことができたのです。本書にはその幾多の経験が有形無形に生きています。私自身が味わってきた「読書の快楽」を、みなさんと共有できる本になっていると自負しています。

最後に本の読み方を一つ、提案しておきましょう。それは、「自身の経験に引きつけて読む」ことです。

具体的には、「1冊読んだら、心の動いた文章を三つほど選び、その引用文から自身の経験したエピソードを想起し、つなげる」という作業です。そうすると、本の描く世界と、自分の経験世界が交錯し、より理解が深まります。読書が自分のものになりやすいのです。

どうか本を読んだら、そこから得た知識や感動を、引用文とともにどんどんアウトプットしてください。読書日記を書くもよし、誰かに話すもよし、SNSを通して発信するもよし。冊数が増えるにつれ、あなたの〝教養人度〟はアップしていくでしょう。

「読書をする人生」に幸あれ！

2022年11月

齋藤　孝

引用・参考文献一覧

（本書は以下に掲げた作品を底本として編んでいる。中には刊行年が古く新版が出ていたり、また現在絶版になっていて書店での入手が困難であったりするような作品も含まれるが、図書館等で閲覧が可能であるためすべて載せている。冒頭の番号は、作品番号を表す）

Chapter 1　世界史

1 『ナポレオン言行録』オクターヴ・オブリ編、大塚幸男訳、岩波文庫
2 『インディアスの破壊についての簡潔な報告』ラス・カサス、染田秀藤訳、岩波文庫
3 『史記〈列伝〉新書漢文大系14』司馬遷、水沢 利忠訳、佐川 繭子編、明治書院
4 『司馬遷――史記の世界』武田泰淳、講談社文芸文庫
5 『ホモ・デウス――テクノロジーとサピエンスの未来』（全２巻）ユヴァル・ノア・ハラリ、柴田裕之訳、河出書房新社
6 『銃・病原菌・鉄』（全２巻）ジャレド・ダイアモンド、倉骨彰訳、草思社
7 『戦争論』（全２巻）クラウゼヴィッツ、清水多吉訳、中公文庫
8 『真の独立への道（ヒンド・スワラージ）』Ｍ・Ｋ・ガーンディー、田中敏雄訳、岩波文庫

Chapter 2　日本史

9 『世に棲む日日』（全４巻）司馬遼太郎、文春文庫
10 『氷川清話　付勝海舟伝』勝海舟、勝部真長編、角川文庫
11 『望郷と海』石原吉郎、みすず書房
12 『高橋是清伝』高橋是清（口述）、上塚司（筆録）、矢島裕紀彦（現代語訳）、小学館
13 『ある明治人の記録――会津人柴五郎の遺書』改版、石光真人編著、中公新書
14 『吉田松陰　留魂録』古川薫全訳注、講談社学術文庫
15 『きけ　わだつみのこえ――日本戦没学生の手記』新版、日本戦没学生記念会編、岩波文庫
16 『口語訳　古事記』（人代篇／神代篇）、三浦佑之訳・注釈、文春文庫
17 『龍馬の手紙』、宮地佐一郎、講談社学術文庫

Chapter 3　経済・社会

18 『ドラッカー　わが軌跡』Ｐ・Ｆ・ドラッカー、上田惇生訳、ダイヤモンド社
19 『日本永代蔵 全訳注』井原西鶴、矢野 公和・有働 裕・染谷 智幸訳注、講談社学術文庫
20 『孫子』金谷治訳注、岩波文庫
21 『プロテスタンティズムの倫理と資本主義の精神』マックス・ヴェーバー、大塚久雄訳、岩波文庫
22 『論語と算盤』渋沢栄一、岩波文庫
23 『道徳感情論』アダム・スミス、高哲男訳、講談社学術文庫
24 『ファスト＆スロー――あなたの意思はどのように決まるか？』（全２巻）ダニエル・カーネマン、村井章子訳、早川書房
25 『共産党宣言』マルクス　エンゲルス、大内兵衛・向坂逸郎訳、岩波文庫
26 『マルクス　資本論』エンゲルス編、向坂逸郎訳、岩波文庫
27 『21世紀の資本』トマ・ピケティ、山形浩生・守岡桜・森本正史訳、みすず書房
28 『コトラーのマーケティング・コンセプト』フィリップ・コトラー、恩蔵直人監訳、大川修二訳、東洋経済新報社
29 『働き方』稲盛和夫、三笠書房

30 『道をひらく』松下幸之助、ＰＨＰ研究所

Chapter 4　自伝

31 『フランクリン自伝』ベンジャミン・フランクリン、松本慎一・西川正身訳、岩波文庫
32 『カーネギー自伝』アンドリュー・カーネギー、坂西志保訳、中公文庫
33 『旅人』湯川秀樹、角川文庫
34 『わたしの生涯』ヘレン・ケラー、岩橋武夫訳、角川文庫
35 『福翁自伝』福沢諭吉、富田正文校訂、岩波文庫
36 『ムハマド・ユヌス自伝――貧困なき世界をめざす銀行家』ムハマド・ユヌス、アラン・ジョリ、猪熊弘子訳、早川書房
37 『若き数学者のアメリカ』藤原正彦、新潮文庫
38 『父・こんなこと』幸田文、新潮文庫
39 『セレクション・竹内敏晴の「からだと思想」1　主体としての「からだ」』（全４巻）竹内敏晴、藤原書店

Chapter 5　宗教

40 『般若心経・金剛般若経』中村元・紀野一義訳注、岩波文庫
41 『歎異抄』親鸞、梅原猛全訳注、講談社学術文庫
42 『旧約聖書』共同訳、日本聖書協会
43 『新約聖書　福音書』塚本虎二訳、岩波文庫
44 『ブッダのことば――スッタニパータ』中村元訳、岩波文庫
45 『バガヴァッド・ギーター』上村勝彦訳、岩波文庫
46 『臨済録』入矢義高訳注、岩波文庫
47 『コーラン』（全３巻）井筒俊彦訳、岩波文庫
48 『ウパデーシャ・サーハスリー――真実の自己の探求』シャンカラ、前田専学訳、岩波文庫

Chapter 6　人生論

49 『夜と霧』Ｖ・Ｅ・フランクル、霜山徳爾訳、みすず書房
50 『五輪書』宮本武蔵、佐藤正英校訂・訳、ちくま学芸文庫
51 『両手いっぱいの言葉――413のアフォリズム』寺山修司、新潮文庫
52 『私の個人主義』夏目漱石、講談社学術文庫
53 『漱石書簡集』三好行雄編、岩波文庫
54 『人間の土地』サン＝テグジュペリ、堀口大學訳、新潮文庫
55 『ターシャ・テューダーの言葉２　楽しみは創り出せるものよ』『ターシャ・テューダーの言葉３　今がいちばんいい時よ』ターシャ・テューダー、食野雅子訳、メディアファクトリー

Chapter 7　思想・哲学

56 『方法序説』デカルト、谷川多佳子訳、岩波文庫
57 『饗宴』プラトン、久保勉訳、岩波文庫
58 『死に至る病』キェルケゴール、斎藤信治訳、岩波文庫
59 『ツァラトゥストラ』ニーチェ、手塚富雄訳、中公文庫
60 『論語』孔子、加地伸行全訳注、講談社学術文庫
61 『老子――無知無欲のすすめ』金谷　治、講談社学術文庫

62 『荘子（内篇）』（全４巻）金谷治訳注、岩波文庫
63 『森の生活――ウォールデン』ヘンリー・D・ソロー、佐渡谷重信訳、講談社学術文庫
64 『定本 葉隠〔全訳注〕』（全３巻）山本常朝、田代陣基、佐藤正英校訂、吉田正樹監訳注、ちくま学芸文庫
65 『論理哲学論考』ウィトゲンシュタイン、野矢茂樹訳、岩波文庫
66 『ソクラテスの弁明』プラトン、久保勉訳、岩波文庫
67 『存在と時間』（全２巻）ハイデッガー、細谷貞雄訳、ちくま学芸文庫
68 『監獄の誕生――監視と処罰』ミシェル・フーコー、田村俶訳、新潮社
69 『社会契約論／ジュネーヴ草稿』ルソー、中山元訳、光文社古典新訳文庫
70 『ソシュールの思想』丸山圭三郎、岩波文庫
71 『ワイド版世界の大思想2-5 パスカル』パスカル、松浪信三郎訳、河出書房新社
72 『知覚の現象学』（１）M・メルロー＝ポンティ、竹内芳郎・小木貞孝訳、みすず書房
73 『正義論』（改訂版）ジョン・ロールズ、川本隆史・福間聡・神島裕子訳、紀伊國屋書店
74 『全体性と無限』エマニュエル・レヴィナス、藤岡俊博訳、講談社学術文庫
75 『原典訳　ウパニシャッド』岩本裕編訳、ちくま学芸文庫
76 『善の研究』西田幾多郎、講談社学術文庫
77 『精神現象学』ヘーゲル、長谷川宏訳、作品社／『超解読！ はじめてのヘーゲル『精神現象学』』竹田青嗣、西研著、講談社学術文庫
78 『自省録』マルクス・アウレーリウス、神谷美恵子訳、岩波文庫
79 『新訳　君主論』マキアヴェリ、池田廉訳、中公文庫
80 『自由論』ジョン・スチュアート・ミル、斉藤悦則訳、光文社古典新訳文庫

Chapter 8　科学・心理

81 『ホーキング、宇宙と人間を語る』スティーヴン・ホーキング、レナード・ムロディナウ、佐藤勝彦訳、エクスナレッジ
82 『宇宙と宇宙をつなぐ数学――IUT理論の衝撃』加藤文元、KADOKAWA
83 『星界の報告　他一篇』ガリレオ・ガリレイ、山田慶児・谷泰訳、岩波文庫
84 『胎児の世界――人類の生命記憶』三木成夫、中公新書
85 『風の博物誌』ライアル・ワトソン、木幡和枝訳、河出書房新社
86 『生物から見た世界』ユクスキュル、クリサート、日高敏隆・羽田節子訳、岩波文庫
87 『ロウソクの科学』ファラデー、三石巌訳、角川文庫
88 『種の起源』ダーウィン、八杉龍一訳、岩波文庫
89 『利己的な遺伝子』（40周年記念版）リチャード・ドーキンス、日高敏隆・岸由二・羽田節子・垂水雄二訳、紀伊國屋書店
90 『精神分析入門』フロイト、高橋義孝・下坂幸三訳、新潮文庫
91 『完全なる人間――魂のめざすもの』アブラハム・H・マスロー、上田吉一訳、誠信書房
92 『開かれた小さな扉――ある自閉児をめぐる愛の記録』（新装版）バージニア・M・アクスライン、岡本浜江訳、日本エディタースクール出版部

Chapter 9　日本文化・日本人論

93 『武士道』新渡戸稲造、矢内原忠雄訳、岩波文庫
94 『新編　日本の面影』ラフカディオ・ハーン、池田雅之訳、角川文庫
95 『代表的日本人』内村鑑三、岩波文庫
96 『菊と刀』ルース・ベネディクト、角田安正訳、光文社古典新訳文庫
97 「日本文化私観」『坂口安吾全集14』坂口安吾、ちくま文庫

98『禅と日本文化』鈴木大拙、北川桃雄訳、岩波新書
99『「いき」の構造』九鬼周造、岩波文庫
100『学問のすゝめ』福沢諭吉、岩波文庫

Chapter10　文化・芸術・芸能

101『チャップリン自伝』（全２巻）チャールズ・チャップリン、中野好夫訳、新潮文庫
102『マイルス・デイビス自叙伝』マイルス・デイビス、クインシー・トループ、中山康樹訳、JICC出版局
103『ゴッホの手紙』（上）ゴッホ、エミル・ベルナール編、硲伊之助訳、岩波文庫／『ゴッホの手紙――テオドル宛』（中下）ゴッホ、Ｊ・Ｖ・ゴッホ－ボンゲル編、硲伊之助訳、岩波文庫／『炎の人ゴッホ』アーヴィング・ストーン、新庄哲夫訳、中公文庫
104『シャネル――人生を語る』ポール・モラン、山田登世子訳、中公文庫
105『世阿弥芸術論集〈新潮日本古典集成〉』田中裕校注、新潮社／『心より心に伝ふる花』観世寿夫、白水社
106『色を奏でる』志村ふくみ文／井上隆雄写真、ちくま文庫
107『なめくじ艦隊――志ん生半生記』古今亭志ん生、ちくま文庫
108『紫の履歴書』美輪明宏、水書房
109『レオナルド・ダ・ヴィンチの手記』（全２巻）レオナルド・ダ・ヴィンチ、杉浦明平訳、岩波文庫
110『造形思考』（全２巻）パウル・クレー、土方定一・菊盛英夫・坂崎乙郎訳、ちくま学芸文庫
111『フリーダ・カーロ――痛みこそ、わが真実』クリスティーナ・ビュリュス、堀尾真紀子監修、遠藤ゆかり訳、「知の再発見」双書（創元社）

Chapter11　ノンフィクション

112『悲しき熱帯』（全２巻）レヴィ＝ストロース、川田順造訳、中央公論社
113『ソロモンの指環――動物行動学入門』コンラート・ローレンツ、日高敏隆訳、ハヤカワ・ノンフィクション文庫
114『ホモ・ルーデンス――文化のもつ遊びの要素についてのある定義づけの試み』ヨハン・ホイジンガ、里見元一郎訳、講談社学術文庫
115『整体入門』野口晴哉、ちくま文庫
116『記憶喪失になったぼくが見た世界』坪倉優介、朝日文庫
117『ぼくの命は言葉とともにある』福島智、致知出版社
118『野口体操　からだに貞く』野口三千三、春秋社
119『いしぶみ――広島二中一年生全滅の記録』広島テレビ放送編、ポプラ社
120『ヨガの喜び――心も体も、健康になる、美しくなる』沖正弘、光文社知恵の森文庫

Chapter12　世界の古典文学

121『ドン・キホーテ』（前篇１～３、後篇１～３）セルバンテス、牛島信明訳、岩波文庫
122『マクベス』シェイクスピア、福田恆存訳、新潮社
123『オイディプス王・アンティゴネ』ソポクレス、福田恆存訳、新潮文庫
124『千夜一夜物語 バートン版』（全11巻）バートン、大場正史訳、ちくま文庫
125『ギルガメシュ王ものがたり』『ギルガメシュ王のたたかい』『ギルガメシュ王さいごの旅』ルドミラ・ゼーマン文・絵、松野正子訳、岩波書店
126『ルバイヤート』オマル・ハイヤーム、小川亮作訳、岩波文庫

127『タゴール詩集――ギーターンジャリ』タゴール、渡辺照宏訳、岩波文庫

Chapter13　世界の近現代文学

128『孤独な散歩者の夢想』ルソー、青柳瑞穂訳、新潮文庫
129『嵐が丘』（全２巻）エミリー・ブロンテ、河島弘美訳、岩波文庫
130『存在の耐えられない軽さ』ミラン・クンデラ、千野栄一訳、集英社文庫
131『百年の孤独』Ｇ・ガルシア＝マルケス、鼓直訳、新潮社
132『変身・断食芸人』カフカ、山下肇・山下萬里訳、岩波文庫
133『赤と黒』（全２巻）スタンダール、桑原武夫・生島遼一訳、岩波文庫
134『恋愛論』スタンダール、大岡昇平訳、新潮文庫
135『八月の光』フォークナー、加島祥造訳、新潮文庫
136『ライ麦畑でつかまえて』Ｊ・Ｄ・サリンジャー、野崎孝訳、白水Ｕブックス
137『悪童日記』アゴタ・クリストフ、ハヤカワｅｐｉ文庫
138『欲望という名の電車』テネシー・ウィリアムズ、小田島雄志訳、新潮文庫
139『オー・ヘンリー傑作選』オー・ヘンリー、大津栄一郎訳、岩波文庫
140『ペスト』カミュ、宮崎嶺雄訳、新潮文庫
141『カラマーゾフの兄弟』（全３巻）ドストエフスキー、原卓也訳、新潮文庫／『謎とき「カラマーゾフの兄弟」』江川卓、新潮選書
142『罪と罰』（全３巻）ドストエフスキー、江川卓訳、岩波文庫
143『アンナ・カレーニナ』（全４巻）トルストイ、望月哲男訳、光文社古典新訳文庫
144『緋文字』ホーソーン、八木敏雄訳、岩波文庫
145『魔の山』（全２巻）トーマス・マン、高橋義孝訳、新潮文庫
146『月と六ペンス』モーム、金原瑞人訳、新潮文庫
147『ファウスト』（第一部・第二部）ゲーテ、相良守峯訳、岩波文庫
148『失われた時を求めて』（全６巻）プルースト、高遠弘美訳、光文社古典新訳文庫
149『老人と海』ヘミングウェイ、福田恆存訳、新潮文庫

Chapter14　日本の古典文学

150『源氏物語〈新潮日本古典集成〉』（全８巻）石田穣二・清水好子校注、新潮社
151『枕草子』（全２巻）清少納言、講談社学術文庫
152『平家物語』（全４巻）梶原正昭・山下宏明校注、岩波文庫
153『徒然草　新訂』兼好法師、西尾実・安良岡康作校注、岩波文庫
154『方丈記　全訳注』安良岡康作、講談社学術文庫
155『一茶俳句集』小林一茶、丸山一彦校注、岩波文庫
156『ビギナーズ・クラシックス　日本の古典　おくのほそ道』角川書店編、角川ソフィア文庫
157『東海道中膝栗毛』（全２巻）十返舎一九、麻生磯次校注、岩波文庫

Chapter15　日本の近現代文学

158「夢十夜」『夏目漱石・寺田寅彦・鈴木三重吉・内田百閒〈日本短篇文学全集 第14巻〉』筑摩書房
159『草枕』夏目漱石、新潮文庫
160『羅生門・鼻・芋粥・偸盗』芥川龍之介、岩波文庫
161「無恒債者無恒心」「特別阿房列車」『内田百閒〈ちくま日本文学全集〉』内田百閒、筑摩書房

162『陰翳礼讃』谷崎潤一郎、角川ソフィア文庫
163「山月記」『李陵・山月記・檸檬・愛撫 外十六篇』中島敦、文春文庫
164『桜の森の満開の下・白痴　他十二篇』坂口安吾、岩波文庫
165『五重塔』幸田露伴、岩波文庫
166『渋江抽斎』森鷗外、岩波文庫
167『老妓抄』岡本かの子、新潮文庫
168「檸檬」『李陵・山月記・檸檬・愛撫 外十六篇』梶井基次郎、文春文庫
169『子規三大随筆』正岡子規、講談社学術文庫
170『金閣寺』三島由紀夫、新潮文庫
171『伊豆の踊り子・温泉宿 他四篇』川端康成、岩波文庫
172『放浪記』林芙美子、新潮文庫
173『折口信夫全集　27　死者の書・身毒丸』折口信夫全集刊行会編纂、中央公論社
174『銀の匙』中勘助、新潮文庫
175『人間失格』太宰治、新潮文庫
176『藤十郎の恋・恩讐の彼方に』菊池寛、新潮文庫
177『破壊』島崎藤村、岩波文庫
178『砂の女』安部公房、新潮文庫
179『死の棘』島尾敏雄、新潮文庫
180『１Ｑ８４』（全６巻）村上春樹、新潮文庫

図版出典

（番号は本書の作品番号を指す）

1　(左)アントワーヌ＝ジャン・グロ画、『第一統領ボナパルト』、1802年頃、レジオン・ドヌール勲章博物館蔵、Public Domain、(右)ジャック＝ルイ・ダヴィッド画、『サン＝ベルナール峠からアルプスを越えるボナパルト』、1801年、マルメゾン城博物館蔵、Public Domain

5　『主の復活』14世紀頃のフレスコ画、カーリエ博物館蔵、Public Domain

6、14(右)、16(右・左)、19、29、40(右・左)、44(右・左)、50、60、155、163　以上Photo Library

10、12(左)、13、14(左)、17、22、35、52、53、76、95、99、160、164、167、172　以上国立国会図書館蔵

11　1946年、Public Domain

12　(右)By Eclipse2009、Public Domain

20　(左)カリフォルニア大学リバーサイド校蔵。©vlasta2, CC表示2.0, bluefootedbooby on flickr.com-https://www.flickr.com/photos/bluefootedbooby/370458424/、(右)©663highland, CC表示2.5, https://commons.wikimedia. org/w/index.php?curid=4876792

21　1894年、Public Domain

23　(左)Public Domain. Etching created by Cadell and Davies(1811), John Horsburgh (1828) or R.C. Bell(1872)、(右)Public Domain

25　Public Domain

26　(左)1875年、Public Domain、(右)1867年、チューリッヒ中央図書館蔵、Public Domain

31　(左)ジョゼフ・デュプレシ画、ナショナル・ポートレート・ギャラリー蔵、Public Domain、(右)1793年、Public Domain

32　1913年、米議会図書館蔵、Public Domain

33　1949年、ノーベル財団アーカイブ、Public Domain

34　(左)1904年頃、米議会図書館蔵、Public Domain、(右)the R.Stanton Avery Special Collections, at the New England Historic Genealogical Society. Public Domain

41　Public Domain

42　イスラエル国立図書館蔵、Public Domain

43　ミシガン大学チェスター・ビーティ図書館蔵、Public Domain

46　©2007 David Chen(zh:User:Iamdavidtheking) - Own work, CC BY 3.0, https://commons.wikimedia.org/w/index.php?curid=2707882

48　1904年頃、by Raja Ravi Varma、Public Domain

49　1965年、©Prof. Dr. Franz Vesely, CC BY-SA 3.0 de, https://commons.org/w/wikimedia.index.php?curid=15153593

54　©K.E.Cepreeв - Own work, CC0, https://commons.wikimedia.org/w/index.php?curid=9651035

56　(左)フランス・ハルス画、1649-1700年頃、ルーブル美術館蔵、Public Domain、(右)1637年、©Ian Maire、リーズ大学図書館蔵、Public Domain

57　(左)ラファエロ画、「アテナイの学堂」の一部、1501年、フレスコ画、Public Domain
(右)ドイツ・グリュプトテーク蔵、Public Domain

58　ニルス・クリスチャン・キェルケゴールのスケッチ、デンマーク王室図書館蔵、Public Domain

59　1875年、by Friedrich Hermann Hartmann、Public Domain

61 Page 72 of Edward Theodore Chalmers Werner's Myths and Legends of China on Project Gutenberg, Public Domain
62 著者不明、Public Domain
66 Louis Joseph LeBrun画、1867年、個人蔵、Public Domain
67 ©Willy Pragher - Landesarchiv Baden-Württenberg, CC表示-継承3.0, https://commons.wikimedia.org/w/index.php?curid=34975033
69 (左)モーリス・カンタン・ド・ラ・トゥール画、18世紀頃、アントワーヌ＝レキュイエ美術館蔵、Public Domain、(右)Public Domain
71 Public Domain
72 http://www.philosophical-investigations.org/Users/PerigGouanvic/Merleau-Ponty_and_the_Post-Modern_Non-Self, CC表示 3.0, https://commons.wikimedia.org/w/index.php?curid=12248562
77 Public Domain
78 メトロポリタン美術館蔵、Public Domain
80 ジョージ・フレデリック・ワッツ画、ナショナル・ポートレート・ギャラリー蔵、Public Domain
81 "Stephen Hawking — the Science World pays tribute to a great Astrophysicist"より、著者不明、Public Domain
83 ユストゥス・サステルマンス画、1636年、ウフィツィ美術館蔵、Public Domain
87 トマス・フィリップス画、1841-42年、ナショナル・ポートレート・ギャラリー蔵、Public Domain
90 1921年頃、米議会図書館蔵、Public Domain
104 1920年、Public Domain
110 Alexander Eliasberg撮影、Public Domain
111 ©Archivart/Alamy/amanaimages
124 Public Domain
126 エドワード・フィッツジェラルド訳『ルバイヤート』初版。挿絵はエドマンド・J・サリバン、Public Domain
128 (左)"Jean-Jacques Rousseau: Restless Genius"より、Public Domain、(右)Public Domain
133 オロフ・ヨハン・セーデルマルク画、1840年、ヴェルサイユ宮殿蔵、Public Domain
140 1947年、Public Domain
141 1879年、Constantin Shapiro-Russian Life、Nov/Dec 2006、Public Domain
143 1876年、Гавриил Александрович Хрущев-Сокольников、Public Domain
148 1895年、Otto Wegener、Public Domain
149 ジョン・F・ケネディーライブラリー蔵、Public Domain
157『國文学名家肖像集』より、Public Domain

齋藤　孝（さいとう・たかし）

1960年静岡県生まれ。東京大学法学部卒業。同大学大学院教育学研究科博士課程等を経て、明治大学文学部教授。専門は教育学、身体論、コミュニケーション論。
著書に『声に出して読みたい日本語』シリーズ（草思社）、『読書力』『古典力』（以上岩波書店）、『雑談力が上がる話し方』（ダイヤモンド社）、『大人の語彙力ノート　誰からも「できる！」と思われる』（ＳＢクリエイティブ）、『理想の国語教科書』（文藝春秋）、『齋藤孝の「伝わる話し方」――共感を呼ぶ26のコツ』『人生に効く　名著名作の読み方』『相手の気持ちをグッとつかむ　書き方の極意』（以上東京堂出版）ほか多数。

齋藤 孝 先生が選ぶ　高校生からの読書大全

2022年11月10日　初版印刷
2022年11月20日　初版発行

著　　者　齋藤　孝
編集協力　千葉　潤子
発 行 者　郷田　孝之
発 行 所　株式会社 東京堂出版
〒101-0051　東京都千代田区神田神保町1-17
電　話　(03)3233-3741
http://www.tokyodoshuppan.com/
Ｄ　Ｔ　Ｐ　株式会社オノ・エーワン
装　　丁　鳴田小夜子（KOGUMA OFFICE）
イラスト　かりた
印刷・製本　中央精版印刷株式会社

ISBN978-4-490-21074-3 C0030